U0109780

民國歷史與文化研究

十　編

第 **1** 冊

《十編》總目
編　輯　部　編

中華民國大學院研究（1927～1928）

吳　曉　琳　著

花木蘭文化事業有限公司

國家圖書館出版品預行編目資料

中華民國大學院研究 (1927～1928) ／吳曉琳 著 — 初版 —
新北市：花木蘭文化事業有限公司，2019〔民 108〕
目 4+206 面；19×26 公分
（民國歷史與文化研究 十編：第 1 冊）
ISBN 978-986-485-831-6（精裝）
1. 教育行政機關 2. 教育史 3. 中華民國
628.08   108011572

民國歷史與文化研究
十 編 第 一 冊   ISBN：978-986-485-831-6

中華民國大學院研究 (1927～1928)

作　　者	吳曉琳
總 編 輯	杜潔祥
副總編輯	楊嘉樂
編　　輯	許郁翎、王筑、張雅淋　美術編輯　陳逸婷
出　　版	花木蘭文化事業有限公司
發 行 人	高小娟
聯絡地址	235 新北市中和區中安街七二號十三樓
	電話：02-2923-1455／傳真：02-2923-1452
網　　址	http://www.huamulan.tw 信箱 hml810518@gmail.com
印　　刷	普羅文化出版廣告事業
初　　版	2019 年 9 月
全書字數	182757 字
定　　價	十編 3 冊（精裝）台幣 6,500 元

《十編》總目

編輯部 編

《民國歷史與文化研究》十編　書目

《民國歷史與文化研究》十編
各書作者簡介·提要·目次

第一冊　中華民國大學院研究（1927～1928）

作者簡介

吳曉琳，女，1982年6月出生，湖北黃州人，現任教於福建省寧德師範學院教育與藝術學院，主要研究方向爲民國教育史。在《教育史研究》發表過《上海各大學聯合會考述》等論文。目前承擔省級校級研究課題三項。

提　要

大學院是自晚清學部、民初教育部之後，中央教育行政制度的又一次重大變革。深入研究大學院制，具有較高的學術價值，對思考教育與政黨、教育行政與學術的關係有一定的啓示。

第一章主要介紹大學院成立的思想基礎、政治背景和大學院的制度借鑒因素。

第二章主要闡述大學院的組織結構和人事經費。它不同於舊式教育部的最重要的方面就是設立大學委員會，議決學術與教育上的重要問題。

第三章詳細考察大學院開展的主要活動。大學院爭取教育經費獨立，規範學校管理，審查教科圖書，召開全國教育會議，舉辦三民主義考試等。究其實質，大學院在推行三民主義教育，這是國民黨黨化教育從廣東推向全國的一個發展階段。

第四章分析大學院與國民黨統治集團之間的衝突。它們在教育經費獨立、黨童子軍管轄、教育宗旨的確定和學生運動政策等方面發生矛盾和衝突，

這是導致大學院被廢止的根本原因。

　　第五章總結大學院被廢止的原因。除了與國民黨統治集團的衝突外，大學院主要人物的派系爭鬥、制度設計的缺陷與決策的失誤，都是導致大學院失敗的原因。

　　大學院的改革啟示我們，教育行政學術化是行不通的悖論；溫和的思想控制也是對學術自由的破壞，唯一可以堅守的防線就是絕不能限制學術自由。

目　次

第二冊　「名」分「實」合——20世紀初中國「無史」與「有史」論爭研究

作者簡介

　　范靜靜（1993～），女，山東淄博人。本科畢業於山東師範大學歷史與社會發展學院歷史學專業。碩士畢業於山東大學儒學高等研究院中國史專業，師從李揚眉副教授，主要研究方向爲 20 世紀中國學術史。

提　要

　　1901 年，中國「無史」和「有史」的論爭登臺，吹響了國內舊史批判的集結號，成爲正式回應域外史學的第一個標誌性事件。作爲「新史學」和「史界革命」的提出者，梁啓超同時又是「無史」概念的倡導者，更是整場論爭的引領者。同期同地，最早在文本中運用「中國無史」的趙必振和堅持無民史的馬君武率先作出響應。論調的產生，一方面受到國內反對君史氛圍的影響，另一方面是因國外日本「無史」說和「中國停滯」論而起。此後，鄧實與馬敘倫分別成爲對立兩方的代表，展開激烈論辯，究其同異，在兼採西學之餘，皆痛陳舊史弊病，本質之別不在是否倡議而在如何建立新史學。除此之外，還有很多其他學人也陸續參與進來。相比於發起階段，這一時期的爭辯範圍極大擴展，參與者的身份也趨於多重，但兩方既非鐵板一塊，也非彼此絕緣，觀點互有交織，甚至存在答非所問的亂象，突顯出過渡時代思想的複雜糾纏。「空言」之下，戰線擴展，雙方開始編纂新體中國史的實

踐，相連交互，終是殊途同歸。整體地看，論爭既是新史學運動的關鍵，又是相對獨立的一角。終結不意味著清算舊史的終止，而是實質性第一步的邁出。

目 次

第二冊　20世紀20年代北大史學社會科學化改革新探

作者簡介

王郝維，男，漢族，1992 年生，雲南昆明人。2010 年從雲南師大附中高中畢業，考入四川大學歷史學院，2014 年獲四川大學歷史學學士學位，畢業論文指導老師爲王東傑老師；之後保送山東大學儒學高等研究院（文史哲研究院），2017 年獲山東大學歷史學碩士學位，導師爲陳峰老師；現在華東師範大學人文社會科學學院歷史系攻讀歷史學博士，導師爲李孝遷老師，研究方向爲中國近代史學史。本文即我的碩士畢業論文《20 世紀 20 年代北大史學社會科學化改革新探》改訂而來。

提　要

　　20 世紀 20 年代由朱希祖領導的北京大學史學系改革，其實質是一場史學社會科學化改革，這場改革既有國內淵源，又有海外淵源。在國內淵源方面，早期系主任康寶忠的貢獻不容忽視；而在海外淵源方面，或許以蔡元培爲中介，德國學者蘭普雷希特的學說成爲了朱希祖改革的重要靈感。

　　這場改革的領軍人物從始至終都是朱希祖，在校內隊伍方面，既有史學系內李大釗、何炳松、陳衡哲、李璜等人，在系外則有哲學系的陶孟和。而在校外同路人方面，除了美國哥大新史學影響影響了廈大、清華、北高和南高等高校外，中山大學史學系前後兩任系主任蕭鳴籟和朱謙之都出身北大，這可能促使他們將北大改革的風氣帶到中山大學。

　　朱希祖改革的終結原因一直成謎，有證據顯示這場改革的終結可能不是過去學者所認爲的那樣，即由傅斯年暗中主導的，而可能是由左派學生所推動的，這是因爲驅逐朱希祖的學生其實十分認可史學社會科學化的主張，並且非常庇護李大釗和陳翰笙這樣的左翼學者。最後需要明晰的是，這場改革的模式最終還爲傅斯年主導的模式所取代，這代表著以朱希祖爲代表的史學社會科學化模式，與以傅斯年爲代表的史學自然科學化模式的衝突，後者對前者的取代可以從政治和學術等多方面的原因來分析。

目　次

第三冊　俄風東漸：黑龍江地區俄羅斯人的經濟文化活動研究

編者簡介

　　李隨安，1963 年 1 月 7 日生於安徽省涇縣。黑龍江省社會科學院歷史研究所中俄關係史研究室主任，研究員。研究方向：中俄關係，黑龍江地區文化。著作有《馬忠駿及哈爾濱遁園》（哈爾濱，2000）、《中蘇文化交流史（1937～1949）》（哈爾濱，2003）、《中國的俄羅斯形象（1949～2009）》（哈爾濱，2012），譯著有《臺灣共產主義運動與共產國際（1924～1932）研究‧檔案》（與陳進盛合譯，臺北，2010）。

提　要

　　19 世紀末、20 世紀初，伴隨著中東鐵路的修築和運營，越來越多的俄羅斯人進入毗鄰俄國的黑龍江地區，其人數一度達到 20 多萬。這個俄羅斯人群體在中國土地上實施俄國的侵略擴張政策，損害中國的主權，掠奪中國的富源，與此同時，也進行了多方面的文化建設，傳播了先進的俄羅斯文化，促進了黑龍江地區的開放和進步。「俄風東漸」對於黑龍江地區是一個複雜的歷史過程，中國人對待俄羅斯文化的態度也幾經變化。

目　次

中華民國大學院研究（1927～1928）

吳曉琳　著

作者簡介

吳曉琳，女，1982 年 6 月出生，湖北黃州人，現任教於福建省寧德師範學院教育與藝術學院，主要研究方向爲民國教育史。在《教育史研究》發表過《上海各大學聯合會考述》等論文。目前承擔省級校級研究課題三項。

提　　要

　　大學院是自晚清學部、民初教育部之後，中央教育行政制度的又一次重大變革。深入研究大學院制，具有較高的學術價值，對思考教育與政黨、教育行政與學術的關係有一定的啓示。

　　第一章主要介紹大學院成立的思想基礎、政治背景和大學院的制度借鑒因素。

　　第二章主要闡述大學院的組織結構和人事經費。它不同於舊式教育部的最重要的方面就是設立大學委員會，議決學術與教育上的重要問題。

　　第三章詳細考察大學院開展的主要活動。大學院爭取教育經費獨立，規範學校管理，審查教科圖書，召開全國教育會議，舉辦三民主義考試等。究其實質，大學院在推行三民主義教育，這是國民黨黨化教育從廣東推向全國的一個發展階段。

　　第四章分析大學院與國民黨統治集團之間的衝突。它們在教育經費獨立、黨童子軍管轄、教育宗旨的確定和學生運動政策等方面發生矛盾和衝突，這是導致大學院被廢止的根本原因。

　　第五章總結大學院被廢止的原因。除了與國民黨統治集團的衝突外，大學院主要人物的派系爭鬥、制度設計的缺陷與決策的失誤，都是導致大學院失敗的原因。

　　大學院的改革啓示我們，教育行政學術化是行不通的悖論；溫和的思想控制也是對學術自由的破壞，唯一可以堅守的防線就是絕不能限制學術自由。

目

次

圖表目次

緒　論

一、選題意義

　　1905 年，學部設立，中國歷史上首次出現正式、獨立和專門的中央教育行政機構的建制。〔註1〕民國元年，南京臨時政府設立教育部，蔡元培為第一任教育總長。教育部組織極為簡單，後來經過兩次修訂，沿用十多年，直到廣州國民政府成立。廣州國民政府設立教育行政委員會，掌管中央教育機關，並指導監督地方教育行政。

　　1927 年 4 月 18 日，南京國民政府成立。蔡元培為了矯正教育部的官僚習氣和腐敗積弊，促使教育行政學術化，改教育部名稱而設立大學院為中央教育行政機關。大學院制，在中國教育史上是一種新制度。這一新制度的試行，為時非常短暫，僅僅一年，卻引起軒然大波。這不僅對蔡元培個人有著極大的影響，而且是國民政府成立後教育政策轉變的一大關鍵。

　　大學院制是民國教育史中的重大問題。深入研究大學院制，具有較大的學術價值和實踐意義。

　　首先，深入研究大學院的組織結構，將有助於理解大學院在制度層面的創新，及其制度設計與實際運作之間的內在矛盾。其次，具體考察大學院的主要活動，將有助於我們瞭解制度運作的過程，以及國民黨對教育的干預與控制，啟發我們進一步分析政黨與教育的關係。最後，從大學院的制度設計、決策和執行，以及大學院與國民黨的互動過程中，詳細分析大學院制失敗的原因，將有助於我們總結歷史經驗教訓。

〔註1〕關曉紅：《晚清學部研究》，廣州：廣東教育出版社，2000 年，第 28 頁。

「一切眞歷史都是當代史」。〔註 2〕深入研究大學院制，對當前我國如何借鑒外國教育經驗，進行教育制度革新，以及對思考教育行政與學術的關係、大學「去行政化」等問題，都具有現實意義。

二、學術史

南京國民政府成立後，蔡元培等人計劃省區教育行政制度由教育廳改行大學區制，即以大學區爲教育行政單元，由國立大學校長主持大學區的教育行政和學術事宜。大學區制在江蘇、浙江兩省試行。1927 年 7 月和 8 月，江蘇、浙江兩省分別裁撤教育廳，成立大學區。大學區的成立先於大學院。大學院於 1927 年 10 月 1 日正式成立，爲全國最高學術教育機關，管理全國學術及教育行政事宜。

以時間爲座標，考察大學院和大學區研究的發展變化，大致可以分爲以下四個階段：

（一）20 世紀 30 年代前後

大學區在中國屬於新生事物，自創立後，對此就多有評議。沈佩弦《大學區制衡議》詳細地分析了大學區產生的原因，即應三種新需要而生：一是教育行政權集中，二是教育行政獨立與學術化，三是各級學校的銜接；並指出了大學區制的最大弊病在於，學區行政與大學本部關係太密切，使教育行政權集中於大學本部，直轄的中小學備受壓迫，而怨聲先起。〔註 3〕還有人認識到，教育行政與學校教育本是兩件很重大的事情，大學區校長既要管理大學區行政事務，又要管理高等教育，造成責任過重。〔註 4〕這些觀察與看法暴露了大學區試行中的缺點。

30 年代，涉及大學院、大學區的著述，主要集中在一些中國教育史和教育行政史的通史類著作。陳翊林的《最近三十年中國教育史》在介紹中央和省級教育行政制度時，簡明地介紹了大學院和大學區的試行，認爲大學院與教育部的不同之處有兩點：（1）大學院冠以「中華民國」，雖在實際上爲國民政府的一部分，而在形式上又似獨立於政府之外，與教育部完全隸屬於政府

〔註 2〕 〔意〕貝奈戴托·克羅齊著：《歷史學的理論與實際》，傅任敢譯，北京：商務印書館，1982 年，第 2 頁。

〔註 3〕 沈佩弦：《大學區制衡議》，《教育雜誌》，1928 年第 11 期，第 1～3 頁。

〔註 4〕 實：《大學名稱與大學區制》，《現代評論》，1928 年第 185 期，第 3 頁。

不同；（2）教育學術機關與行政機關完全合一，與教育部純爲行政機關不同。另外，他還指出了試行大學區的弊端。〔註5〕盧紹稷在《中國現代教育》中，也簡單地介紹了大學院的組織狀況，指出大學院與教育部的不同之處，〔註6〕與陳翊林的觀點相同。

程湘帆較早地從教育行政學角度研究大學院和大學區。他認爲，大學院成立原因在於使教育行政學術化。他簡要地闡述了大學委員會、學術研究院及其他國立學術機關、各種專門委員會等大學院的組織機構的作用，並對修正後的大學院的組織及修正的原因也分別作了介紹和解釋。此外，他對大學區組織情況也有論及，主要以江蘇第四中山大學區爲例，分析了大學區的組織機構、宗旨和行政原則。〔註7〕楊鴻烈也從教育行政的角度思考大學區制的中止。他認爲中國採用大學區制，無可非難，只是辦法不佳，以省政府委員兼任教育廳長及校長之名職，因此不但不能使「教育行政學術化」，反而促成爲一種官僚化，故此制施行未久，即遭反對而中止。〔註8〕他的觀點在當時來說，是比較新穎的。

何炳松在《最近三十五年之中國大學教育》中，簡略介紹了大學院的成立和性質，以及大學區制在江蘇、浙江和北平的試行概況。他的側重點是關注大學院和大學區制度對大學教育的影響，並不是對大學院和大學區制度的專門研究。朱經農在《最近三十五年之中外教育政策》中，講到中國的中央和地方教育行政制度變遷時，對修正後的大學院和大學區組織狀態略有介紹。〔註9〕張季信在《中國教育行政》中也概述了中國的大學院和大學區制。〔註10〕

常導之在《增訂教育行政大綱》中，闡述了大學院制度下教育行政組織的特點，他認爲，大學院除了名稱特別之外，它的「大學委員會」和「中央研究院」特別值得注意。他分析了大學區與大學院之間的關係，指出當時的教育行政實際上獨自成一系統，較法國制度尤爲徹底；縣教育局隸屬於大學

〔註5〕陳翊林：《最近三十年中國教育史》，上海：太平洋書店，1930年，第210～214頁。

〔註6〕盧紹稷：《中國現代教育》，上海：商務印書館，1933年，第34～35頁。

〔註7〕程湘帆：《中國教育行政》，上海：商務印書館，1930年，第43～48、59～62頁。

〔註8〕楊鴻烈：《教育之行政學的新研究》，長沙：商務印書館，1939年，第12頁。

〔註9〕莊俞、賀聖羅：《最近三十五年之中國教育（上）》，上海：商務印書館，1931年，第108～117、256～263頁。

〔註10〕張季信：《中國教育行政大綱》，上海：商務印書館，1934年，第98、117頁。

區；大學區隸屬於大學院；並不受各該縣政府或者省政府之統轄。常導之還分析了教育行政系統獨立的得失，其可能的流弊有：「教育行政獨成一系統，有趨於片面發展之虞，不能適應各方面之需要；教育行政機關獨立，每致與其他同等行政機關，互相齟齬，而引起諸般糾紛。」〔註11〕他的觀點對於思考大學院和大學區在中國的失敗有啓發意義。薛人仰在《中國教育行政制度史略》中，簡要介紹了大學院設立的動機、組織演變，以及大學區的試行。他的貢獻在於對大學院組織的評價。他認爲，大學院最大的缺點是，過重理想而忽視事實。他以大學院的教育行政處爲例，剖析其組織機構，發現該處「對於事業的輕重，範圍的大小，實欠斟酌。」〔註12〕

在30年代，也有個別學者對大學區制進行了專題研究。嚴明的《中國的大學區制》一文首次從大學區制的發生、成型、演變、論爭和評判等五個方面，對大學區制進行較系統的研究。〔註13〕他認爲，以法國制度的模仿，求教育行政的學術化，是試行大學區制的主要動機。他對大學區的組織結構，如大學區校長、評議會、秘書處、高等教育部、普通教育部、擴充教育部、研究院等的職能都有詳細介紹。對於大學區組織的變遷，他並不是一概而論。他首先指出大學區組織條例三次修正的要點，再分別敘述浙江、江蘇和北平三個大學區的變遷情況，他注意到三者之間的差異，經過仔細比較，他認爲三區的教育行政組織是「三種規模」。關於大學區論爭的各方意見，作者也梳理得較爲清晰，態度客觀。他總結了各方對大學院利弊的評判，指出其中一些批評的不合理。他認識到，大學區除了理論上的利弊，還有實施上的利弊。大學區制度實施上的利弊，幾乎爲一些研究者所忽視。

總的來說，這一時期的研究有如下兩個特點：第一，對大學院和大學區的論述多在教育通史和教育行政類著作中附帶提及，內容多爲敘述沿革概略；第二，對大學院和大學區的評價較爲單一，尚缺乏具體的分析論證，主要流於概括性的結論。

（二）20世紀50年代至70年代

由於政治原因，中國大陸的學術研究在相當長的時期內幾乎陷入停頓狀

〔註11〕 常導之：《增訂教育行政大綱》，上海：中華書局，1935年，第42～44頁。

〔註12〕 薛人仰：《中國教育行政制度史略》，上海：中華書局，1939年，第154～163、184～186頁。

〔註13〕 嚴明：《中國的大學區制》，《教育研究》，1938年第85、86期，第32～46頁。

態。對大學院進行專題研究，最早的是美國學者林敦（Allen B. Linden）。他在
《中華民國的政治和教育：大學院事件，1927～1928》（1968 年）一文中，解
釋了大學院建立和撤銷的原因。林敦認為，蔡元培的旅歐經歷使他深受西方
哲學和大學的影響，尤其對法國的大學區制推崇備至，這是他成立大學院的
關鍵原因；而且，他得到李石曾、張靜江等黨國元老的支持和幫助，這也是
大學院得以順利成立的原因之一。林敦還揭示了大學院遭到國民黨中央執行
委員會的陳果夫、丁惟汾、經亨頤等人反對的過程，揭露了蔡元培與他們之
間在教育問題上的衝突，主要體現在確定教育宗旨、學生運動的政策以及黨
化教育的定義等方面。林敦得出結論，制定教育政策的基本分歧和國民黨領
導人的私人對抗是大學院被廢止的主要原因。此外，蔡元培、李石曾和張靜
江之間關係的破裂也是大學院被撤銷的原因之一。〔註 14〕

　　林敦對大學院的研究，脫離了過去考察大學院的組織結構的靜態研究局
限，注意到大學院與國民黨之間的衝突，這種動態研究使他的結論具有新穎
性。但是，歷史研究都是有選擇性的，他的研究不可能面面俱到。這恰恰為
後來的研究者提供研究的空間和潛力。

　　臺灣學者陶英惠在《蔡元培與大學院》（1972 年）一文中，對大學院制的
由來、試行的過程以及失敗原因作了比較清晰的考述。他分析大學院制失敗
的重要原因在於，大學院制模仿失當，變更太驟；國民政府政治不穩，基礎
未固；蔡元培的教育主張，引起激辯等。〔註 15〕另外，陶英惠的《國民政府
成立初期教育行政組織的變革：大學院與大學區制試行的經過》，對大學院及
大學區在江蘇、浙江和北平的試行作了較為具體的考察。〔註 16〕

　　臺灣陳哲三的《中華民國大學院之研究》（1976 年），是第一本研究大學
院制的專著。他主要從實施大學院的背景、大學院制之試行及其組織、大學
院和大學區之重要設施、大學院制的取消及其原因分析幾個方面來考察。對
比前人的研究，陳著的內容更為具體、詳細。比如，他分析大學院實施的背
景就包括歷史背景，即中國古代以來的教育行政制度；歐美背景，即法國教

〔註 14〕 Allen B. Linden, Politics and Education in Nationalist China: The Case of the University Council, 1927~1928, The Journal of Asian Studies, vol.27, no.4 (August 1968), p763~776.
〔註 15〕 陶英惠：《蔡元培與大學院》，《臺北中央研究院近代史研究所集刊》，1972 年第 3 期（上），第 189～205 頁。
〔註 16〕 陶英惠：《國民政府成立初期教育行政組織的變革：大學院與大學區制試行的經過》，《近代中國》，1978 年第 7 期，第 79～91 頁。

育行政制度；時代背景，即思想政治財政的紊亂；以及蔡元培、李石曾、吳稚暉和張靜江對大學院的影響等。除了梳理大學院、大學區組織條例的修正外，他還介紹了大學院的經費和人事，這是之前的研究所沒有關注到的。陳哲三還關注大學院和大學區的重要設施：增加教育經費、保障教育獨立，創立研究機構，設立大學委員會，召開全國教育會議，提倡美育和勞動教育等。他注意到大學院的活動，這是一個很大的突破。此外，他分析大學院製取消的原因主要有：與訓政精神不合，學界派系的傾軋，主持人物的由合而分，以及經費的困難等。〔註17〕

陳哲三的研究內容包括大學院與大學區，他用「大學院制」統括大學院與大學區。儘管他考察了大學院的重要設施，但非常簡略。大學院的具體活動仍值得深入研究。

綜觀這一時期的研究，對大學院制的專門研究已經開始，但主要集中在海外和臺灣，大陸相關研究尚付闕如。而且，這一時期的研究主要是對大學院制整體性的、宏觀性研究，而少見針對大學院、大學區的附屬機構或者主要實施活動的微觀研究。這也為後來的研究者提供了研究空間。

（三）20世紀80年代至90年代

這一時期關於大學院、大學區的研究進展迅速，研究成果主要體現在以下幾個方面：

首先，教育行政史、教育管理史及通史類著作涉及大學院制。臺灣雷國鼎在《中國近代教育行政制度史》中，指出了大學院所包含的各種機構和專門委員會，並列舉了各種機構和委員會的組織條例；並且對大學區和大學院制的弊端，做了簡單說明。黃昆輝的《中外教育行政制度》和吳家瑩的《中華民國教育政策發展史　國民政府時期（1925～1940）》對大學院和大學區制的沿革概略也有介紹。〔註18〕這些介紹與30年代的同類著作相比，更加詳細，為研究者提供了一定研究基礎與幫助。

中國大陸1988年出版的毛禮銳、沈灌群主編的《中國教育通史》第5卷中，對大學院和大學區的成立、組織及其試行、撤銷等情況，有簡單的梳

〔註17〕陳哲三：《中華民國大學院之研究》，臺北：商務印書館，1976年。

〔註18〕雷國鼎：《中國近代教育行政制度史》，臺北：文物出版社，1981年，第253～284頁；黃昆輝：《中外教育行政制度》，臺北：中央文物供應社，1984年；吳家瑩：《中華民國教育政策發展史　國民政府時期（1925～1940）》，臺北：五南圖書出版公司，1990年。

理。1990 年出版的熊明安的《中華民國教育史》，對大學院、大學區略作介紹。1994 年申曉雲《動盪轉型中的民國教育》敘述了大學院制試行及夭折情況，分析失敗原因，見解獨到，大學院制失敗主因在於「它的試行與國民政府強化思想控制的意向相牴牾，大學院制的廢止，不是簡單利弊得失的權衡」。1997 年李華興的《民國教育史》中，比較清楚地闡述了大學院和大學區的成立、組織系統，但是對其失敗的原因沒有深入分析，只是簡單歸結爲「不適合中國國情和經濟、政治、教育文化的發展水平」。

　　另外，涉及大學院和大學區制的著作還有梅汝莉《中國教育管理史》（海潮出版社，1995 年）、孫培青《中國教育管理史》（民教育出版社，1996 年）、熊賢君《中國教育行政史》（華中理工大學出版社，1996 年）、李才棟《中國教育管理制度史》（江西教育出版社，1996 年）、孫成城《中國教育行政簡史》（地質出版社，1999 年），等等。

　　其次，出現一些研究大學院與大學區制的論文。戚如高、張慶軍的《中國教育行政體制改革的嘗試——關於大學院和大學區制》，揭示了大學院和大學區制推行的原因、大學院和大學區組織法的修改、大學院和大學區失敗的原因等。該文在分析大學院和大學區試行失敗的原因時，注意到蔡元培的理想在理論上是行不通的，新的教育行政體制本身存在很大的弱點，以及蔡元培過早辭職也加速了改革的破產。〔註 19〕這些見解比較有新意。熊賢君的《大學院與大學區制的興衰》一文，介紹了大學院和大學區制的實施及其停廢。這篇文章對基本史實梳理得很清楚，並對一些問題見解獨到。作者思考了爲什麼大學院、大學區在法國和日本行之有效，而在中國則步履維艱。他認爲，蔡元培教育獨立思想缺乏民主土壤是重要原因之一。在推行中官員素質、技術問題都未解決，導致行政效率降低。行政區域過於廣闊也是原因之一。〔註 20〕朱斐的《民國時期的「大學院」和「大學區制」》一文，簡單梳理了大學院和大學區制的來龍去脈。〔註 21〕申曉雲《蔡元培與中華民國大學院制》則詳細地闡述了蔡元培民主教育理念與教育獨立運動對大學院制的推行

〔註19〕　戚如高、張慶軍：《中國教育行政體制改革的嘗試——關於大學院和大學區制》，《歷史檔案》，1989 年第 3 期，第 115～118 頁。
〔註20〕　熊賢君：《大學院與大學區制的興衰》，《高師函授學刊》，1994 年第 3 期，第 44 頁。
〔註21〕　朱斐：《民國時期的「大學院」和「大學區制」》，《民國春秋》，1999 年第 2 期，第 8～9 頁。

的影響，介紹了大學院、大學區試行的過程，探討了大學院制夭折的原因等。〔註 22〕儘管論文內容豐富，但是，出現了史實性錯誤。大學院設勞動大學，並不是在蔡元培 1927 年 10 月 1 日正式宣誓就任大學院院長之後，而是在此之前，中央教育行政委員會開籌備會創辦勞動大學，並且 1927 年 9 月份已經開始招生了。

此外，80～90 年代，中國大陸十分重視對蔡元培的研究。關於蔡元培的傳記，就有多本。〔註 23〕對於蔡元培擔任大學院院長一段，無法迴避。其中，周天度的《蔡元培傳》具有代表性，對大學院和大學區制的創立、試行及其失敗有很詳細的介紹和分析。金林祥《蔡元培教育思想研究》對蔡元培創立大學院、推行大學區制以及在大學院院長任內的教育改革，進行了考述。〔註 24〕

1986 年，蔡元培研究會在北京大學成立。在紀念蔡元培誕辰 120 週年學術討論會上，學者們提交了多篇研究蔡元培的學術論文，並編輯成冊。論文涉及範圍很廣泛，包括蔡元培的辦學思想、美育思想、兒童教育思想、文化觀等等方面。其中，美國學者林敦的《蔡元培與中國國民黨（1926～1940 年）》一文，嘗試解釋了為什麼蔡元培在 1926 至 1928 年支持蔣介石，三十年代蔡元培在南京政府中究竟捲入到何種程度等問題。尤其是對前一個問題的解釋，為考查大學院的創立、施行提供了背景分析和理論支持。文章指出，「黨化教育」和「教育獨立」間的矛盾，是大學院被廢止的主要思想體系上的原因。另外，個人之間的矛盾也促成國民黨決定廢止大學院。〔註 25〕

這一時期，國外的相關研究遠遠領先於中國大陸。中國大陸對大學院制研究主要還是停留在整體性研究上，對大學院的行政機構、學術研究機關等

〔註 22〕 申曉雲：《蔡元培與中華民國大學院制》，《民國春秋》，1999 年第 6 期、2000 年第 1 期。

〔註 23〕 周天度：《蔡元培傳》，北京：人民出版社，1984 年；李華興：《人世楷模蔡元培》，上海：上海人民出版社，1988 年；胡國樞：《蔡元培評傳》，鄭州：河南教育出版社，1990 年；張曉唯：《蔡元培評傳》，南昌：百花洲文藝出版社，1993 年；趙慶元：《蔡元培傳》，合肥：安徽人民出版社，1998 年；張樂天、檀傳寶：《蔡元培傳》，北京：團結出版社，1998 年。

〔註 24〕 金林祥：《蔡元培教育思想研究》，瀋陽：遼寧教育出版社，1994 年，第 127～137 頁。

〔註 25〕 〔美〕林敦：《蔡元培和中國國民黨（1926～1940 年）》，蔡元培研究會編：《論蔡元培——紀念蔡元培誕辰 120 週年學術討論會文集》，北京：旅遊教育出版社，1989 年，第 281～303 頁。

具體組織，沒有展開專門研究。而美國學者陳明銶（Ming K. Chan）和德里克（Arif Dirlik）則對國立勞動大學進行了非常詳細地研究。國立勞動大學直屬於大學院，是蔡元培爲實現「教育科學化、勞動化、藝術化」目標的一項舉措。陳明銶和德里克主要是從無政府主義者和國民黨與國立勞動大學的關係的視角，考察了勞動大學的創立、課程、教師、學生、組織及消亡等等內容。〔註 26〕這本著作史料翔實，分析精到。這爲研究大學院的相關機構及其影響提供了很好的範例。

　　80～90 年代，關於大學院制檔案的公佈、資料的整理與出版，取得了很大的成績。1988 年，中國第二歷史檔案館公佈了一組關於試行大學院與大學區制的史料。〔註 27〕1994 年，中國第二歷史檔案館編輯的《中華民國史檔案資料彙編》（第 5 輯第 1 編　教育（一））就公佈了大學院與大學區的設立及裁撤的部分檔案。1997 至 1998 年，《蔡元培全集》（18 卷本）和《蔡元培年譜長編》相繼問世。這些爲 21 世紀大學院制的研究提供了文獻支持，因此產生的學術成果非常豐富。

（四）21 世紀以來

　　自 2000 年以來，關於大學院和大學區制的研究，進入了一個新階段。除了有大量的專題研究之外，研究的視角也逐漸發生變化，出現一些見解獨到的論文。另外，研究逐漸向縱深方向發展，對大學院的組織機構、主要活動等進行了具體研究，改變了以往籠統地關注制度層面的格局。這一階段的研究成果，概述如下：

1. 著作方面

　　2000 年，李國鈞、王炳照主編的《中國教育制度通史》第 7 卷中，對大學院、大學區制的試行與廢止作了較爲清晰的介紹和分析。其他教育史、教育管理史及民國史等通史類著作，涉及大學院和大學區制的有：黃仁賢《中國教育管理史》（福建人民出版社，2003 年）、王建軍《中國教育史新編》（廣東高等教育出版社，2003 年）、張憲文等《中華民國史》第 2 卷（南京大學出版社，2005 年）。

〔註 26〕 Ming k.Chan & Arif Dirlik. Schools into Fields and Factories: Anarchists, the Guomintang, and the National Labor University in Shanghai, 1927~1932. Durham and London: Duke University Press, 1991.

〔註 27〕 中國第二歷史檔案館：《關於試行大學院與大學區制的一組史料》，《民國檔案》，1988 年第 2 期。

　　樑柱的《蔡元培教育思想論析》中，也簡單介紹了蔡元培出任大學院院長，推行大學區制的經歷。他認為，實行大學區制在當時的社會條件下是不可能的，脫離了中國國情，所以大學區制試驗失敗了。〔註28〕

　　值得注意的是，袁徵在研讀蔡元培的著作及查閱相關史料基礎上，發現蔡元培的教育思想發生了重要變化，從主張教育獨立、學術自由轉向推行黨化教育。〔註29〕蔡元培在主持大學院時，要求進行三民主義教育，就是用國民黨一黨的正統理論限制教育界的思想自由。他指出這種做法的危害：蔡元培在大學院的做法為後來國民黨對於教育進行蠻橫干涉鋪設了道路，蔡元培推行三民主義教育是國民黨黨化教育從廣東推向全國的一個發展階段。另外，他指出，北伐以後，蔡元培不再強調教育獨立和學術自由，這與一般人的觀點不一致。很多學者認為，蔡元培創立大學院是建立在教育獨立的理念之上的。袁徵的研究為澄清這一模糊認識，提供了很大的幫助。

　　姜朝暉《民國時期教育獨立思想研究》梳理了從教育獨立思潮的萌生到中斷的完整理論脈絡，探討了教育獨立思潮對大學院、大學區改革的影響，並從大學院、大學區制的失敗分析教育獨立思潮的內外局限，〔註30〕他的研究有一定的新意。此外，他還揭示了自由主義教育與黨化教育的扞格，這為研究大學院、大學區失敗的原因提供了一種思考的路徑。許小青《政局與學府：從東南大學到中央大學（1919～1937）》的第二章，主要從經費和人事方面揭示了大學區試驗的衝突與困境。〔註31〕他的研究運用了一些新的史料，材料佔有充分，分析深入細緻，展現了當時江蘇大學區試行的情況，並揭露了大學區在具體實施中存在的一些問題：一是設計者並不能保障這一制度的實施，尤其是經費來源的保障。二是沒有考慮到當時中國的實情，對中國的歷史和國情有十足的隔膜。

　　葉雋分析了蔡元培的法國情結與他移植法國大學區之間的關係，並將蔡與李石曾進行比較，關注到李石曾在推行大學區制中的表現及作用。他的研

〔註28〕　樑柱：《蔡元培教育思想論析》，北京：高等教育出版社，2006 年，第 419～430 頁。

〔註29〕　袁徵：《孔子・蔡元培・西南聯大——中國教育的發展和轉折》，北京：人民日報出版社，2007 年，第 283～304 頁。

〔註30〕　姜朝暉：《民國時期教育獨立思想研究》，北京：中國社會科學出版社，2008年。

〔註31〕　許小青：《政局與學府：從東南大學到中央大學（1919～1937）》，北京：中國社會科學出版社，2009 年，第 101～159 頁。

究發現，大學區制基本屬於借鑒移植法國制度，而大學院制則屬於學習創新的層面，因爲法國本身並無大學院這種建制。他還指出蔡元培大學區制改革之所以失敗，就在於他不僅在制度設立上滲透了德國印記，在理念確立中亦同樣受到了德國理想主義的某些影響。〔註 32〕葉雋的研究比較深入，觀點上也有創新。

2. 論文方面

這一時期，關於大學院和大學區制的研究論文紛至沓來。在十多年的時間內，產生了 7 篇學位論文。其中，6 篇是關於大學院和大學區制的研究，1篇是研究國立勞動大學的。

唐慶峰在其碩士論文《民國時期的大學院與大學區制》中，考述了大學院與大學區制產生的背景、試行情況及失敗原因，基本史實梳理清楚，但分析不夠深入。褚冰從政治與教育的關係著手，考察大學院的興廢，討論 1927年前後國民黨內部政權重組及派系鬥爭是如何影響教育制度改革的。論文分析了大學院制推出的歷史背景，介紹了大學院制的實施過程，指出大學院制的基本理念與國民黨三民主義教育宗旨的根本矛盾，論述了大學院制失敗的原因。但是，他的某些結論下得比較輕率，比如，「南京政府成立後，即提倡所謂黨化教育，蔡元培任大學院長時，表示不贊同是悲哀的，也是無可奈何的。」〔註33〕袁徵的研究就指出，最保守地說，從 1926 年 10 月到 1927 年 11月下旬，蔡元培絕對沒有受到黨內要求實行黨化教育的壓力。〔註34〕

馬芸芸《蔡元培與法國學制在中國的試驗述論》（西南交通大學專門史碩士學位論文，2004 年），考察了大學院和大學區制在中國的試行、失敗。該論文概念混亂，學制不等於教育行政制度。崔豔麗的《民國試行大學區制度失敗原因分析》（南京師範大學高等教育學碩士學位論文，2006 年），從自然環境、政治與文化傳統、教育經費以及制度本身等方面，探討了大學區制失敗

〔註32〕 葉雋：《異文花博弈：中國現代留歐人與西學東漸》，北京：北京大學出版社，2009 年，第 396～415 頁。書中第七章第三節，葉雋後來以《蔡元培的法國情結及大學區制移植的制度史意義》爲題，發表在《教育學報》2010 年第 4期。

〔註33〕 唐慶峰：《民國時期的大學院與大學區制》，華南師範大學中國教育史專業碩士學位論文，2002 年；褚冰：《政權重組與教育改革——南京國民政府初期的大學院制改革》，山東師範大學教育學原理專業碩士學位論文，2002 年。

〔註34〕 袁徵：《孔子·蔡元培·西南聯大——中國教育的發展和轉折》，北京：人民日報出版社，2007 年，第 298 頁。

的原因。問題比較集中，避免了做大而泛之的研究。張士偉在《近代中法高等教育交流史研究》（河北大學中國近代史博士學位論文，2010 年）第 5 章中，敘述了大學區制和大學院制的理論來源、蔡元培對大學區制和大學院制的設想、實施背景、經過、廢止及失敗、成果和啓示。

原靜文《國民政府時期大學區制在浙江的試行》（浙江大學中國近現代史碩士學位論文，2011 年）是第一篇專門以浙江大學區爲個案研究的論文。作者梳理了大學區制在浙江試行的史實，分析了大學區制的理念內涵、制度特色及其實踐對浙江教育的影響，並將浙江大學區與江蘇、北京等試行區做比較。她認爲，浙江大學區之所以試行比較順利，既有傳統因素，又與政治變動下高校與政府的良性互動，浙江大學區內知識精英群體努力，以及校長治校理念，在政界、學界的人脈網絡因素有關。

蔡興彤的《國立勞動大學研究（1927 年～1932 年）》（華中師範大學中國近現代史碩士學位論文，2011 年）是國內第一篇專門研究勞動大學的論文，儘管晚於陳明錄和德里克的專著 10 年。他考察了勞動大學的創立、教學、經費及師生群體，其完整性、豐富程度不如陳明錄和德里克的研究，但是仍然啓發後來的研究者繼續發掘勞動大學作爲大學院的附屬機構，與大學院之間的關係。

這一時期，有關大學院與大學區研究的學術論文數量非常多，按照研究的側重點、視角的不同，可以分爲以下三類：

第一，整體研究。對大學院和大學區制進行系統的研究，考述其成立、試行、失敗原因等的論文有：李立峰《民國時期大學院制存廢考評》（《集美大學學報》，2002 年第 4 期），劉曉莉《大學院與大學區制的試行與失敗》（《河南師範大學學報（哲學社會科學版）》，2003 年第 2 期），馮志軍、潘愛華《蔡元培教育獨立思想和民國大學院制度述評》（《煤炭高等教育》，2003 年第 3 期），王倩《民國教育史上一次「曇花一現」的改革——大學院與大學區制的試行》（《河北師範大學學報（教育科學版）》，2004 年第 5 期）、楊衛明、黃仁賢：《中國教育管理體制改革的非凡嘗試——民國時期的「大學院」與「大學區」制》（《國家教育行政學院學報》，2006 年第 10 期），李丹萍、銀堯《蔡元培的教育獨立改革》（《理論界》，2006 年第 1 期），等等。此類整體性的研究，大多分析不夠細緻，大部分結論沒有超越林敦、陶英惠和陳哲三的觀點。

第二，局部研究。這一階段，最大的突破就是開始對大學院附屬的組織

機構、大學院的重要舉措等進行了專門的研究。許小青的《南京國民政府初期中央大學區試驗及其困境》（《近代史研究》，2007 年第 2 期）和嚴海建的《南京國民政府初期北平大學區風潮論析》（《南京大學學報（哲學・人文科學・社會科學）》，2009 年第 1 期）分別探討了中央大學區和北平大學區的試行情況，這是專門對單個大學區進行研究的開始。

大學委員會是大學院的最高立法機關，在 2005 年之前，一直都沒有對這個機關進行專門研究。田正平、張建中的《國民政府時期大學委員會考述》（《華東師範大學學報（教育科學版）》，2005 年第 4 期）從該機關的產生、在大學院時期的運作、在教育部時期的調整及其消亡等三方面，對其歷史進行梳理和評述。國立藝術院是蔡元培主持大學院時，為了實現「科學化、藝術化、勞動化」之「藝術化」而成立的。賀曉舟的《國立藝術院成立過程的研究——對《創辦國立藝術大學案》的考察》（《浙江藝術職業學院學報》，2009 年第 7 卷第 1 期）和《大學院藝術教育體制的確立》（《浙江藝術職業學院學報》，2011 年第 9 卷第 1 期）對藝術院成立過程及藝術教育體制進行了專門探討。

第一次全國教育會議是大學院的重要活動。方勇、羅彩雲的《教育獨立的困境——國民政府第一次全國教育會議的考察》（《華東師範大學學報（教育科學版）》，2007 年第 3 期）和田正平、於瀟的《第一次全國教育會議與國民政府初期教育改革》（《高等教育研究》，2010 年第 10 期）分別從教育獨立和對教育改革的影響的視角，進行了考察和研究。另外，廖巍的《南京國民政府大學院之教科書編審述評》（《湖南師範大學教育科學學報》，2008 年第 6 期）介紹了大學院對教科書的編審情況。

第三，視角轉換。研究視角發生改變，會起到「橫看成嶺側成峰」的效果。周谷平的《蔡元培與法國教育管理模式的移植及其啟示》（《高等教育研究》，2005 年第 2 期）不同於別的研究大學區的文章，她從考察法國教育管理模式入手，揭示蔡元培移植法國教育模式，目的在於改革我國教育行政機構官僚化習氣之弊，爭取教育獨立。此舉以失敗告終，證明僅僅依靠制度層面的變革以實現教育獨立，在中國近代社會是行不通的；學習借鑒別國的教育管理模式和經驗，必須根據本國實際，使之本土化。

段治文、陳天培的《1927～1929 年大學院建制的設立與中國科學研究理念的凸顯及其影響》（《重慶文理學院學報（社會科學版）》，2006 年第 2 期）、

黃啓兵的《理性設計的限度：民國大學院、大學區制與高校設置》（《現代大學教育》，2010 年第 1 期）和馬玲玲的《民國時期「大學院」和「大學區」制對教育去官僚化的嘗試》（《煤炭高等教育》，2011 年第 4 期）等論文，分別從大學院制對科學研究的影響、與高校設置的關係及對去官僚化的嘗試等不同方面進行探討。王世廣的《策略失誤：大學區制在中國失敗的另一種解讀》（《教育史研究》，2010 年第 2 期），分析了蔡元培的策略性失誤是導致大學區制失敗的重要原因之一，這是以往的研究所沒有著重強調的。

廣少奎《大學院（區）制改革的悖謬與反思》（《華東師範大學學報（教育科學版）》，2013 年第 1 期）、茹寧《民國大學院與大學區改革的價值重估》，（《高等教育研究》，2013 年第 2 期）、王列盈《民國時期教育行政體制改革失敗原因再探》（《高等教育研究》，2013 年第 4 期）等論文，對大學院與大學區制失敗原因進行了重新反思，並對其改革價值進行了重估。

考察大學院制的研究總是與蔡元培分不開，劉曉的《李石曾與中華民國大學院》（《中國科技史雜誌》，2008 年第 2 期）則對李石曾在大學院制建立及實施過程中的作用予以充分的揭示。研究視角的多樣化，可能會豐富研究成果，也有可能會使結論發生衝突，抑或殊途同歸。在史料基本相同的前提下，轉化研究視角，也許會有柳暗花明的新發現。

三、潛力與方向

回顧相關學術史，可以發現目前的研究多偏向於將大學院和大學區合在一起探討，以大學院為獨立對象的專題研究比較稀少。截止到目前為止，還沒有博士學位論文以大學院作為專門的研究問題，本研究者將作一嘗試。學術界現有的研究雖已取得許多優秀的成果，但還存在一定缺漏，而這正是尚需進一步關注的方向和重點。一是對大學院的主要活動缺乏具體細緻的考察，忽視了大學院與國民黨統治集團的衝突，對教育與政黨關係關注不夠；二是對大學院制的失敗原因缺乏從制度設計、決策與執行層面的分析。

在制度、思想、活動三者之中，制度往往是歷史上記載最為詳審、最受人注目的部分，也是較為穩定，影響較大的部分。〔註 35〕作為有明顯創新的教育行政制度，大學院制一直受到諸多關注，在制度條文上的整理已進展無

〔註35〕劉海峰：《高等教育史學科建設再探》，《高等教育研究》，1995 年第 1 期，第 42～43 頁。

多。但如果放寬視野，注意前人研究中不多涉及的具體活動，考察大學院開展的具體活動，並探究其與國民黨中央統治集團的衝突，詳加分析，則可能突破當前研究的瓶頸。

　　大學院的主要活動有爭取教育經費獨立、召開全國教育會議、舉辦三民主義考試、審查教科圖書等，對這些活動的執行情況、實際效果等，缺乏細緻的研究。不研究活動，實際就是靜態地研究制度，從文本到文本，就制度談制度，只根據制度設計的條文來描述歷史。實際上，許多制度設計的文本與實踐之間就存在很大的差距，帶有理想色彩的制度設計，往往在現實中受挫，達不到預期的效果。特別是一套帶有創新意義的制度，與其社會、政治土壤不能完全切合是正常的現象。研究中國近代以來的各種制度，尤其應注意制度與現實的互相調適。所以，本研究者將致力於考察大學院的具體活動。

　　考察大學院的具體活動，既不是照搬文本，也決非重新編排，而是從思想與活動中去透視制度，分析設計理念的正誤，揭示制度的實施情況和結果。由於教育制度一方面是一定的教育思想和觀念的具體化，另一方面又是教育實踐的抽象規定，因而，以教育制度自身的歷史演化為主軸，在制度與思想、制度與實踐的互動關係中把握特定教育制度的歷史意義，不僅會使制度史的研究更加豐滿，也有利于堅持教育制度史評價中的內在尺度。〔註36〕

　　此外，大學院為改變官僚習氣，以學者為行政的指導，這個改革路向是否合理，很值得研究。除了考察「人治」的因素外，即大學院的人員構成，以及人事糾紛對大學院的影響，仍需考察制度的設計與執行。波普爾說過：「我們需要的與其說是好的人，還不如說是好的制度。甚至最好的人也可能被權力腐蝕；而能使被統治者對統治者加以有效控制的制度卻將逼迫最壞的統治者去做被統治者認為符合他們利益的事。換句話說，我們渴望得到好的統治者，但歷史的經驗向我們表明，我們不可能找到這樣的人。正因為這樣，設計使甚至壞的統治者也不會造成太大損害的制度是十分重要的。」〔註37〕所以，重新審度大學院制的設計、決策與執行，為其失敗找點蛛絲馬蹟，可為以後的制度改革提供殷鑒。

〔註36〕於述勝：《論民國時期教育制度的評價尺度及其發展邏輯》，《華東師範大學學報（教育科學版）》，1999 年第 3 期，第 87 頁。

〔註37〕〔英〕卡爾・波普爾著：《猜想與反駁》，傅季重等譯，上海：上海譯文出版社，1986 年，第 491 頁。

第一章　大學院的成立：學術化代官僚化的嘗試

　　1926 年 2 月，蔡元培從歐洲回國。雖然仍是北京大學校長，但他卻留在南方，不願回北京。不久，國民黨從廣東出兵北伐。從 1926 年 10 月起，蔡元培先後擔任國民政府浙江省政務委員、國民黨浙江臨時政治會議代理主席等職務，支持蔣介石建立南京國民政府的工作，以後一段時間在國民黨中央起著舉足輕重的作用。1927 年 6 月，他向國民黨中央政治會議提議設立中華民國大學院，並被任命為大學院院長，這是他自民初教育部之後，再次進行中央教育行政改革的嘗試。大學院的成立，集中體現了蔡元培晚年所提倡的教育行政學術化思想。

第一節　思想基礎：從教育獨立到教育行政學術化

　　教育獨立問題的討論，是知識分子在動盪混亂的時局中對教育該如何自處的一種思考，它並非空穴來風。清末，章太炎就曾提出類似的設想，力圖使中等以上教育擺脫政府的控制和干預，保證學術和思想充分自由地發展：「學校者，使人知識精明，道行堅厲，不當隸政府，惟小學與海陸軍學校屬之，其他學校皆獨立。」〔註 1〕朱元善將教育獨立的意義與民族的生死存亡相提並論：「有教育之獨立，而後能保國家之獨立，吾今敢為全國教育界言

〔註 1〕　章太炎：《代議然否論》，《章太炎全集》第 4 卷，上海：上海人民出版社，1985年，第 306 頁。

矣。」〔註2〕這種設想沒有引起輿論界共鳴，直到 1920 年代教育獨立的思潮才逐漸形成。

　　教育獨立思潮形成的導火索是教育經費問題。民國建立後，北洋軍閥為爭權奪利，連年混戰，政潮迭起，教育事業一再受到摧殘。民初的頭五年，北洋政府的教育總長就走馬燈似的換了十幾個。政府將國家的大部分經費用於軍事開支，教育經費僅能分些殘羹剩湯。北京及其各地教職員要求定期發放薪金的遊行、示威、請願，屢屢發生。1919 年 12 月 15 日，北京各校教職員要求薪酬發放現金一事，沒有得到政府滿意的答覆，罷教 27 天，並發表宣言，提出：請政府撤換現任教育次長代理部務傅岳棻；政府任命教育當局時須尊重教育界的趨向，選擇富有教育上之知識與能力者，這樣教育才能得以獨立，不受政潮的影響。〔註3〕1920 年國家預算中，軍費支出占一半以上，而教育經費卻只占七十五分之一，即便如此，還常被侵佔挪用。〔註4〕1921 年 6 月 3 日，為了抗議政府長期拖欠教育教育經費，北京八所國立高校的校長、教職員和學生近千人，聚集到新華門前請願，遊行隊伍遭到軍警的毆打，這就是震驚一時的「六三索薪事件」，〔註5〕其影響很快波及全國，「自此以後，政府與教育界更如水火之不相容，而極謀自立之觀念更為教育界的普遍意識，教育獨立的思潮亦自此勃發不可遏」。〔註6〕由於教育經費的嚴重短缺和拖欠，迫使學者從更深的層面思索這一問題。

　　教育獨立思潮的主張涉及教育領域的多個方面，其理論代表主要有李石岑和蔡元培。1922 年 2 月 12 日，全國教育獨立運動會在北京高等師範學校召開成立大會，20 日發表教育獨立宣言，宣言指出：「近年以來，兵燹頻仍，政潮迭起，神聖之教育事業，竟飄搖蕩漾於此卑污齷齪之政治軍事之漩渦中，風雨飄搖，幾潰破產。此吾人不能不作『教育獨立』之呼聲，以期重新建設精神生活之工具也。揆其大旨，約有三端：（一）教育經費應急謀獨立也；（二）教育基金應急謀指定也；（三）教育制度應急謀獨立也。」李石岑在會

〔註2〕 朱元善：《教育獨立》，《教育雜誌》，1916 年第 8 卷第 1 號，第 2 頁。

〔註3〕 董寶良、周洪宇：《中國近現代教育思潮與流派》，北京：人民教育出版社，1997 年，第 331 頁。

〔註4〕 李華興：《民國教育史》，上海：上海教育出版社，1997 年，第 246 頁。

〔註5〕 《八校教職員通電》，《晨報》，1921 年 6 月 5 日，第 2 版；《八校學生通電》，《晨報》，1921 年 6 月 5 日，第 2 版。

〔註6〕 舒新城：《近代中國教育思想史》，上海：中華書局，1932 年，第 260 頁。

上發表演說。他說：「余以爲教育之獨立，當以學制獨立及思想獨立二者爲最要。」他主張教育獨立可參考法國的學制。〔註7〕隨後，李石岑在《教育雜誌》發表《教育獨立建議》一文，指出「教育經費獨立，固屬要務；但徒經費獨立，教育機關隸諸政府管轄之下，結果仍等於零」，他認爲，除教育經費獨立之外，教育立法和教育行政也應該獨立。〔註8〕

　　蔡元培對李石岑的觀點非常感興趣，稱讚《教育獨立建議》「周密之至，弟一時竟無可以貢疑處」，他僅指出在推行上，最小團體（城、鎮、鄉、教育會）如何能不爲舊派塾師所盤踞或有問題。〔註9〕其實，蔡元培對教育獨立問題關注已久。早在 1912 年，蔡元培在《對於新教育之意見》中，指出教育家和政治家的區別在於，「以現實幸福爲鵠的者，政治家也；教育家則否」。他認爲教育也有兩種：「曰隸屬於政治者；曰超軼乎政治者。專制時代（兼立憲而含專制性質者言之），教育家循政府之方針以標準教育，常爲純粹之隸屬政治者。共和時代，教育家得立於人民之地位以定標準，乃得有超軼政治之教育。」〔註10〕他推崇不爲現實環境所左右、超脫於具體政治運作之上的教育。民國初年，他邀請教育專家、共和黨人范源濂出任教育次長，曾對范說：「現在是國家教育創制的開始，要撇開個人的偏見，黨派的立場，給教育立一個統一的智慧的百年大計。」〔註11〕當時國民黨內有人持反對意見，蔡元培置之不理。而且，他在北大的改革，也是嘗試將這種理想付諸於現實。

　　最能代表蔡元培教育獨立思想，且影響較大的，是他的《教育獨立議》。〔註12〕蔡元培主張，教育事業當完全交與教育家，保有獨立的資格，毫不受各派政黨或各派教會的影響。他認爲，教育是要個性與群性平均發達的。政黨是要製造一種特別的群性，抹殺個性。教育是求遠效的；政黨的政策是求近功的。所以，教育事業不可不超然於各派政黨以外。他還主張教育事業要

〔註7〕　《全國教育獨立運動會宣言》，《中華教育界》，1922 年第 11 卷第 9 期。

〔註8〕　李石岑：《教育獨立建議》，《教育雜誌》，1922 年第 14 卷第 2 號，第 1 頁。

〔註9〕　高平叔：《蔡元培年譜長編》第 2 卷，北京：人民教育出版社，1998 年，第476 頁。

〔註10〕蔡元培：《對於新教育之意見》，《教育雜誌》，1912 年第 3 卷第 11 期，第 18頁。

〔註11〕梁若容：《記范靜生先生》，《傳記文學》，1962 年第 1 卷第 6 期，第 13 頁。

〔註12〕蔡元培的《教育獨立議》草擬於 1921 年 8 月 2 日，於 1922 年 3 月刊載於《新教育》。參見：高平叔：《蔡元培年譜長編》第 2 卷，北京：人民教育出版社，1998 年，第 428～429 頁。

超然於各派教會之外。他認爲，教育是進步的，凡有學術，總是後勝於前。教會是保守的，《聖經》的成語，便絕對不許批評，便是加了一個限制。教育是公同的，沒有什麼界限。教會是有差別的，基督教與回教不同，回教又與佛教不同。若是把教育權交與教會，便恐不能絕對自由。〔註13〕

爲了實現「超然的教育」的目標，蔡元培擬出的辦法是：

> 分全國爲若干大學區，每區立一大學；凡中等以上各種專門學術，都可以設在大學裏面；一區以內的中小學教育，與學校以外的社會教育，如通信教授、演講團、體育會、圖書館、博物館、音樂、演劇、影戲……與其他成年教育、盲啞教育等等，都由大學辦理。
>
> 大學的事務，都由大學教授所組織的教育委員會主持，大學校長，也由委員會舉出。由各大學校長組織高等教育會議，辦理各大學區互相關係的事務。
>
> 教育部，專辦理高等教育會議所議決事務之有關係於中央政府者，及其他全國教育統計與報告等事，不得干涉各大學區事務。教育總長必經高等教育會議承認，不受政黨內閣更迭的影響。
>
> 大學中不必設神學科。……各學校中，均不得有宣傳教義的課程，不得舉行祈禱式。以傳教爲業的人，不必參與教育事業。
>
> 各區教育經費，都從本區中抽稅充用。較爲貧乏的區，經高等教育會議議決後，得由中央政府撥國家稅補助。〔註14〕

教育獨立思想是設立大學區制的理論支撐。蔡元培提出設立大學區的構想，包括教育行政獨立和教育經費獨立。他理想中的大學區事務不受教育部的干涉，教育部和大學區相互獨立。此時，他並沒有建立「大學院」的設想。直到 1927 年，蔡元培有機會實現自己的設想，試行大學區制時，才成立大學院。之所以使用「大學院」的名稱，一是因爲「李君石曾提議試行大學區制，遂取此名」，〔註15〕大學院名稱是對應「大學區」而來；二是蔡元培反對用教育部之名，認爲教育部名稱與腐敗官僚有密切的聯想，他在《大學院公報》的《發刊辭》中強調：「顧十餘年來，教育部處於北京的腐敗空氣之

〔註13〕 蔡元培：《教育獨立議》，《新教育》，1922 年第 4 卷第 3 期，第 317～318 頁。
〔註14〕 蔡元培：《教育獨立議》，《新教育》，1922 年第 4 卷第 3 期，第 318～319 頁。
〔註15〕 蔡元培：《我在教育界的經驗》，《傳記文學》，1967 年第 10 卷第 1 期，第 121 頁。

中，受其他各部之薰染；長部者又時有不知學術教育為何物，而專鶩營私值黨之人，聲應氣求，積漸腐化，遂使教育部名詞與腐敗官僚亦為密切之聯想。此國民政府所以捨教育部之名，而以大學院名管理學術及教育之機關也。」〔註16〕

大學院的成立，與蔡元培對北京政府教育部的認識有很大關係。蔡元培在 1912 年 1 月至 7 月擔任南京及北京兩臨時政府的教育總長。因在政體問題上與袁世凱發生分歧，蔡元培辭去了教育總長的職務。但他對北京政府教育部仍十分關注，本來他對教育部持肯定態度，這在與教育部參事蔣維喬的通信中有所體現。1912 年 8 月，蔡元培自信地認為：「教育部雖捲入政爭之漩渦，而竟能維持成局，雖無獨立之名，而已有其實，後來之希望，未有量也。」〔註17〕1913 年 5 月，他改變了對教育部的看法：「半年以來，國內事變，得之於通信及讀報者，殆無一不令人作悲觀。鑽營、把持、賄買、造謠、中傷，幾有日本人所謂百鬼盡行之狀。其中差強人意者，惟教育部耳。」〔註18〕同年 12 月，蔡元培感歎教育部的怪現狀，指出教育部的問題反映出當時是官僚黨「炙手可熱之時代」。〔註19〕蔡元培認識到，北京政府的教育行政存在嚴重的官僚化弊病。

1917 年 1 月 4 日，蔡元培出任北京大學校長。1923 年 1 月 17 日，擔任北京大學校校長的蔡元培，為抗議北京政府教育總長彭允彝干涉司法獨立、蹂躪人權的卑劣行徑，向總統府提出辭職，立即離京赴津。〔註20〕1 月 23 日，蔡元培發表《關於不合作宣言》，其中表示了對教育總長彭允彝提出羅案重審的不滿與失望。「提出者又並非司法當局，而為我的職務上天天有關係的教育當局，我不管他們官話打得怎麼圓滑，我總覺得提出者的人格，是我不能再與為伍的。我所以不能再忍而立刻告退了。」〔註21〕1923 年 7 月，蔡元培攜

〔註16〕蔡元培：《發刊辭》，《大學院公報》，1928 年第 1 期。

〔註17〕中國蔡元培研究會：《蔡元培全集》第 10 卷，杭州：浙江教育出版社，1998年，第 161 頁。

〔註18〕中國蔡元培研究會：《蔡元培全集》第 10 卷，杭州：浙江教育出版社，1998年，第 173 頁。

〔註19〕中國蔡元培研究會：《蔡元培全集》第 10 卷，杭州：浙江教育出版社，1998年，第 196 頁。

〔註20〕高平叔：《蔡元培年譜長編》第 2 卷，北京：人民教育出版社，1998 年，第609 頁。

〔註21〕中國蔡元培研究會：《蔡元培全集》第 5 卷，杭州：浙江教育出版社，1997

眷赴歐，直到 1926 年 2 月才返國。

當蔡元培有機會再次進行中央教育行政改革時，爲了改變教育部的官僚化習氣，他設想以學術化的大學院代替教育部。1927 年 6 月 13 日，蔡元培、李石曾和褚民誼等聯名向國民黨中央政治會議提議：「關於國民政府應添設教育部問題，元培等籌議再三，以爲近來官僚化之教育部，實有改革之必要。欲改官僚化爲學術（化），莫若改教育部爲大學院。」〔註22〕

1927 年 9 月，蔡元培等規劃大學院組織時，分析這個新制度的樞紐時強調：「教育行政與教育學術合而爲一，是謂『教育學術化』；教育學術與教育研究合而爲一，是謂『學術研究化』。反詞證之，苟無研究，便無學術，苟無學術，何有教育；苟無學術，何須教育行政；教育行政而不根據學術爲標準，何足以言教育？此教育行政制度之變更，不啻廢除教育部，而代以最高之中央大學，廢除教育廳，而代以各省最高之省區大學也。」〔註23〕

蔡元培的支持者吳稚暉解釋大學院制，「本意欲將教育變爲學術化，使行政爲其附屬之一事。故大學院並不如從前之教育部，立於學校之外；使學校有國立、省立、市立、縣立等之名目，教育部從而監督之，省則使教育廳分督之也。大學院制乃是全國止有一大學院爲主校，於是分區設立大學，爲其第一種分校；由區大學分設中學、小學等，爲其第三種、第四種等之分校。即以舊日教育部、教育廳、教育局等之行政事務，附屬於大學院及大學、中學等，以便與政府亦有聯絡。」〔註24〕

由專家學者來管理教育事業，教育不受政黨或教派影響；改變教育部官僚習氣，以學術化代官僚化，這是蔡元培多年來對教育工作的理想，是他設立大學院，進行教育行政制度改革的思想動因。除此之外，大學院的成立還與當時特殊的政治環境有密切的關聯。

年，第 39 頁。

〔註22〕《關於設立中華民國大學院的提案》，中國蔡元培研究會：《蔡元培全集》第 6 卷，杭州：浙江教育出版社，1997 年，第 39 頁。

〔註23〕《大學院組織緣起》，中國第二歷史檔案館編：《中華民國史檔案資料彙編》第 5 輯第 1 編　教育（一），南京：江蘇古籍出版社，1994 年，第 31 頁。

〔註24〕吳稚暉：《向大學院提分區大學問題之餘議案》，吳稚暉先生全集編纂會：《吳稚暉先生全集》文教卷二，臺北：中國國民黨中央委員會黨史史料編纂委員會，1969 年，第 167 頁。

第二節　政治背景：「清黨」與國民黨派系鬥爭

　　建立大學院，與蔡元培 1926 年 2 月從歐洲回國後的政治抉擇有密切聯繫。蔡元培沒有回到北京大學校長的崗位，而是與北京政府「不合作」到底，爲國民政府即將開始的北伐做政治上的策應。11 月 14 日，蘇皖浙三省聯合會在上海正式成立。蔡元培參與了蘇皖浙三省聯合會的工作，以「聯省自治」反對佔據東南的軍閥「聯帥」孫傳芳，配合北伐軍的軍事行動。並且，與褚輔成、陳儀等在杭州宣佈浙江自治，籌組浙江省政府。1927 年 1 月，北伐軍總司令蔣介石函請蔡元培爲浙江政治會議委員及政務委員會委員等職，並請其在張靜江返浙之前，代理政治會議主席職務。這是蔡元培與蔣介石建立直接政治聯繫的最初階段。由於東南局勢的反覆，蔡元培與馬敘倫等人爲躲避孫傳芳的通緝，於 1927 年初避走福州、廈門等地。隨著 1927 年 2 月中旬北伐軍佔領杭州，他便開始正式代行浙省政務。〔註 25〕

　　隨著北伐軍事的節節推進，南方革命隊伍的分裂之象日趨暴露。矛盾主要在國共兩黨之間展開，同時牽涉到國民黨內部的派系傾軋。在北伐初期，蘇俄和中共力圖使國民黨內的權力格局恢復到中山艦事件以前的局面，爭取由國民黨左派和共產黨人重新聯合執政。爲此，中共與國民黨左派聯合發動了迎汪精衛回國復職運動，意在抑制蔣介石的權力膨脹。

　　1926 年 11 月，北伐軍攻克南昌。蔣介石將國民革命軍總司令部移設南昌。國民黨總顧問鮑羅廷認爲應把國民政府遷到武漢。11 月 26 日，國民黨中央政治委員會正式決定中央黨部及國民政府北遷武漢。12 月 13 日，到漢的委員議決成立「國民黨中央執行委員暨國民政府委員臨時聯席會議」（下簡稱「武漢臨時聯席會議」），並對外宣告：「中央執行委員會政治會議未在鄂開會以前，執行最高職權。」蔣介石很快覺察到以左派爲中心的武漢臨時聯席會議有可能在鮑羅廷操縱下架空自己。於是，蔣於 1927 年 1 月 3 日乘張靜江、譚延闓等中央委員途經南昌之機，宣佈在南昌召集中央政治會議，勸說與會者同意將中央黨部及國民政府暫駐於他所掌控的南昌。武漢和南昌之間的對峙迅速升級。武漢方面於 3 月 10 日至 17 日，召開國民黨二屆三中全會，限

〔註 25〕高平叔：《蔡元培年譜長編》第 2 卷，北京：人民教育出版社，1998 年，第720～760 頁；高平叔：《蔡元培年譜長編》第 3 卷，北京：人民教育出版社，1998 年，第 4～25 頁；張曉唯：《蔡元培評傳》，南昌：百花洲文藝出版社，1993 年，第 122～123 頁。

制蔣介石的權力，會議由鮑羅廷和國民黨左派勢力掌控。蔣介石原來的職位如中常會主席、中央組織部長、軍人部長等要職，或被撤銷或被替代，只保留國民革命軍總司令一職。這促使蔣介石大踏步走向清黨反共。〔註26〕

1927 年 3 月 27 日，蔣介石邀請吳稚暉、李石曾、蔡元培、張靜江、蔣夢麟等遷入其總部行營，開會討論與共產黨分裂的辦法。3 月 28 日，國民黨留滬中央監察委員吳稚暉、張靜江、李石曾、古應芬、蔡元培等召開中監委全體會議的籌備會，由蔡元培主席，決議由吳稚暉擬具檢舉共產分子的草案，提交監察委員會全體會議公決。4 月 2 日，國民黨中央監察委員會在上海舉行會議，到會者有吳稚暉、張靜江、李石曾、蔡元培、古應芬、陳果夫、李宗仁、黃紹竑，由蔡元培主席，吳稚暉提出「請辦覆黨賣國之共產派黨員案」，經討論，決議「照原案諮送中央執行委員」。〔註27〕4 月 9 日，國民黨中央監察委員會委員鄧澤如、黃紹雄、吳稚暉、李石曾、蔡元培、古應芬、張靜江和陳果夫聯名發表護黨救國通電，歷舉武漢聯席會議及二屆三中全會為不合法。〔註28〕4 月 12 日，蔣介石在上海發動反共政變。4 月 18 日，蔣介石以國民黨中央政治會議的名義宣佈南京國民政府成立。國民黨中樞形成三足鼎立的局面，形成寧、漢、滬三個中央黨部和寧、漢兩個國民政府相互抗衡。

蔡元培、吳稚暉、張靜江和李石曾等國民黨元老兼名流學者直接參與了清黨運動，為蔣介石贏得了一定的社會道義基礎。胡適談到，當時北京的一些青年大學生，非常崇拜蔡元培等學者教授，他們不相信支持南京清黨的蔡元培和吳稚暉也會做壞事。蔣介石在上海發動清黨之際，胡適正由美返國，一位美國哈佛大學教授向他詢問國民黨清黨真相。胡適告之：「蔣介石將軍清黨反共舉動能得著一班元老的支持，你們外國朋友也許不認得吳敬恆、蔡元培是什麼人，但我知道這幾個人，很佩服他們的見識和人格。這個新政府能得到這一班元老的支持，是站得住的。」〔註29〕這說明元老們的支持直接影響民眾對南京政權的認同。不過，這只是胡適的一種即時性的預測和觀

〔註26〕王奇生：《黨員、黨權與黨爭：1924～1949 年中國國民黨的組織形態》（修訂增補本），北京：華文出版社 2010 年版，第 106～107 頁。

〔註27〕高平叔：《蔡元培年譜長編》第 3 卷，北京：人民教育出版社，1998 年，第 27～30 頁。

〔註28〕《中央監察委員聯名護黨救國之通電》，《上海民國日報》，1927 年 4 月 14 日，第 1 張第 3 版。

〔註29〕吳相湘：《胡適但開風氣不為師》，《民國百人傳》第 1 冊，臺北：傳記文學出版社，1971 年，第 153 頁。

察而已。

　　蔡元培因擁立蔣介石建立南京國民政府，已躍居政要中樞，從而得以借助新政權的權威推行中央教育行政制度的改革試驗。6月7日，蔡元培出席國民黨中央政治會議第 102 次會議，提請變更教育行政制度，以大學區爲教育行政的單元，獲得通過。6月13日，蔡元培向國民黨中央政治會議第 105 次會議提出設立中華民國大學院，中央政治會議當即通過決議，任命蔡元培爲該大學院院長；6月17日，南京國民政府正式發佈任命。7月4日，國民政府公佈《中華民國大學院組織法》。〔註30〕但是，大學院正式成立於 10 月 1日，蔡元培於該日宣示就職。〔註31〕南京國民政府已在 6 月份任命蔡元培爲大學院院長，爲什麼他會遲至 10 月份才正式就職？這與寧、漢、滬三方尋求合作、黨務統一和政府重組有關。

　　蔣介石在南京另立中樞，其做法如同一年多前的西山會議派，在國民黨法理上無合法依據。國民黨「正統」中央在武漢，附從南京的國民黨中央執行委員也未過半數。爲了與汪精衛的武漢政府抗衡，蔣介石請出隱居上海的胡漢民與之合作，並推舉胡漢民爲國民黨中央政治會議主席、南京國民政府代理主席。當蔣介石尚在籌劃清黨時，上海西山會議派曾表示願意與之合作清黨，但直到 1927 年 6 月份南京國民黨中央常務委員及各部部長聯席會議議決恢復西山會議派的國民黨黨籍，隨後，寧、滬兩方的中央執監委員往返相商黨務統一辦法。當寧、滬密商合作之際，武漢中央迫於軍事經濟等壓力，也於 7 月 15 日宣佈「分共」，但汪精衛表示分共的同時，主張倒蔣，並堅持武漢的國民政府和中央黨部爲「黨國最高機關」，提議召開二屆四中全會，要求南京方面服從二屆四中全會，即堅持以武漢中央爲正統。〔註32〕

　　南京方面以李宗仁爲代表，聯合各軍事將領與武漢方面商洽合作，並逼迫蔣介石「隱退」。8月12日，蔣介石被迫下野。接著胡漢民、張靜江、吳稚暉、李石曾、蔡元培也宣佈隱退，寧漢對峙暫時以漢方的勝利告終。8月 17日，武漢中央召開會議，決定遷都南京。由於寧方國民黨元老張靜江、蔡元

〔註30〕　高平叔：《蔡元培年譜長編》第 3 卷，北京：人民教育出版社，1998 年，第51～56 頁。

〔註31〕　《中華民國大學院院長蔡元培就職通電》，《大學院公報》，1928 年第 1 期，第81 頁。

〔註32〕　王奇生：《黨員、黨權與黨爭：1924～1949 年中國國民黨的組織形態》（修訂增補本），北京：華文出版社 2010 年版，第 107～108 頁。

培等人和西山會議派否認武漢三中全會的合法性，實際上是否認汪精衛代表的「黨權」的合法性，打破了汪以自己爲中心的設想。9月11至13日，寧、滬、漢三方負責人舉行正式談話會，決議由三方中央黨部共推32人組織中央特別委員會，統一黨務，行使中央職權。〔註33〕中央特別委員會成立於9月16日，它是一個過渡性的中央最高機構，代行中央執監委員會的職權。

中央特別委員會的成立，表面上結束了寧、漢、滬三足鼎立的局面，暫時整合了國民黨內部的分裂狀態，實際上西山會議派的聲勢大漲。值得注意的是，蔡元培在中央特別委員會中的地位較高，這爲他主持大學院提供了政治支持。在9月16日中央特別委員會第一次會議上，委員們議決改組黨部和政府的事項，南京國民政府批准的大學院被保留。9月17日，中央特別委員第二次會議推定汪精衛、胡漢民、李烈鈞、蔡元培和譚延闓5人爲國民政府常務委員，並任命蔡元培爲大學院院長。9月19日，中央特別委員會第三次會議，推定汪精衛、蔡元培和謝持3人爲中央特別委員會常務委員。〔註34〕

實際上，國民黨的三巨頭蔣介石、胡漢民、汪精衛，都未到南京參加特別委員會，這注定了特別委員會將是短命的。〔註35〕蔡元培利用他在中央特別委員會的重要地位和他在教育界的威望，保障了大學院在1927年10月能正式成立，計劃重新組織中國的教育。

蔡元培在1928年4月談到：「大學院最初組織法之起草，遠在去年秋間，約在大學院成立前兩三個月，當時國民政府以全力應付軍事，對於教育事業尚無具體計劃，余與李、張、吳諸先生以教育不可無主管機關，又不願重蹈北京教育部以官僚支配教育之覆轍，因有設立大學院之主張」。〔註36〕國民政府忙於北伐，無暇顧及教育，固然爲大學院的成立提供了契機，但是，蔡元培等黨國元老支持蔣介石清黨與建立南京國民政府，無疑是蔣介石默認蔡元培等建立大學院的重要條件。並且國民黨黨內的派系鬥爭，也爲大學院提供了生存空間。

〔註33〕 金以林：《國民黨高層的派系政治：蔣介石「最高領袖」地位是如何確立的》，北京：社會科學文獻出版社，2009年，第39～45頁。
〔註34〕 高平叔：《蔡元培年譜長編》第3卷，北京：人民教育出版社，1998年，第76～77頁。
〔註35〕 張憲文：《中華民國史》第2卷，南京：南京大學出版社，2006年，第9頁。
〔註36〕 《蔡院長談大學院之組織》，《上海民國日報》，1928年4月12日，第2張第4版。

第三節　制度借鑒：教育行政委員會與法國公共教育部

　　蔡元培提出變更教育行政制度，實行大學區制後，國民政府即於 1927 年 6 月 12 日，訓令在粵、浙、蘇三省試行大學區制。〔註37〕但是，教育行政委員會第 82 次會議決議，江蘇、浙江兩省大學重新改組或尚在籌建，應准其先行試辦大學區新制度。而廣東方面，中山大學由廣東大學改辦，成立不久，一旦改制，變更太速；而且距下學年開學不遠，籌備也來不及。〔註38〕所以，廣東並沒有試行大學區制。

　　大學區是地方教育行政上的一種制度。江蘇、浙江試行的大學區制是模仿法國的。1927 年 11 月 12 日，蔡元培在暨南大學演說《中國新教育的趨勢》時指出：「現在大學區的辦法，是由大學校長兼管本區的中小學及其他特殊教育，教育行政都歸大學教授組織，並且有研究院擔任種種計劃。這種制度，法國已實行了，法國分全國為十七個大學區。我本想分全國為十個大學區，恐怕難於成功，所以規劃在江蘇、浙江兩省試辦，不過粗具規模罷了。」〔註39〕

　　如果說大學區制基本借鑒移植法國制度，那麼大學院制則屬於學習創新的層面。因為法國本身並沒有大學院這種建制。〔註40〕「大學院」的名稱就是一項創舉。關於大學院的名稱，《大學院公報》第一卷第一期底稿解釋如下：

　　　　全國教育與研究之中央機關，稱為「中華民國大學院」，譯成西文為 ministry of Education and Research，Natinalist government，更將西文譯回中文就為「國民政府教育與研究部」，但是在中文名詞，何以不若是名之，而名之曰「大學院」呢？原來「大學」二字，在中文就是「教育」。「大學之道，在明明德，在新民，在止於至善」，

〔註37〕《國民政府關於粵浙蘇三省試行大學區制訓令》，中國第二歷史檔案館編：《中華民國史檔案資料彙編》第 5 輯第 1 編　教育（一），南京：江蘇古籍出版社，1994 年，第 30 頁。

〔註38〕《教育行政委員會關於廣東暫緩試行大學區制呈》，中國第二歷史檔案館編：《中華民國史檔案資料彙編》第 5 輯第 1 編　教育（一），南京：江蘇古籍出版社，1994 年，第 30 頁。

〔註39〕中國蔡元培研究會：《蔡元培全集》第 6 卷，杭州：浙江教育出版社，1997 年，第 99 頁。

〔註40〕葉雋：《蔡元培的法國情結及大學區制移植的制度史意義》，《教育學報》，2010 年第 4 期，第 81 頁。

顯然就是「教育」，名詞最完滿之定義，教育無止境，「至善」亦無
異數理中之「無限數」。又本大學院不名爲部而曰院，因西譯之「部」
雖屬行政範圍，究竟附屬有多少研究機關，若在本國，所稱爲某某
之部者，幾數爲行政而設，爲矯正民眾心理，首在正名，曰「院」
者，注重在「行政學術化，學術研究化」也。〔註41〕

「大學院」名稱雖是對應「大學區」及區別於舊教育部而擬定，但其「大
學」二字的意義並非僅指現代大學，而且包含中國古代大學之義。大學院副
院長楊杏佛在 1928 年 2 月接受記者採訪時也指出：「大學院『大學』二字，
含義甚廣，並非只指現時大學生讀書之大學而言，乃古人所謂『大學』之道
在明明德的意思。」〔註42〕

考察中華民國大學院的制度設計與安排發現，它既沿襲了國民政府教育
行政委員會的某些做法，又借鑒了法國中央教育行政制度。

一、國民政府教育行政委員會的沿襲

大學院的建立有其現實基礎，它無法規避國民政府教育行政委員會對其
組織與決策的影響。

1927 年 6 月 23 日，蔡元培由徐州返抵南京，各方人士多以大學院成立之
事相詢，蔡元培「答客問」：

成立之期，須俟軍事完全底定，方有大規模之組織。大約行政
部以現由廣東遷寧之中央教育行政委員會改組；研究院以現由廣東
遷寧之中央學術院改組；大學委員會則以各區中山大學校長、教育
廳長及著名學者充任委員，委員長由院長兼任。〔註43〕

究竟中央教育行政委員會和中央學術院對大學院的構建產生多大的影
響？

1927 年 3 月中旬，國民黨二屆三中全會召開，決議成立武漢國民政府，
並委派各部部長，以顧孟餘爲教育部部長。武漢國民政府籌設教育部，便飭

〔註41〕《大學院之組織》，中國第二歷史檔案館教育部檔案，全宗號五，目錄號 2，
案卷號 5，案卷標題：大學院第一卷第一期公報底稿（關於《大學院和中央研
究院組織問題》）。
〔註42〕《大學院副院長楊杏佛之談話》，《申報》，1928 年 2 月 17 日，第 11 版。
〔註43〕高平叔：《蔡元培年譜長編》第 3 卷，北京：人民教育出版社，1998 年，第
58 頁。

令留守廣州的教育行政委員會不必北遷，立即裁撤。〔註44〕南京國民政府與武漢政府立異，卻與廣州方面求同。南京政府決定不設教育部，而是沿襲教育行政委員會，行使教育部職權。吳稚暉在中央政治會議第 76 次會議上提議，任命蔡元培、李石曾和汪精衛為教育行政委員，決議通過。〔註45〕南京方面即電召留守廣州的教育行政委員會赴寧。〔註46〕

留守廣州的教育行政委員會僅剩下許崇清、金曾澄、鍾榮光 3 位粵人。南京國民政府的命令到達廣州後，金曾澄作為廣州代表赴寧談判。其間蔡元培召開教育行政委員會會議，出席者只有蔡元培、李石曾、褚民誼和金曾澄 4人，推蔡元培、李石曾、褚民誼為常務委員，這改變了廣州國民政府時期以金曾澄、許崇清為教育行政委員會常務委員的局面。蔡元培等人議定將在粵各部辦事人員擇要加聘，加入中央教育行政委員會駐滬辦事處工作。由於許崇清任廣東省教育廳長，要策劃實施廣東教育行政事務，不能同行，由金曾澄和鍾榮光偕同眾職員赴滬。由於蔡元培等人的努力，廣州教育行政委員會最終歸入南京國民政府。〔註47〕

後因北伐軍事進行順利，南京國民政府所轄省份增多，教育事務變得紛繁，教育行政委員會「組織既不健全，辦事又不靈於呼應」，於是在 1927 年 6月 13 日第 105 次政治會議上，教育行政委員會提議組織中華民國大學院，為全國最高學術教育行政機關，經議決照准，並通過組織大綱。〔註48〕蔡元培等教育行政委員會委員在組建大學院之初，就試圖使「大學院之組織，具有前教育行政委員會之長而截其短。」〔註49〕大學院「長於」教育行政委員會的地方主要在於，第一，大學院重視學術，除了掌管中央教育行政，還管理

〔註44〕《國民政府裁撤教育行政委員會》，《廣州民國日報》，1927 年 4 月 15 日，第3 版。
〔註45〕《中央政治會議第 76 次會議決議案》，中國第二歷史檔案館編：《中華民國史檔案資料彙編》第 5 輯第 1 編　教育（一），南京：江蘇古籍出版社，1994年，第 21 頁。
〔註46〕《教育行政委員會準備遷寧》，《廣州民國日報》，1927 年 5 月 13 日，第 4 版。
〔註47〕廣州教育行政委員會北遷至南京，視為政治立場更為恰當，並非實際遷移地。關於教育行政委員會北遷的過程，比較複雜，安東強對此過程作了較為詳細的探討。參見：安東強：《國民政府教育行政委員會與北伐政局初探》，《中山大學學報（社會科學版）》，2007 年第 2 期。
〔註48〕張季信：《中國教育行政大綱》，上海：商務印書館，1934 年，第 98 頁。
〔註49〕《大學院組織緣起》，中國第二歷史檔案館編：《中華民國史檔案資料彙編》第 5 輯第 1 編　教育（一），南京：江蘇古籍出版社，1994 年，第 32 頁。

全國學術事宜；第二，大學院設立了大學委員會，議決全國學術上、教育上一切重要問題。

　　大學院的秘書處與教育行政處在教育行政委員會的秘書處和參事處的基礎上改組而成，其主要體現在人員安排方面。蔡元培主張大學院不為衙署化，聘用職員的人數極其經濟，廣州、駐滬辦事處與寧事務所的教育行政委員會職員，多數歸併改組，另外再添的職員很少。另添職員，須由考試決定。〔註50〕廣州教育行政委員會遷到中央教育行政委員會駐滬辦事處的工作人員，如朱子勉、曾紹洙、鍾人存、盧宰和、葉輯文、李次穠，〔註51〕也分別在大學院任職。朱子勉任大學院參事，曾紹洙任秘書兼文書科長，鍾人存、盧宰和任總務處文書科科員，李次穠任文書科收發員，葉輯文任會計科科員。〔註52〕

　　國民政府教育行政委員會在大學院成立之前，行使「掌管中央教育機關，並指導監督地方教育行政」的職責。〔註53〕它從1926年3月1日成立到1927年10月1日被大學院所取代，一共持續了1年零8個月。在這期間，它制定了一些教育政策和規程，其中一部分在大學院期間繼續執行，為大學院所沿用。如果說大學院僅僅是在組織上延續了教育行政委員會的行政管理部分，那是不準確的。教育行政委員會制定的方針政策，對大學院的決策影響更深遠。

　　教育行政委員會主張收回教育權，對私立學校的設立有較為嚴格的要求，制定詳細的規章制度。大學院基本沿用教育行政委員會對私立學校的政策規定。1927年12月20日，大學院公佈的《私立大學及專門學校立案條例》、《私立中等學校及小學立案條例》與教育行政委員會在廣州制定的相關條例沒有多大區別。1928年1月，大學院重新公佈了教育行政委員會1926年

〔註50〕《中國大學院之籌備》，《申報》，1927年10月14日，第7版；《大學院全部組織待商》，《上海民國日報》，1927年10月14日，第2張第3版。

〔註51〕《粵中央教育行政委員會遷滬》，《廣州民國日報》，1927年6月5日，第2版。

〔註52〕《中華民國大學院職員錄》，中國第二歷史檔案館藏，全宗號393，案卷號2911，案卷標題《中華民國大學院職員錄、組織法、教科圖書審查條例及中央研究院與氣象研究所庶務往來文書》。

〔註53〕《國民政府教育行政委員會組織法》，中國第二歷史檔案館編：《中華民國史檔案資料彙編》第5輯第1編　教育（一），南京：江蘇古籍出版社，1994年，第22頁。

在廣東頒發的教育法令《私立學校規程》、《私立學校校董設立規程》。到了 2 月份，大學院才正式公佈《私立學校條例》、《私立學校校董會條例》，並廢止以前各項規程。〔註54〕教育行政委員會制訂的《小學規程》、《中學規程》、《大學規程》，也爲後來大學院制定相關政策提供了參考。

1926 年 5 月，教育行政委員會建立了「審查教科書委員會」，審查小學、中學和師範學校的教科書。教育行政委員會制定了《教科書審查規程》，於 1926 年 10 月 1 日正式公佈。〔註55〕1927 年 12 月 26 日，大學院公佈了《教科圖書審查條例》，這個條例與教育行政委員會在廣東時頒佈的《教科書審查規程》幾乎沒有區別，只是對審查教科書的種類，有了更詳細的規定。

此外，教育行政委員會也討論過教育方針的問題，以「三民主義」作爲小學教育的宗旨。〔註56〕大學院召開的全國教育會議所議決的教育宗旨也是「三民主義的教育」。儘管後來教育宗旨的表述有過修改，但中華民國的教育是「三民主義的教育」，這個本質性的規定直到國民黨撤出大陸時都沒有改變。

至於蔡元培計劃「改組遷寧的中央學術院」，組建中央研究院，這很大程度上是他在寧漢分裂的政局中，作出的政治策應，爲教育事業的進行尋求「合法外衣」與政治支持。中央學術院的全稱是「中國國民黨學術院」，考察其成立的目的、機構性質，可以看出，以實行科學研究爲宗旨的中央研究院實際上並非它的延續。請參看附錄一《中央學術院組織大綱》。

1926 年 6 月 29 日，在國民黨中央執行委員會常務會議第 38 次會議上，張靜江、譚延闓、丁超五、朱霽青、陳公博、王樂平、丁惟汾、鄧演達、顧孟餘、甘乃光、孫科等中央委員議決，設立中央學術院，並通過了《中央學術院組織大綱》（見附錄一）及學術院的預算。學術院以延致專門人才，實現建設計劃，整理各項政務爲宗旨。〔註57〕1926 年 8 月 10 日和 14 日，中常會第 47 次和第 48 次會議議決成立學術院理事會，共推定譚延闓、張靜江、蔣介石、孫科、古應芬、宋子文、何香凝、顧孟餘、陳樹人、彭澤民、甘乃光、

〔註54〕《大學院公報》，1928 年第 1 期，第 26～31、40～45 頁；《大學院公報》，1928 年第 3 期，第 8～9 頁。

〔註55〕《教科書審查規程之公佈》，《廣州民國日報》，1926 年 10 月 2 日，第 5 版。

〔註56〕《小學教育宗旨之確定》，《廣州民國日報》，1926 年 12 月 17 日，第 5 版。

〔註57〕中國第二歷史檔案館編：《中國國民黨中央執行委員會常務委員會會議錄（二）》，桂林：廣西師範大學出版社，2000 年影印版，第 352、364 頁。

陳友仁、丁惟汾、李祿超、劉紀文、許崇清、周佩箴、吳稚暉、經亨頤等 19
人爲學術院理事。〔註58〕

中央學術院 1926 年 9 月開始招生，學額 100 人，在廣州招收學員 40 人，
上海 40 人，武昌 20 人。招收的學員要求是國內外大學或專門學校畢業，年
齡在 24 歲以上、34 歲以下，志趣純正、身體強健、無嗜好，中國國民黨黨員
或同情於國民黨的主義。學員學習滿期後，由學術院理事會按照各員專才，
推薦到軍民財政各機關任用。〔註59〕學員初定 100 人，實際入學時有 108 人。
學術院院內政務由張靜江、譚延闓負責主持，下設教務主任、事務主任、導
師和指導員等。教務主任初爲何魯，後爲朱家驊；事務主任初爲周覺，後爲
葉楚傖；導師及指導員有惲代英、鄧演達、李漢俊、蕭楚女、詹大悲、徐謙、
許崇清、李乃堯、戴季陶、陳群、葉楚傖、韋愨、曾養甫、吳倚傖、張乃燕
等。學術院原定設立十組，實際開設了七組。各組設指導員一人，即政治組
爲張乃燕、經濟組吳倚傖、法律組徐謙、教育組韋愨、哲學組許崇清、工學
組曾養甫、農學組李乃堯。〔註60〕從學術院的設立情況來看，它實際就是隸
屬於國民黨中央黨部的培養較高級政治人才的機構。

因北伐軍事節節勝利，湘、鄂、贛、閩各省相繼克復，國民黨中央和國
民政府遷往武昌，學術院由於隸屬於國民黨中央黨部，也同時奉命遷鄂。學
術院抵達武漢後，定院址在武昌漢陽門內舊商科大學。〔註61〕學員在武漢繼
續學習兩個多月，始告結業。當時有些指導員及導師，或因原兼職務羈身
留粵，或因當時局勢變化迅速，另有新的職務而離去。第一期學員畢業後，
學術院就停辦了。學術院從 1926 年 9 月設立，到 1927 年 3 月終止，爲時半
年。畢業的 80 餘名學員，分發黨治下各省工作，蘇浙兩省政府，經議決以免
試文官任用，在中央黨政機關服務的有 10 餘人，在蘇浙等省司法行政機關服
務的有數十人。〔註62〕中央學術院並非學術機構，而是國民黨培養黨治人才

〔註58〕 中國第二歷史檔案館編：《中國國民黨中央執行委員會常務委員會會議錄
（三）》，桂林：廣西師範大學出版社，2000 年影印版，第 6、29 頁。

〔註59〕 《中國國民黨學術院招收學員廣告》，《廣州民國日報》，1926 年 9 月 24 日，
第 8 版。

〔註60〕 姚希明：《大革命時期的中央學術院》，中國人民政治協商會議全國委員會文
史資料委員會編：《文史資料存稿選編》24 教育，北京：中國文史出版社，
2002 年，第 1058～1064 頁。

〔註61〕 《中國國民黨學術院緊要啓事》，《漢口民國日報》，1927 年 1 月 7 日，第 1 版。

〔註62〕 《政治分會據呈酌量任用中央學術院畢業學員案》，《廣東省政府週報》，1928

的機構。

中央學術院，雖冠名「學術院」，但性質與後來成立的中央研究院性質迥異，中央研究院定宗旨為「受中華民國大學院之委託，實行科學研究，並指導、聯絡、獎勵全國研究事業，以謀科學之進步，人類之光明」。〔註63〕蔡元培之所以強調研究院由廣東遷寧之中央學術院改組，大概是借助於張靜江等元老的威望。1927 年 5 月，中央政治會議第 90 次會議決議，設立中央研究院籌備處，推定蔡元培、李石曾和張靜江等為籌備委員。張靜江曾是中央學術院的主要理事，且是國民黨中央政治會議主席，與蔣介石私交甚篤，關係極深。蔡元培依靠黨國元老的支持，延續了國民政府教育委員會的一些規章制度，為大學院的順成立提供了政治上的保障。

二、法國中央教育行政制度的影響

蔡元培關注法國教育由來已久。民國初年，他曾和李石曾、吳稚暉、張靜江等人發起組織留法儉學會，鼓勵學生赴法留學。1915 年夏，李石曾與蔡元培、吳稚暉等動員旅法華工發起組織「勤工儉學會」。1916 年 6 月 22 日，中法兩國人士在巴黎共同發起成立華法教育會。是年 6 月 6 日，袁世凱推行的洪憲帝制失敗，年底或翌年初，華法教育會中方領導人和會員蔡元培、李石曾、吳稚暉、汪精衛、吳玉章等相繼歸國，把推動留法教育的工作重新搬回到國內。1917 年 5 月，他們首先在北京成立華法教育會，隨後又在一些省市成立分會。〔註64〕8 月 15 日，出任北京大學校長不久的蔡元培即在《旅歐雜誌》上發表「致在法同人函」，為北京大學擬設法國文學、哲學和美學而招賢納士。12 月，華法教育會在北京創辦孔德學校，以法國實證哲學家奧古斯特・孔德（Auguste Comte）的姓為校名，蔡元培兼任校長。學校分設高等科和國民科，高等科外國語專用法文；學校還附設法文專班。〔註65〕這些都體現了蔡元培對法國教育的嚮往與推崇。

年第 30～33 期合刊，第 191 頁。

〔註63〕《中華民國大學院中央研究院組織條例》，《大學院公報》，1928 年第 1 期，第 63 頁。

〔註64〕葛夫平：《中法教育合作事業研究（1912～1949）》，上海：上海書店出版社，2011 年，第 6～13 頁。

〔註65〕高平叔：《蔡元培年譜長編》第 2 卷，北京：人民教育出版社，1998 年，第 53～54、67～68 頁。

　　1920 年 11 月，張作霖、曹錕等對蔡元培主持北大不滿，尤其對於男女同學一點。李石曾爲了緩和摩擦起見，運動政府，派蔡元培出國去歐美考察大學教育及學術研究機關的狀況。12 月下旬蔡元培到達法國。〔註 66〕從 1921 年 1 月至 7 月，蔡元培在法國、瑞士、比利時、德國、奧地利、匈牙利、意大利、荷蘭、英國、美國和加拿大等地參觀考察。他考察與對比了多個國家的教育制度，對法國的大學區制情有獨鍾。1921 年 6 月 3 日，在紐約中國學生舉行的歡迎餐會上，蔡元培在席間著重講到，法國大學區制，將全國劃爲若干教育區，區內中小學教育及社會教育，均由大學主持，值得推行。8 月 2 日，他草擬《教育獨立議》演說詞稿，爲實行超然的教育擬定的辦法，帶有明顯的法國教育制度的特色和痕跡。〔註 67〕蔡元培對法國教育行政制度產生極大興趣並研究學習，且有移植到中國的想法。此外，北京中法大學自 1920 年由李石曾、蔡元培等倡議成立，到 1925 年便初具規模，大學部發展爲服爾德學院、孔德學院、居禮學院和陸謨克學院四個學院。〔註 68〕中法大學成功的辦學經歷，更加堅定了蔡元培模仿、借鑒法國的教育行政制度的決心。

　　1927 年 6 月，蔡元培有機會在中國試辦大學區，同時構建中央教育行政機關——大學院。大學院的機構設置形式上模仿法國公共教育部。〔註 69〕法

〔註 66〕　高平叔：《蔡元培年譜長編》第 2 卷，北京：人民教育出版社，1998 年，第 355 頁。

〔註 67〕　高平叔：《蔡元培年譜長編》第 2 卷，北京：人民教育出版社，1998 年，第 404～405、428～429 頁。

〔註 68〕　葛夫平：《中法教育合作事業研究（1912～1949）》，上海：上海書店出版社，2011 年，第 99～102 頁。

〔註 69〕　中央一級的教育行政管理機構是很多國家所沒有的。在法國，中央教育管理機構的建立來源於這樣一個概念，即教育是一種公共性質的服務，應該由國家來保證。法國真正的教育行政管理機構的誕生是以 1808 年 3 月 17 日法案建立帝國大學作爲標誌的。舊制度復辟的最初幾年，帝國大學不再由大學校長領導，而是完全歸屬於內政部。1824 年成立了教會事務與公共教育部，其首腦既是法國大學校長，又是巴黎學區的學區長。1828 年 2 月 1 日，新一任大學校長被任命爲國務大臣，同時還是內閣成員，可以看作是第一任公共教育部長。在接下來的不同的統治制度中，隨著職能的增多，公共教育部得到進一步發展。在政教分離過程中，它失去管理教會事務的職能。但在第三共和國時期，美術、科研、青年體育及技術教育事務均歸公共教育部管理（成立美術與青年事務部的短暫時期除外）。1932 年 6 月 3 日，德蒙茲（De Monzie）部長將部門的名稱由「公共教育」改爲「國民教育」，名稱的變化表明該部的責任不再僅僅是保證青年的教育，而且要推行面向所有國民的教育和培訓事業。其後，教育部的結構也進行過多次重大調整。參見：〔法〕雅基·西蒙、

國公共教育部是統屬全國教育事業的最高機關，教育部內部除總務處外，分為六司：初等教育司、中等教育司、高等教育司、美術司、會計司和職業教育司。審議全國教育問題的最高機關是最高教育會議，該會議每年舉行常會兩次，會期在一月及七月。教育部還設有各委員會，所司事務以關於教員的聘任事件為主，包括初等教育委員會、中等教育委員會、高等教育委員會以及體育事務所。此外，教育部還設有中央視學員，視察部定教程的實施，及從事教法的改進，並包括學校行政的監督。〔註70〕

大學院設立的大學委員會，是大學院的最高立法機關，議決全國學術上、教育上一切重要問題。儘管大學委員會的人員安排上與法國最高教育會議不一致，但是，大學委員會設置的主旨與職能規定是模仿最高教育會議的。大學院也仿照法國各委員會，設立了各種專門委員會。大學院的專門委員會的組織與法國的各委員會不同，職能劃分更為具體、細緻，與法國各委員會僅是形式相似而已。

蔡元培在組建大學院時，強調「教育學術化」、「學術研究化」。因此，他參考各國的國家學院制度，尤其是法國學士院，建立中央研究院，使之隸屬大學院。朱家驊曾評價中央研究院的制度：「中央研究院是參考各國的國家學院的性質與形態，並斟酌我國的政制和需要而組成的。各國的國家學院，都超然組合，不涉行政範圍，用意是在尊重『學術自由』的原則，使其可以充分發展。」〔註71〕

法國學士院（Institute）是法國最高學術機關，設有文學院、雕刻美文學院、科學院、美術學院和道德政治學院等五院。法國科學院（Academic des Sciences）內分算學、天文學、地理學、航海學、物理學、化學、礦物學、植物學、農田經濟學、解剖學、動物學、內外科醫學和應用化學等12科，每科會員6人，臨時會員10人，外國會員13人，通訊會員分為數學、理學兩部，各50人。道德政治學院（Academic des Sciences，morales，et politique）內分哲學、倫理學、公私法學、政治經濟學和史學五科，每科會員8人，臨時會員10人，外國會員10人，通訊會員60人。會員都是由互選產生，負有學術

熱拉爾‧勒薩熱著，安延譯：《法國國民教育的組織與管理》第8版，北京：教育科學出版社，2007年，第3～5頁。

〔註70〕常導之：《法國教育制度》，北平：文化學社，1933年，第2～5頁。

〔註71〕杜元載主編：《革命文獻》第59輯，臺北中央文物供應社，1972年，第219頁。

上最高的榮譽。〔註72〕

　　中央研究院宣告成立時，籌設的研究所有理化實業研究所、地質調查所、社會科學研究所和觀象臺。理化實業研究所分物理、化學和工程三組，社會科學研究所分法制、民族、經濟和社會四組。後來又籌設歷史語言研究所。這些研究機構設有專任研究員、兼任研究員、名譽研究員、特約研究員、外國通訊員、技師、編輯員，等等。〔註73〕機構設置上借鑒法國學士院的某些地方。如此看來，法國公共教育部和法國學士院對大學院的影響較大。

　　蔡元培在1928年2月歡迎法國大使馬泰爾的演說中強調：「大學院為全國最高教育及學術之最高機關，他的組織，他的事業，一個普通的外國人，或許不易瞭解，因為他既不是通常的一個教育部，又不是一個學校，但馬公使一定不會遇到這種困難的，因為大學院實在就是法國教育部及國家學院之組合團體。他的職務是兼有教育行政及學術研究。就教育行政而論，他是各大學區的最高統治機關（馬公使也許知道我們已經採用法國的大學區制，使政治與教育絕對分離了）；就學術研究而論，兼屬於大學院的中央研究院實為全國最高的學術機關。所以本院實為全國文化事業之中心。」〔註74〕

　　大學院在制度設計上，既沿襲了國民政府教育行政委員會的某些規章制度，又借鑒了法國的教育行政和學術研究制度。大學院是全國最高學術教育機關，管理全國學術及教育行政事宜。對於這樣一個具有雙重職能的機構，本文將在下一章分析其組織與職能。

〔註72〕　吳家鎮：《世界各國學制考》，上海：商務印書館，1924年，第22、28～29頁。

〔註73〕　林文照：《中央研究院的籌備經過》，《中國科技史料》，1988年第9卷第2期，第71～72頁。

〔註74〕　《大學院歡迎法使馬德爾記盛》，《中央日報》，1928年2月7日，第2張第4面。

第二章　大學院的組織：教育行政學術化的設計

　　蔡元培等不願重蹈北京教育部以官僚支配教育的覆轍，因此設立大學院。他自陳大學院具有三個特點：「一、學術、教育並重，以大學院為全國最高學術教育機關；二、院長制與委員制並用，以院長負行政全責，以大學委員會負議事及計劃之責；三、計劃與實行並進，設中央研究院，實行科學研究。設勞動大學，提倡勞動教育。設音樂院、藝術院，實行美化教育。此三點為余等主張大學院制之根本理由。」〔註1〕大學院的組織基本圍繞以上三點設計和建構。

第一節　結構與職能

　　大學院的組織構建並不是一蹴而就，正如蔡元培所說「計劃與實行並進」，大學院的組織不斷在變化。從大學院組織法的幾次修正中，可以看出大學院組織演變的基本輪廓。

一、組織及其演變

（一）大學院的組織

1927 年 6 月 13 日，國民黨召開第 105 次政治會議，教育行政委員會提議

〔註1〕 蔡元培：《關於大學院組織之談話》，中國蔡元培研究會：《蔡元培全集》第 6
　　　　卷，杭州：浙江教育出版社，1997 年，第 209 頁。

組織大學院，爲全國最高學術教育行政機關，經決議照准，並通過組織大綱；會議又函請中央法制委員會起草大學院組織條例。6月27日，第109次政治會議召開，中央法制委員會函送《中華民國大學院組織法》，決議通過，諮請國民政府公佈。〔註2〕7月4日，國民政府公佈《中華民國大學院組織法》（下簡稱《組織法》，詳見附錄二）。

根據《組織法》規定，中華民國大學院爲全國最高學術教育機關，承國民政府之命，管理全國學術及教育行政事宜。大學院的地位和職能很特殊。「中華民國大學院」的稱謂不同於國民政府其他各部。外交部、財政部、司法部等均用「國民政府某某部」之稱，而且「直隸於國民政府」，並不像大學院那樣「承國民政府之命」。大學院的職能，與北京民國政府教育部的不一樣，增加了管理學術的任務。大學院管理全國學術及教育行政事宜，體現了蔡元培「學術與教育並重」的理念。

大學院組織的特殊之處，還在於設立了大學委員會，議決全國學術上、教育上一切重要問題。大學委員會，由各學區中山大學校長、大學院教育行政處主任，及院長所選聘的國內專門學者五人至七人組成；以院長爲委員長。從《組織法》中對大學委員會人員組成的規定來看，體現了蔡元培以學者爲行政的指導的用意，以實現「教育行政學術化」的目標。

蔡元培主張「但求辦事上能增加效率，不因人設事，致成衙門化」，所以大學院最初僅設秘書處和教育行政處，負辦理事務和教育行政之責。〔註3〕大學院還設立中央研究院、勞動大學、圖書館、博物院、美術館、觀象臺等國立學術機關，以及各種專門委員會。大學院最初的組織設計大致如此，其組織系統圖見圖2-1。

（二）組織的演變

大學院從成立到廢止，其《組織法》共進行了四次修正。其中，有大學院的自動調整，也有其遭受反對後而作出的修改。

1. 第一次修正

大學院成立之初，依照國民政府1927年7月公佈的組織法，院長之下，分設秘書處及教育行政處，處理院務及教育行政事宜，並依組織法第四條設

〔註2〕 張季信：《中國教育行政大綱》，上海：商務印書館，1934年，第98頁。
〔註3〕 蔡元培：《關於大學院組織之談話》，中國蔡元培研究會：《蔡元培全集》第6卷，杭州：浙江教育出版社，1997年，第209頁。

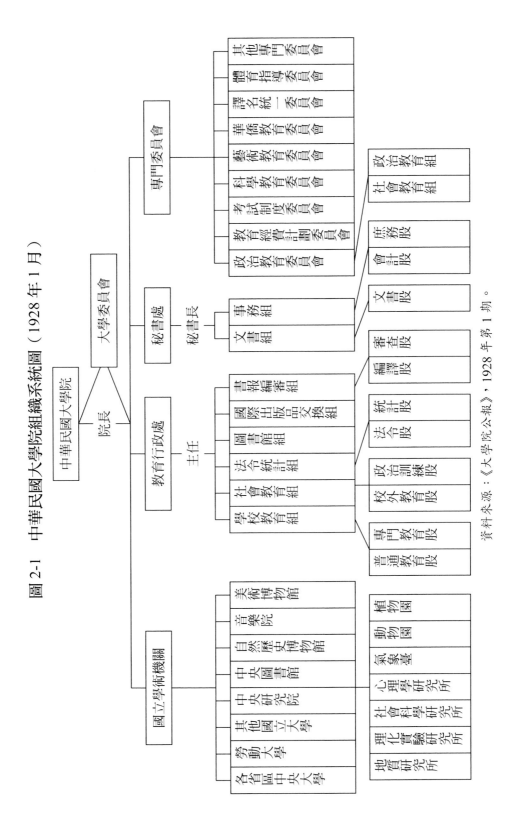

圖 2-1 中華民國大學院組織系統圖（1928 年 1 月）

大學委員會，爲立法機關；依第九條設華僑教育、藝術教育、體育指導各種專門委員會，計劃及辦理各項專門事業。其後，因「院內組織與國府其他各部相差太遠，行政上不無窒礙」，〔註4〕而且一部分人士「因名非習見，頗多懷疑」，〔註5〕所以，大學院對組織法進行了修正，並將修正的組織法呈至國民政府備案。1928年1月27日，國民政府准予備案。〔註6〕

此次修正，最主要有三個地方：第一，添設副院長一人，襄助院長，總理全院事務；第二，裁撤教育行政處，而將原屬教育行政處之各組地位提高，每組置主任一人，仍處理前教育行政處的業務；第三，提出設立音樂院、藝術院。添設副院長一人，裁撤行政處，以原來的行政處主任充任副院長；各組分科辦事，提高組主任的職權，增長其行政上的動力，有利於提高行政效率。實際上，添設副院長，主要的目的在於分劃政務官與事務官。

大學院院長是政務官，副院長是事務官，政務官一旦隨政潮罷去，事務官仍能繼續維持院務。這是蔡元培提出來的，並提交中央政治會議討論。蔡元培陳述道：「查各國官制，政務、事務各有所司。政務官雖有時隨政見之同異爲去留，而事務官往往在職數十年不輕更易。故百事畢舉，而遠大計劃賴以貫徹。大學院最近奉國府明令，設副院長一職，該院一切事務，當以副院長總其成，即是此意。抑尤有進者，大學院原有大學委員會之設，爲大學院最高立法機關，院長即爲該會委員長，如遇院長離職，須人代理院務時，即由院長委託大學委員會中之一人代理院務，使副院長仍能專心事務，以專責成。此種院長制而兼委員制，實爲今日最適當之制度，將來各部院似可仿行。庶幾一則政與事分，使事務人員不受政潮更動，得以負責服務；二則可得同議制之益，而同時兼有獨裁制之利；三則代理人員即爲平時出席於部院政務會議之人，可無隔閡之弊。」〔註7〕經中央政治會議討論，通過了蔡元培的提案。1928年2月29日，國民政府秘書處通知大學院照辦。〔註8〕蔡元培希望大學院的事業不受政潮的影響，保持一定的獨立性，由此可見其「良苦

〔註4〕《大學院十六年度工作報告書（呈國民政府原文）》，中國國民黨中央委員會黨史史料編纂委員會編：《革命文獻》第53輯，臺北：中央文物供應社，1971年，第22頁。

〔註5〕《中華民國史事紀要》（初稿）1928年1月至4月，第122頁。

〔註6〕《國民政府公報》，1928年第27期，第5頁。

〔註7〕《蔡院長之重要提案事務官不應與政務官同進展》，《上海民國日報》，1928年2月23日，第1張第3版；《國民政府公報》，1928年第37期，第8頁。

〔註8〕《國民政府公報》，1928年第36期，第13頁。

用心」。

　　設立音樂院、藝術院，是蔡元培重視美育的一貫表現。蔡元培自 1927 年
10 月 1 日正式就職以後，在多次公開演說中，強調教育的意義在於養成科學
的頭腦，培養勞動的習慣，以及提倡藝術興味。〔註9〕大學院為實行科學研究
及普及科學方法起見，設立中央研究院為全國學術中堅。為培養勞動習慣，
設立勞動大學，「其中有高等中等班，使平日偏重勞心之學者，兼為勞力之工
作；有工農夜校，使平日偏重勞力之農工，亦有勞心之課程」。蔡元培認為，
「藝術者，超於利害生死之上，而自成興趣，故欲養成高尚、勇敢與捨己為
群之思想者，非藝術不為功。」〔註10〕所以，他籌備設立國立音樂院和國立
藝術院，培養高尚品格、具有藝術興味的人。

　　2. 第二次修正

　　對於修正後的組織，大學院經過三個月的試驗，仍覺「各組事務繁簡不
同，分配尚未適宜」，〔註11〕如學校教育組事務太多，圖書館組事務太少；法
令統計組之性質應分，書報編審組之名稱應改。於是，大學院參酌各部組織
法，對大學院組織法進行了第二次修正。對辦事機關的名稱及事務的分類進
行了更改，比如，取消法令統計組，設參事，專管法令事宜；將統計及書報
編審等事，併入文化事業處。分學校教育組為高等教育和普通教育兩處，以
前的五組，改為四處，處的地位與各部的司相等。〔註12〕修正後的組織法國
民政府於 1928 年 4 月 7 日公佈。

　　蔡元培對外宣稱：「此次修正案之動機，完全在求辦事之便利與組織之適
當，對於大學院之特點，均仍保留，未加變更」。〔註13〕但是，事實並非如此。
經過這次修正，大學院性質發生了根本性轉變。仔細考察修改後的組織法就
會發現，除了上述變化之外，還有兩點非常重要的變化。

〔註 9〕　中國蔡元培研究會：《蔡元培全集》第 6 卷，杭州：浙江教育出版社，1997
　　　　年，第 92～94、98～100 頁。
〔註 10〕　蔡元培：《發刊辭》，《大學院公報》，1928 年第 1 期。
〔註 11〕　《大學院十六年度工作報告書（呈國民政府原文）》，中國國民黨中央委員會
　　　　黨史史料編纂委員會編：《革命文獻》第 53 輯，臺北：中央文物供應社，1971
　　　　年，第 22 頁。
〔註 12〕　《關於大學院組織之談話》，中國蔡元培研究會：《蔡元培全集》第 6 卷，杭
　　　　州：浙江教育出版社，1997 年，第 210 頁。
〔註 13〕　《關於大學院組織之談話》，中國蔡元培研究會：《蔡元培全集》第 6 卷，杭
　　　　州：浙江教育出版社，1997 年，第 210 頁。

　　一是大學院的地位發生了根本變化，由「承國民政府之命」改爲「直隸於國民政府」，而且新加條款對大學院的職權進行了限制。二是中央研究院已經獨立，不再附屬於大學院。這一點在修正後的組織法中不易看出。修正後的組織法中僅提到「中央研究院組織條例由國民政府另定之」。〔註14〕1928 年 4 月 10 日，國民政府公佈的《修正國立中央研究院組織條例》規定，中央研究院定名爲「國立中央研究院」，「國立中央研究院設院長一人，由國民政府特任之」。〔註15〕這些重大修正與 1928 年 2 月國民黨二屆四中全會中廢止大學院、設立教育部的提案有關。

　　經亨頤等人在二屆四中全會上，提議廢止大學院制，改設教育部，並提到「官制不統一」，「學術與教育是兩件事，大學非教育，教育行政機關不是專管學術」等等理由，提出的辦法包括「研究院仍存在，直轄於國民政府」，等等。〔註16〕儘管中央執行委員會最終議決，國民政府仍設大學院；經委員亨頤等所提設立教育部案，留俟第三次全國代表大會討論。〔註17〕但是，大學院還是對此次事件做出了回應與妥協，與其他各部一樣，大學院宣稱隸屬於國民政府；並且將中央研究院獨立出來，這實際上是大學院教育行政與學術職能的分離。自此，大學院與教育部的性質大致相同，只是名稱不一樣而已。

3. 第三、四次修正

　　第三次修正的大學院組織法，國民政府於 1928 年 5 月 25 日公佈，這距第二次的修正僅隔一個月。這次的修正主要表現是，設立總務處，將原來秘書處大部職掌劃歸到該處。秘書處的職能修改爲「掌理院長委辦事務」，而總務處接收了原秘書處的六項任務，如撰擬收發保存文件、會計、庶務、記錄員之進退、典守印信以及其他不屬於各處的事項。〔註18〕

〔註14〕　《修正中華民國大學院組織法（國民政府公佈　十七年四月十七日）》，《大學院公報》，1928 年第 5 期，第 28 頁。

〔註15〕　《修正國立中央研究院組織條例（國民政府公佈　十七年四月十日）》，《大學院公報》，1928 年第 5 期，第 28～29 頁。

〔註16〕　《設立教育部案》，中國第二歷史檔案館編：《中華民國史檔案資料彙編》第 5 輯第 1 編　教育（一），南京：江蘇古籍出版社，1994 年，第 46～47 頁。

〔註17〕　中央秘書處編印：《中國國民黨第二屆中央執行委員第四次全體會議記錄》，文華印務局，1928 年。參見：中國第二歷史檔案館藏檔案，全宗號七一一，目錄號 4，案卷號 164，案卷標題：《第二屆中央執行委員第四次全體會議記錄（1928 年 2 月）》。

〔註18〕　《修正中華民國大學院組織法》，《國民政府公報》，1928 年第 61 期，第 33 頁。

第四次修正，也是最後一次。1928 年 6 月 13 日，國民政府公佈了修正的大學院組織法。此次修正的要點有：第一，因事務性質相類及職掌分配適宜的緣故，將社會教育處職掌的「關於圖書館事項」併入文化事業處的職掌範圍內；第二，文化事業處管理的「關於著作權之專利及登記事項」，因已劃歸到內政部，〔註 19〕所以就刪去了這一項。第四次修改幅度很小，組織變化不大，正如蔡元培在呈文中所說：「以上各端或因事務主管之變更，或屬內部職掌之合併，均爲事實上當然修改者，且於組織法原有精神未嘗變更，文字上亦無大出入之處。」〔註 20〕

在一年的時間內，大學院組織法就經過了四次修訂（主要變化見表 2-1），可見大學院組織和地位的不穩定。第一次和第二次組織法修訂的幅度較大，尤其是在第二次修正後，中央研究院獨立出來，大學院在組織上幾乎回復到原來教育部的路上。第三次修正後，與教育部已經沒有多大差別了。

表 2-1　大學院組織法修正變化表

次數	公佈時間	主　要　變　化
第一次	1928 年 1 月 27 日	添設副院長，襄助院長總理全院事務；裁撤教育行政處，將原屬教育行政處各組地位提高，每組設一主任；增設音樂院、藝術院。
第二次	1928 年 4 月 17 日	大學院地位改變，由「承國民政府之命」改爲「直隸於國民政府」；對大學院的職權作了具體規定；設高等教育處、普通教育處、社會教育處、文化事業處，並對各處職掌範圍有具體規定，每處設一處長，添參事二至四人；中央研究院獨立，不再附屬大學院。
第三次	1928 年 5 月 25 日	設總務處，將原秘書處大部分職掌劃歸該處。
第四次	1928 年 6 月 13 日	將圖書館事項並歸到文化事業處；刪去關於著作權的專利及登記事項。

資料來源：《大學院公報》，1928 年第 3 期，第 43～44 頁；第 5 期，第 23～28 頁；第 7 期，第 31～36 頁；《國民政府公報》，1928 年第 61 期，第 32～36 頁。

〔註 19〕 《著作權法（國民政府公佈　十七年五月十四日）》，《大學院公報》，1928 年第 6 期，第 1 頁。
〔註 20〕 《國民政府公報》，1928 年第 66 期，第 13～14 頁。

　　1914 年 7 月，經國會通過公佈的《修正教育部官制》規定，教育部設總長 1 人，下設次長 1 人，總長、次長以下設立普通教育司、視學處、總務廳、參事室、社會教育司和專門教育司。這套中央教育行政制度，一直沿用到 1925 年 7 月廣東國民政府成立，期間未作大的變動。〔註 21〕經過四次修正後的大學院組織主要包括：院長、副院長、大學委員會、秘書處、總務處、高等教育處、普通教育處、社會教育處、文化事業處、國立學術機關和專門委員會。大學院始終沒有設立視學處。行政三原則是計劃、執行和考核，視學屬於考查一項，大學院缺失考查職能。大學院區別於以往教育部的主要特點，就是大學委員會和國立學術機關的設置。

二、大學委員會

　　蔡元培等「心醉合議制」，設立了大學委員會。〔註 22〕大學委員會是大學院在組織上與舊式教育部不同的最重要的一個方面。大學委員會決議學術上、教育上一切重要問題，是蔡元培為了實現「以學者為行政之指導」和「以學術化代官僚化」〔註 23〕的理想的重要機構。

　　大學委員會的設計理路取法於法國的最高教育會議（Conseil supérieur de l'Instruction Publique）。最高教育會議是審議全國教育問題的最高機關。它的構成議員（Conseillers）有 56 名。人員分配有：大總統指任 9 人代表公立教育事業，其資格為教育部各司司長，或曾任司長者，中央視學員及其他高級教育行政官吏；部長選派 4 人，代表私立教育機關。大學及其他高等教育機關代表共 27 人，由他們各自互選。中等教育機關代表 10 人，初等教育機關代表 6 人，都是由互選派出。會員任期四年，開會時以教育部長為主席。該會議所司事為關於課程、方法、教科書、考試、法規、訓誡、私校監督等等，並裁決教育上的爭執事件。〔註 24〕

　　對比法國最高教育會議，大學委員會的權力更大，它是大學院的最高立法機關，議決全國教育與學術上重要事宜，例如，大學院組織法的修改、教育制度的實施（大學區與其他大學及教育廳的創設與改革）、大學院及其

〔註 21〕 李華興：《民國教育史》，上海：上海教育出版社，1997 年，第 407～408 頁。

〔註 22〕 蔡元培：《我在教育界的經驗》（下），《教育通訊》，1940 年第 3 卷第 14 期，第 16 頁。

〔註 23〕 蔡元培：《發刊辭》，《大學院公報》，1928 年第 1 期。

〔註 24〕 常導之：《各國教育制度》上冊，上海：中華書局，1941 年，第 132 頁。

他直接隸屬機關的預算及決算、大學院長與國立各大學校長的人選、教育方針的規定、專門委員會的設立以及其他重要事項。〔註25〕值得注意的是，大學院院長的人選也由大學委員會決定，這與法國教育部長由內閣提名，經總統任命不同，法國教育部長是眞正具有強大行政執行力的政務官。大學委員會決議大學院院長人選，再次體現了蔡元培「以學者爲行政之指導」的主張。

國民政府 1927 年 7 月 4 日公佈的《中華民國大學院組織法》規定，「大學委員會，由各學區中山大學校長、本院教育行政處主任，及本院院長所選聘之國內專門學者五人至七人組織之；以院長爲委員長。」大學院「秘書長兼任大學委員會秘書。」〔註26〕蔡元培據此對大學委員會的人事進行了安排。蔡元培、楊杏佛、戴季陶、朱家驊、蔣夢麟、張乃燕、易培基、鄭洪年、張謹等爲當然委員，李石曾、褚民誼、胡適、許崇清、高魯爲聘任委員。〔註27〕金曾澄爲當然秘書（後由許壽裳接任）。1928 年 2 月，又加聘吳稚暉爲大學委員會委員。〔註28〕所以，大學委員會共有 16 名委員。

大學委員會當然委員中，蔡元培是大學院院長，楊杏佛是副院長（先爲教育行政處主任），戴季陶和朱家驊分別爲廣州中山大學校長和副校長，蔣夢麟是浙江第三中山大學校長，張乃燕爲江蘇第四中山大學校長，易培基、鄭洪年、張謹分別是國立勞動大學、暨南大學、同濟大學的校長。大學院聘任的委員，要求是「曾任大學院院長副院長，及曾任國立大學校長副校長者；具有特殊之教育學識或於全國教育有特殊之研究或貢獻；或者國內專門學者」。〔註29〕胡適、李石曾、吳稚暉、許崇清、高魯是以專門學者身份加入該委員會的。政客和學者之間沒有絕對的界限，蔡元培推行大學院制依靠的這些關鍵人物中的多數，很難說是眞正的學者，「以學者爲行政指導」實際上已經落空。

大學委員會的委員中，有 7 人是國立大學校長。16 名委員中，既沒有代

〔註25〕 《大學院大學委員會條例》，《大學院公報》，1928 年第 1 期，第 66 頁。
〔註26〕 《中華民國大學院組織法（國民政府十六年七月四日公佈）》，《大學院公報》，1928 年第 1 期，第 49 頁。
〔註27〕 《大學院大學委員會委員名錄》，《大學院公報》，1928 年第 1 期，第 155～156 頁。
〔註28〕 《大學院加聘各專門委員》，《上海民國日報》，1928 年 2 月 21 日，第 2 張第 3 版。
〔註29〕 《大學院大學委員會組織條例》，《大學院公報》，1928 年第 6 期，第 23 頁。

表私立教育的委員，也沒有中等教育和初等教育的專家，而法國最高教育會議人員安排合理，計籌周全，能照顧各方利益。大學委員會在人員設計上沒有效法最高教育會議。這也間接反映蔡元培更重視高等教育問題，而忽視了初等教育等，也為後來國民黨極力干涉中小學教育與反對大學院提供了機會與口實。

　　大學委員會召開會議時，以委員長為主席。大學院共召開了 9 次大學委員會會議，每次都是由蔡元培擔任會議主席。大學委員會開會時，全體委員要有三分之二出席，才能開議；會議表決時，必須經出席委員半數的通過，才為有效。常務會議，最少須有委員 5 人以上出席，才能開議。大學委員會的當然委員，因事缺席會議時，須由該機關派定負責人員代表出席；聘任委員缺席時，要以書面委託其他委員代表。〔註 30〕許崇清雖然是大學委員會的聘任委員，但是 9 次大學委員會會議，他一次都沒有出席。他在廣東擔任教育廳長，主持教育工作，難以分身到南京參加會議，或許是主要原因。

　　大學委員會 9 次會議共審議了 46 件提案，涉及了教育法規、教育經費、教育局的管轄、大學校長的任命、專門委員會的設立及大學院組織法的修改等內容。歷次會議討論的提案見表 2-2。大學委員會承擔了立法與審議的職能。大學委員會關於中央研究院、中小學課程標準起草委員會、政治教育委員會的決議內容，在大學院取消後的一段時間裏仍具有效力。這對國民政府發展學術與教育起了一定作用。

　　1928 年 10 月 23 日，國民政府訓令取消大學院，大學院的一切事宜，均由教育部辦理。教育部保留了大學委員會，但對其人員和職能進行了調整。教育部對大學委員會進行了兩次調整，大學委員會的職能權力不斷縮小，最後國民政府於 1940 年 11 月乾脆取消了大學委員會。〔註 31〕

〔註 30〕《大學院大學委員會議事細則》，《大學院公報》，1928 年第 1 期，第 68 頁。
〔註 31〕大學委員會在大學院取消之後的調整與消亡，可參見：田正平、張建中：《國民政府時期大學委員會考述》，《華東師範大學學報（教育科學版）》，2005 年第 4 期，第 92～93 頁。

表 2-2　大學院時期大學委員會會議討論的提案

次數	開會時間	討　　論　　提　　案
第一次	1927 年 11 月 16 日	大學委員會條例案；大學委員會議事細則案；統一黨化教育及政治指導案（包括政治教育委員會組織條例、學校訓育委員會組織條例、中央青年部特派指導員條例）；國立第四中大呈請變更大學區名稱案。
第二次	1927 年 11 月 23 日	修正教育會規程案；國立第三中大建議解釋私立學校規程疑義並擬酌加但書案；特別市教育局劃歸第四中大管理，窒礙難行請轉呈撤銷案；江蘇特別市教育局暫行條例案；專門以上學校立案，應由大學院統一案；限制各校學生濫兼社會職務案；請國府通令各省司法行政軍事各機關保障學生，以維法治案；統一教科圖書審查意見書案；浙江收回教會機關產業手續案。
第三次	1927 年 12 月 24 日	實行大學區制省份特別市教育局暫行條例案；教育會規程案；請將大學院及中央研究院譯名正式公佈案；注意各學區學校衛生案。
第四次	1928 年 2 月 9 日	教育經費辦法之報告及討論與第四中大名稱案；維持教育救濟青年案；學生聯合會之要求案；國立劇院計劃案。
第五次	1928 年 2 月 15 日	修正大學院組織法請大學委員會追認案；大學院分掌政務事務案；修正大學委員條例案；修正大學區條例部務主任，擬仍稱部長案；教育經費案；大學區大學名稱案。
第六次	1928 年 4 月 5 日	修改大學院組織法案；修改大學委員會組織案；修改中央研究院組織法案；維持教育救濟青年案；浙江大學呈請加國立二字案；江蘇大學學生代表呈請改名國立南京大學案；陳方之呈請修正大學教員資格條例，並制定大學教員任免條例與學位條例，以便相輔而行案；中華佛教華嚴大學校長釋可端條陳設立學校寺廟管理局案；南京上海兩市請修正試行大學區制省份特別市教育局暫行條例第一條及第十一條案。
臨時會議	1928 年 4 月 24 日	江蘇大學名稱案；修改大學區組織條例案；修正大學委員會組織條例案；學生團體組織大綱案。
第七次	1928 年 6 月 15 日	中央大學校長人選問題案；中華大學校長人選問題案；高中以上學校軍事教育方案；中央義務教育委員會組織條例案；中小學課程標準起草委員會組織條例草案。
第八次	1928 年 8 月 16 日	在北平實施大學區制案。

資料來源：《大學院公報》第 3 期，第 75～84 頁；第 5 期，第 60～62 頁；第 6 期，第 75～76 頁；第 7 期，第 134～136 頁；《中華民國史事紀要》（初稿），1928 年 7 月至 10 月，第 306 頁。

三、國立學術機關

　　蔡元培在《大學院公報》發刊詞中明確指出，大學院成立以來，所努力進行者凡三：一曰實行科學的研究與普及科學的方法；二曰養成勞動的習慣；三曰提起藝術的興趣。〔註32〕他在金陵大學開學式的演說中，也指出：「大學院以科學化、藝術化、勞動化相提倡，大學必須具備此三種精神。」〔註33〕使教育科學化、勞動化和藝術化是大學院成立之初蔡元培對於教育方針提出的三點要求，〔註34〕也是其晚年教育思想的集中體現。針對此三點，蔡元培及其支持者建立中央研究院、國立勞動大學、國立音樂院和藝術院，並將這些學術機關直接隸屬於大學院，試圖達到提倡科學教育，養成全國人民勞動的習慣，以及提起全國人民對於藝術的興趣的目的。

（一）中央研究院

　　中央研究院的籌設，是在蔡元培、李石曾、楊杏佛和學術界的許多專家學者共同努力下實現的。1927年4月17日，即南京國民政府成立的前一天，在國民黨中央政治會議第74次會議上，李石曾提出設立中央研究院案，議決由李石曾、蔡元培、張靜江三人共同起草組織法。這是籌設中央研究院的最早記錄。5月9日，政治會議第90次會議又議決設立中央研究院籌備處，並推定蔡元培、李石曾、張靜江、褚民誼、許崇清、金湘帆為籌備委員。1927年6月，蔡元培以教育行政委員會委員的名義在中央政治會議第102次和105次會議中，提出變更教育制度案，以大學區為教育行政的單元；組織中華民國大學院，為全國最高學術教育行政機關。7月4日國民政府公佈的《中華民國大學院組織法》的第七條規定：本院設中央研究院，其組織條例另定之。至此，籌設中的中央研究院是大學院附屬機關之一。〔註35〕

　　因寧、漢、滬三足鼎立，南京國民政府的政局並不穩定。1927年8月12日，蔣介石被迫辭職下野，接著張靜江、蔡元培、李石曾、吳稚暉等也宣佈隱退。9月11日，寧、漢、滬三方代表在上海召開談話會，決議由三方共

〔註32〕蔡元培：《發刊辭》，《大學院公報》，1928年第1期。

〔註33〕蔡元培：《在金陵大學開學式的演說》，中國蔡元培研究會：《蔡元培全集》第6卷，杭州：浙江教育出版社，1997年，第175頁。

〔註34〕蔡元培：《全國教育會議開會詞》，中國蔡元培研究會：《蔡元培全集》第6卷，杭州：浙江教育出版社，1997年，第227頁。

〔註35〕陶英惠：《蔡元培與中央研究院（1927～1940）》，《臺北中央研究院近代史研究所集刊》，1978年第7期，第5頁。

推若干人組成中央特別委員會，代行中央執監委員會職權。9 月 16 日，中央特別委員會在南京成立。〔註36〕隨後，國府改組，中央研究院的籌備也就中止。〔註37〕

　　1927 年 10 月 1 日，大學院正式成立。蔡元培聘請學術界人士諶湛溪、曾昭掄、吳承洛、周覽、胡剛復、王璡、王世杰等 30 人，於 11 月 20 日召開中央研究院籌備會及各專門委員會聯合成立大會，討論中央研究院組織大綱和籌備會進行方法。蔡元培等議定的《中華民國大學院中央研究院組織條例》，確定中央研究院爲中華民國最高科學研究機關，其職責爲：受中華民國大學院的委託，實行科學研究，並指導、聯絡、獎勵全國研究事業，以謀科學之進步，人類之光明。中央研究院以大學院院長蔡元培兼任研究院院長，教育行政處主任楊杏佛兼任研究院秘書。〔註38〕會議還議決先設立理化實業研究所、社會科學研究所、地質研究所和觀象臺四個研究機關；推定王小徐、宋梧生、周仁爲理化實業研究所常務籌備員，李石曾、周覽、蔡元培爲社會科學研究所常務籌備員，徐淵摩爲地質研究所常務籌備員，竺可楨、高魯爲觀象臺常務籌備員。〔註39〕1928 年 3 月，又因歷史語言研究的重要，增設歷史語言研究所於廣州，傅斯年、顧頡剛、楊振聲爲常務籌備員。〔註40〕

　　1928 年 1 月觀象臺設籌備處於大學院西院，1928 年 2 月因辦事的便利起見，分觀象臺爲天文研究所及氣象研究所兩個機關，3 月天文研究所籌備處改設於南京鼓樓，氣象研究所也擇定欽天山北極閣故址。1928 年 1 月，地質研究所（籌備期間曾用名爲地質調查所）成立於上海，李四光任所長；1928 年 3 月，理化實業研究所成立於上海，分設物理組、化學組和工程組；社會科學研究所於 1928 年 5 月才正式成立，所長楊端六。在籌備的幾個月中，各所全

〔註36〕　王奇生：《黨員、黨權與黨爭：1924～1949 年中國國民黨的組織形態》（修訂增補本），北京：華文出版社 2010 年版，第 108～109 頁。

〔註37〕　國立中央研究院文書處編：《國立中央研究院十七年度總報告》，國立中央研究院總辦事處，1930 年，第 45 頁。

〔註38〕　《中華民國大學院中央研究院組織條例》，《大學院公報》，1928 年第 1 期，第 63～64 頁。

〔註39〕　《中央研究院籌備會及各專門委員會成立記事》，《大學院公報》，1928 年第 1 期，第 85～87 頁。

〔註40〕　《國立中央研究院工作報告》，中國國民黨中央委員會黨史史料編纂委員會編：《革命文獻》第 53 輯，臺北：中央文物供應社，1971 年，第 356 頁。

力進行聘請研究人才，購置圖書儀器，裝修房屋設備。到 1928 年 3 月底，已粗具研究所雛形。〔註41〕

　　中央研究院初具規模之時，爲實現科學計劃，組織科學調查團，選擇各省中秩序最佳、科學材料最豐富的廣西省，優先施行科學調查。蔡元培與廣西省總指揮李宗仁進行了數次晤商，商定了調查計劃。由中央研究院與廣西省政府合作，團員薪俸旅費及所用儀器都歸中央研究院擔負，在廣西境內的舟車食宿歸省政府擔負。調查團團員有李四光（地質學）、李濟（人種學）、德國人顏復禮（民族學）及其他動植物、氣象專家數人。〔註42〕中央研究院派往廣西的科學調查團直到 1929 年 1 月才調查完畢。〔註43〕

　　1928 年 4 月，大學院中央研究院改爲國立中央研究院，成爲獨立於大學院之外的研究機構，仍由蔡元培擔任院長。6 月 9 日，蔡元培主持召開首次院務會議，宣告國立中央研究院正式成立。11 月 9 日，國民政府頒佈《國立中央研究院組織法》，明確規定「該院直隸於國民政府，爲中華民國最高學術研究機關」，其任務是實行科學研究和指導、聯絡、獎勵學術之研究。除院長應由國民政府特任以外，其餘行政及研究人員，均由院長聘任。院長以下，設三大部：行政、研究和評議。院評議會爲全國最高學術評議機關，直到 1934 年 5 月 27 日，國民政府才公佈評議會條例，使該機構的籌備工作有所遵循。

　　國立中央研究院成立後，規模逐漸擴大，機構日趨完備。1928 年 11 月，觀象臺分爲天文和氣象兩個研究所，理化實業研究所分爲物理、化學和工程三個研究所（工程所於 1935 年 1 月改稱工學研究所）。1929 年春，又增設自然歷史博物館和心理研究所（1935 年 1 月改稱心理學研究所）。1934 年自然歷史博物館又發展成爲動植物研究所。同年社會科學研究所與北平社會調查所合併，翌年改稱社會研究所。至此，中央研究院擁有十個研究所，其機構基本上定型。〔註44〕

〔註41〕國立中央研究院文書處編：《國立中央研究院十七年度總報告》，國立中央研究院總辦事處，1930 年，第 45～46 頁。

〔註42〕《大學院中央研究院工作狀況》，《大學院公報》，1928 年第 4 期，第 75 頁；《大學院最近的設施》，《中央日報》，1928 年 3 月 12 日，第 1 張第 3 面。

〔註43〕國立中央研究院文書處編：《國立中央研究院十七年度總報告》，國立中央研究院總辦事處，1930 年，第 46 頁。

〔註44〕傅長祿：《蔡元培與「國立中央研究院」》，《史學集刊》，1982 年第 2 期，第 60 頁。

（二）國立勞動大學

1927 年 5 月 9 日，國民黨中央第 90 次政治會議議決江灣的模範工廠、游民工廠應改爲國立勞動大學，並派定蔡元培、李石曾、張靜江、褚民誼、許崇清、金湘帆、張性白、吳忠信、嚴愼予、沈澤春、匡互生等 11 人爲籌備委員。〔註45〕1927 年 6 月，蔡元培提議變更教育制度，組建大學院，將勞動大學作爲大學院中附屬的機關之一。1927 年 7 月 4 日，國民政府公佈《中華民國大學院組織法》的第八條確定：「本院得設勞動大學、圖書館、博物館、美術館、觀象臺等國立學術機關，其組織另定之。」〔註46〕

國立勞動大學創立的宗旨在於「發展勞動者教育，試驗勞動教育」。〔註47〕除此之外，爲國民黨培養領導工農運動的革命人才也是其重要目的。易培基講道，國立勞動大學在於「培養有主義，有學識，有技能，有革命精神之人才，以期將來爲本黨領導農工，實行革命工作，努力建設事業。……故一方面灌輸主義學識，以堅定其信仰而發展腦力，一方面授以農工勞作，以養成其習慣，而磨練其體力；使健全之精神，屬於健全之身體。一言蔽之，即以全人教育，從事國民革命也。」〔註48〕

從 1927 年 5 月 13 日至 9 月 4 日，國立勞動大學籌備委員會共召開了六次會議，積極進行籌備工作。5 月 13 日，國立勞動大學籌備委員會召開第一次會議，議決派員接收模範、游民兩工廠，並推張性白爲工廠主任。5 月 19 日，籌備委員會召開第二次會議，議決模範工廠定名爲國立勞動大學勞工學院上海模範工廠，並組織勞工學院籌備會。6 月 9 日第三次會議，通過了國立勞動大學勞工學院組織大綱，並聘沈仲九爲勞工學院院長。7 月 1 日第四次會議，議決蔡元培爲勞動大學籌備委員會當然主席；推定勞農學院籌備委員；函請蔣介石撥上海大學舊址爲勞農學院院址等事項。8 月 20 日召開第五次會議，制訂通過勞動大學條例、勞農學院組織大綱及勞工、勞農兩院各項預算。9 月 4 日第六次會議，議決擴充籌備委員會，設常務委員一人，推定易培基爲

〔註45〕《本校第一年大事記》，國立勞動大學編譯館：《勞大概況》，校況分紀，1929年，第 1 頁。

〔註46〕《中華民國大學院組織法（國民政府十六年七月四日公佈）》，《大學院公報》，1928 年第 1 期，第 50 頁。

〔註47〕《本大學創立宗旨》，國立勞動大學編譯館：《勞大概況》，組織，1929 年，第 1 頁。

〔註48〕易培基：《發刊詞》，國立勞動大學編譯館：《勞大概況》，1929 年，第 1～2 頁。

常務委員，並爲勞動大學校長。至此，籌備期結束。9 月 19 日，國立勞動大學舉行開學典禮，易培基宣誓就職。〔註 49〕國立勞動大學的勞工學院和勞農學院分別在 1927 年 9 月份和 10 月份正式成立。

國立勞動大學建立初期，勞工、勞農兩學院並未分系教學，課程也相似。兩學院的本科課程，分前後二期。勞工學院前期二年約以外國語言、社會科學及自然科學爲中心，後期擬分教育、技術、事業三系；勞農學院前期二年，課程與勞工學院略同，後期二年擬分農作、園藝、畜牧、蠶桑、農業化學、農產製造、森林、病蟲諸系，當時後期課程都沒有規定。實施半年後，感到課程過於普通而簡單，分系太晚不利於學生深造。於是，學校組織課程委員會研究、討論，最後決定分系，將勞工學院分爲機械工程、土木工程系、勞工教育、工業社會四系；勞農學院分爲農藝、園藝、農藝化學三系。〔註 50〕勞農學院後又增設社會科學系。由此可見，國立勞動大學的院系設置有一個逐步調整與探索的過程。

1929 年 7 月 26 日，國民政府頒佈《大學組織法》，其中第 4 條規定：「大學分文、理、法、農、工、商、醫各學院。」〔註 51〕依據此規定，勞工學院與勞農學院的名稱改爲工學院和農學院。該法的第 5 條規定：「凡具三學院以上者，始得稱爲大學。」〔註 52〕因此，國立勞動大學需增設一個學院才可稱爲大學。於是，勞大在 1929 年 6 月向教育部呈請設立社會科學院，將工、農兩院的社會科學系和教育系編入社會科學院，並增設經濟系。至此，勞動大學的本科設工、農、社會科學 3 個學院 9 個學系，各方面的規章制度基本確立。

大學院非常重視國立勞動大學的建設，這可以從大學院對其經費投入可以看出。從 1927 年 10 月到 1928 年 6 月，大學院撥發給勞動大學的費用，高出國立

〔註49〕 《本校第一年大事記》，國立勞動大學編譯館：《勞大概況》，校況分紀，1929
　　　　年，第 1～2 頁。
〔註50〕 熊夢飛：《本校二週年經過述略》，國立勞動大學編譯館：《勞大概況》，1929
　　　　年，第 9～10 頁；《國立勞大的組織》，《中央日報》，1928 年 7 月 26 日，第 2
　　　　張第 2 面。
〔註51〕 《國民政府頒佈大學組織法（1929 年 7 月 26 日）》，中國第二歷史檔案館編：
　　　　《中華民國史檔案資料彙編》第 5 輯第 1 編　教育（一），南京：江蘇古籍出
　　　　版社，1994 年，第 171 頁。
〔註52〕 《國民政府頒佈大學組織法（1929 年 7 月 26 日）》，中國第二歷史檔案館編：
　　　　《中華民國史檔案資料彙編》第 5 輯第 1 編　教育（一），南京：江蘇古籍出
　　　　版社，1994 年，第 172 頁。

暨南大學和國立同濟大學很多。〔註53〕十六年度，國立勞動大學的大學每生歲占費也是最高的，遠遠高出其餘七所國立高校的每生歲占費。〔註54〕最終，因教育界派系的爭執，以及財政上的困難等緣故，勞動大學於 1932 年停辦。〔註55〕

蔡尚思曾說道：「即使勞動大學至今仍舊存在，也可以斷言：那是有名無實的，無法徹底的，側重勞動生產的大學也和側重消費分配的『消費合作社』性質相同。因為這些機關都帶現階段社會的色彩；教育是無法脫離經濟制度而獨立的。」〔註56〕大學院將國立勞動大學作為直屬機構，是蔡元培實踐勞動教育的願望的集中體現，也順應了當時國民黨培養工農運動領導人才的意圖。

（三）國立音樂院與藝術院

設立國立音樂院與藝術院，是大學院期間一項重要舉措。在 1927 年暑假之前，我國還沒有專門的音樂學校，開展音樂教育的音樂系附設於某些大學。南京國民政府成立後，蕭友梅提出創辦國立音樂院的計劃，並得到國民政府通過，蕭友梅負責總籌備工作，並於 1927 年 10 月開始籌備。當時國府致力於北伐，經費支絀，僅以 2600 元籌備費應付一切設備及房金，幾經困苦才租賃校舍於上海陶爾斐斯路，每月經常費也為 2600 元。大學院院長蔡元培兼任音樂院院長。〔註57〕

國立音樂院於 1927 年 11 月上旬招生，11 月 15 日開始上課，同月 27 日補行開學典禮，至此音樂院正式成立。〔註58〕本院是國立最高的音樂教育機關，直轄於大學院。〔註59〕1927 年 12 月，蔡元培院長因為大學院事務紛繁，無暇兼顧音樂院事務，特委託本院教務主任蕭友梅代理院務。

國立音樂院因招生太遲，所以初次錄取者僅 23 人。當時學校組織也非常

〔註53〕《中華民國大學院十六年度決算報告書》，中華民國大學院編：《大學院之工作報告與決算》，上海：太平洋印刷公司，1928 年，第 4～6 頁。

〔註54〕《國立各大學學生每生歲占費圖表》，大學院高等教育處編：《國立各大學十六年度概況統計》，出版地不詳，1928 年。

〔註55〕Ming k. Chan, Arif Dirlik. Schools into Fields and Factories: Anarchists, the Guomintang, and the National Labor University in Shanghai, 1927~1932. Durham and London: Duke University Press, 1991, chapter 8.

〔註56〕蔡尚思：《蔡元培學術思想傳記》，上海：棠棣出版社，1950 年，第 232 頁。

〔註57〕輔叔、達安、茊青合編：《校史》，國立音樂專科學校圖書出版委員會：《國立音樂專科學校一覽》，1937 年，第 1 頁。

〔註58〕《國立音樂院成立記》，《大學院公報》，1928 年第 1 期，第 89 頁。

〔註59〕《國立音樂院組織條例》，《大學院公報》，1928 年第 2 期，第 11 頁。

簡單，除理論作曲由蕭友梅教授外，此外只聘王瑞嫻教授鋼琴，李恩科教授聲樂和英文，陳屓生教授小提琴，朱英教授琵琶和笛，易韋齊教授國文兼文牘，吳伯超教授鋼琴、二胡兼會計，雷通群教授文化史，此外，只有庶務一人，書記一人。1928 年 2 月，音樂院添招新生，新舊合計 56 人，遷校至霞飛路，並開始設立事務處和註冊科，聘李恩科兼事務處主任。同年 6 月，本院提出十七年度新預算，經大學院核准，從 9 月份起每月經費增至 5000 元，學額也增至 80 名。1928 年 9 月，大學院聘任蕭友梅爲音樂院院長。〔註 60〕這就是國立音樂院在大學院期間的基本情況。

1929 年 7 月，國民政府修正大學組織法，令本院更改爲國立音樂專科學校。同年 8 月，教育部聘任蕭友梅爲校長。此後，蕭友梅聘請國內外音樂家和知名學者來校任教，爲中國的音樂教育作出了很大貢獻，培養了一批音樂人才。

國立音樂院成立後，大學院立即開始著手創辦國立藝術大學。在國立音樂院正式成立的當天，大學院藝術教育委員會在上海召開全體委員第一次會議，出席者有蔡元培、林風眠、王代之、楊杏佛、高魯、周峻、李金髮、呂彥直和蕭友梅 9 人，會上提出《籌辦國立藝術大學案》，議決由藝術教育委員會起草詳細計劃書及預算案，下次開會時再討論。〔註 61〕

藝術教育委員會向大學院提議創辦國立藝術大學，「以養成高深藝術人才，以謀美育之實施與普及」，建議創校於西湖，並作出最低建校預算與著手辦法。〔註 62〕1927 年 12 月 27 日，藝術教育委員會在南京大學院召開第二次會議，會議討論了創辦國立藝術大學案，議決照原擬計劃書陳請大學院在西湖辦國立藝術大學，先設繪畫、雕塑、建築及工藝美術四院，經常費暫定120,960 元。〔註 63〕

由於辦學經費的限制，原計劃設立的國立藝術大學改爲國立藝術學院，原設想以學院爲教學單位的建制，也相應縮小，改爲以系爲單位。並且暫定

〔註 60〕 輔叔、達安、荇青合編：《校史》，國立音樂專科學校圖書出版委員會：《國立音樂專科學校一覽》，1937 年，第 1 頁。

〔註 61〕 《大學院藝術教育委員會第一次會議錄》，《大學院公報》，1928 年第 2 期，第57～58 頁。

〔註 62〕 《創辦國立藝術大學之提案摘要》，《大學院公報》，1928 年第 2 期，第 44～48 頁。

〔註 63〕 《大學院藝術教育委員會第二次會議錄》，《大學院公報》，1928 年第 2 期，第59～60 頁。

經費爲每月 6000 元。〔註64〕國立藝術院於 1928 年 3 月 1 日正式成立，林風眠爲院長。國立藝術院招收高中畢業生，計劃五年畢業，當時有新生約 70 人，分中畫、西畫、雕塑、圖案四系，及研究部西畫研究組一組，聘法國畫家克羅多爲導師。1929 年春，中畫和西畫兩系合併爲繪畫系。這是藝術院初期的概況。1930 年秋，國立藝術院奉教育部令，改名爲國立杭州藝術專科學校，改系爲組，招收高中畢業生，三年畢業。〔註65〕

國立音樂院和藝術院的成立，是蔡元培「美育」和「提倡藝術的興趣」目標的達成，是大學院藝術教育體制構建的實現。儘管國立音樂院和藝術院在大學院被廢止後，經教育部改組，但是，它們沒有像勞動大學那樣被撤銷，爲我國培養了很多藝術人才。

四、教育行政管理

大學院成立之後，設立秘書處與教育行政處，處理院務及教育行政事宜。金曾澄爲大學院秘書長，他曾是國民政府教育行政委員會常務委員。1928 年 6 月，金曾澄改就廣州政治分會秘書長，大學院秘書長由院參事許壽裳升任。〔註66〕秘書長承大學院院長之命，贊襄院務，並掌管本處一切事宜。秘書處設置秘書四人至八人，襄助秘書長辦理處務，並掌管文稿的審核、重要文件的撰擬、文件的翻譯、會同書報編審組編輯公報及院長特別委辦的事項。〔註67〕1928 年 1 月 27 日，大學院添設副院長後，秘書處處長也承副院長之命，辦理副院長特別委辦之事；並將原來的文書與事務二科，擴展爲文書、會計和事務三科，〔註68〕職能範圍有所擴大。但到了 1928 年 5 月，大學院組織法第三次修正時，增設總務處，將秘書處原來的關於文件、會計、庶務等六項職能劃歸到總務處，秘書處只掌理院長委辦的事務。

教育行政處是負責大學院教育行政的重要機關。在 1928 年 10 月至 1928 年 1 月這 4 個月期間，它掌管各大學區互相關聯，及不屬於各大學區的教育行政事宜。教育行政處主任是楊杏佛，他輔助蔡元培，管理全院行政事務。

〔註64〕《國立藝術院之進行》，《申報》，1928 年 2 月 6 日，第 10 版。

〔註65〕潘天壽：《校史》，《國立藝術專科學校廿週年校慶刊》，1947 年，第 1 頁。

〔註66〕《大學院職員之更易》，《申報》，1928 年 6 月 3 日，第 12 版。

〔註67〕《大學院秘書處組織條例》，《大學院公報》，1928 年第 1 期，第 56 頁。

〔註68〕《修正大學院秘書處組織條例（十七年一月三十日大學院修正）》，《大學院公報》，1928 年第 3 期，第 44～45 頁。

教育行政處設立學校教育組、社會教育組、法令統計組、圖書館組、國際出版品交換組和書報編審組六組。每組有一個組主任，承大學院院長及行政處主任之命，分掌各組事務。各組下設股長若干人，承上級職員之命，分理各組事務。〔註69〕

教育行政處設置處務會議，討論教育行政上的重要議案。處務會議分常會和臨時會兩種。處務會議由行政處主任、組主任及股長組織參與。會議由行政處主任擔任主席，若行政處主任因事缺席，須委託組主任一人為臨時主席。處務會議決議事項，由行政處主任採擇，或陳請大學院院長審核實行。〔註70〕在1927年10月至1928年1月間，教育行政處共召開了八次處務會議，共討論了51項議案。這些議案涉及到學校立案、教科書審查、專門委員會的職權等重要事項。八次處務會議討論事項見表2-3。

1928年1月下旬，大學院裁撤教育行政處，添設大學院副院長。1月27日，國民政府任命楊杏佛為大學院副院長。〔註71〕楊杏佛是蔡元培的得力助手。蔡元培具有識人之明，他曾說：「我在大學院的時候，請楊君杏佛相助。我素來寬容而迂緩，楊君精明而機警，正可以他之長補我之短；正與元年我在教育部時，請范君靜生相助，我偏於理想而范君注重實踐，以他所長補我之短一樣。」〔註72〕

楊杏佛掌理大學院行政事務，尤其注重行政效率。1928年2月，國民黨召開二屆四中全會期間，記者採訪楊杏佛：「現在大學院的教育計劃有什麼一言以貫的標語沒有？」楊杏佛答道：「蔡先生主張教育要科學化、藝術化、勞動化，這固然大家都贊成；但是，兄弟個人想，於那幾層之外，尤其要注重『能率』的增進。中國人做事總是沒有能率，所以辦事總是遲緩，往往一個外國人做的事比幾個中國人做的還多。我想教育也是一樣。要用最小的經費收到最大的效果，這樣才能夠糾正中國那種機關林立、人員星羅而一點事也辦不出的毛病，要這樣才能夠得到更快的進步。」〔註73〕

〔註69〕《大學院教育行政處組織條例》，《大學院公報》，1928年第1期，第50～56頁。

〔註70〕《大學院教育行政處處務會議規則》，《大學院公報》，1928年第1期，第62～63頁。

〔註71〕《國民政府公報》，1928年第27期，第1頁。

〔註72〕蔡元培：《我在教育界的經驗》（下），《教育通訊》，1940年第3卷第14期，第16頁。

〔註73〕《楊杏佛氏的談話》，《中央日報》，1928年2月9日，第1張第3面。

表 2-3　大學院教育行政處處務會議討論事項

時　　間	出　席　者	討　論　事　項
第一次 1927 年 10 月 27 日	楊杏佛、錢端升、張奚若、皮宗石、謝樹英、朱葆勤	教育行政處組織條例案；教育行政處辦事細則案；教育行政處處務會議規則案；學校立案辦法案；第四中山大學呈請審查革命功勳後裔免費入學資格條例案；前教育行政委員會議決案件法令是否繼續有效案；擬定中央圖書館計劃案。
第二次 1927 年 11 月 4 日	錢端升、張奚若、朱葆勤、皮宗石、楊杏佛、薛仲華、高與、謝樹英	大學院公報案；教科圖書審查條例案；統一圖書審查案；著作權法案；提高大學程度案。
第三次 1927 年 11 月 20 日	錢端升、皮宗石、張奚若、錢天鶴、高君珊、高與、林文錚、謝樹英、薛仲華、朱葆勤、楊杏佛	特別市教育局隸屬案；限制學生兼職案；訂定考試條例案；傳達公文內容以資聯絡案；教育學術統計分類案；設立編譯館及著述委員會案；設立體育指導委員會案。
第四次 1927 年 12 月 2 日	錢端升、皮宗石、朱葆勤、張奚若、高君珊、楊杏佛、錢天鶴、高與、薛仲華、林文錚、劉國鈞、謝樹英	專門委員會職權案；各組與專門委員會聯絡案；著作權法案；革命功勳子女就學免費條例案；大學及專門學校立案規程案；購置圖書辦法案。
第五次 1927 年 12 月 3 日	錢端升、張奚若、朱葆勤、皮宗石、高與、楊杏佛、錢天鶴、林文錚、謝樹英、高君珊	審查圖書原則案；新出圖書呈繳條例案；圖書館條例案；民眾教育條例案；國立統計學校規程案；小學條例案；中學條例案。
第六次 1927 年 12 月 13 日	張奚若、錢天鶴、高君珊、錢端升、薛仲華、林文錚、高與、謝樹英、皮宗石、朱葆勤、楊杏佛	傳佈本處消息案；私立中等學校及初等學校立案條例案；私立學校規程及私立學校董會規程案；國立統計專門學校規程案。
第七次 1927 年 12 月 29 日	錢端升、皮宗石、錢天鶴、劉國鈞、高君珊、林文錚、謝樹英、高與、薛仲華、朱葆勤、楊杏佛、張奚若	學生會條例案；小學條例案；教育學術統計暫行條例案。
第八次 1928 年 1 月 17 日	楊杏佛、謝樹英、皮宗石、朱葆勤、張奚若、高君珊、錢端升、錢天鶴、薛仲華、高與、王濱海	私立學校條例案；私立學校校董會設立條例；海外華僑學校立案條例案；學校體育及公共體育場調查表案；學生體格檢查表案；設立體育學校案；私立體育學校立案辦法案；全國體育會組織大綱案；通告各省區最高教育行政機關注重學校體育及公共體育案；修正第四中山大學公共體育場條例案；大學院應設體育教材委員會案；荷蘭第九次萬國運動大會請大學院轉呈國府派員籌備參加案。

資料來源：《大學院公報》，1928 年第 2 期，第 48～57 頁。

　　添設副院長、裁撤教育行政處之後，學校教育組、社會教育組、法令統計組、書報編審組和圖書館組（原圖書館組和國際出版品交換組合併）的地位提高，各組設置主任一人，承大學院院長、副院長之命，處理各組的教育行政事務。〔註74〕兩個月之後，因各組掌管任務繁簡不同，大學院對其組織又進行了調整，改組之前五個組，設立高等教育處、普通教育處、社會教育處和文化事業處，置處長四人，承長官之命分掌各處事務。各處分科辦事，各科置科長一人，科員若干人，承長官之命掌理各科事務。〔註75〕截止到1928年4月，大學院的組織基本穩定，此後行政管理基本步入正軌。

　　自大學院添設副院長後，就計劃設立行政會議。行政會議擬由院長、副院長、秘書長、各組主任、秘書及各股股長組織；由院長主席。〔註76〕但因大學院組織不穩，一直沒有召開行政會議。1928年5月，大學院設立了院務會議，相當於之前的教育行政處處務會議。參加院務會議的人員有大學院院長、副院長、秘書長、各處處長及科長等。第一次院務會議於5月10日召開，楊杏佛擔任會議主席，他在會議上報告：「此為改組後第一次院務會議，本院組織既定，以後一切進行，亟須共同策勵，以期效率增進。從前僅有行政會議，故院務會議，應從此為第一次，以後繼續二次三次……」〔註77〕

　　從1928年5月到8月，大學院共召開了13次院務會議，商討了46件議案，議案涉及訓政時期教育施政大綱、三民主義考試、教育宗旨、學制系統等重要事項。歷次院務會議討論事項見表2-4。例如，大學院院務會議連續六次討論訓政時期教育施政綱領問題，涉及教育經費、幼稚園及小學、中等學校、專門學校、大學、國外留學生、圖書、公民教育、民眾教育等，共16個項目。經過多次討論，大學院於1928年6月30日擬定《訓政時期施政大綱》。〔註78〕由此可見，大學院對其教育事業有比較明確的規劃。

〔註74〕《修正大學院各組組織條例（十七年一月三十日大學院修正）》，《大學院公報》，1928年第3期，第46～51頁。

〔註75〕《修正中華民國大學院組織法（國民政府公佈　十七年四月十七日）》，《大學院公報》，1928年第5期，第23～28頁。

〔註76〕《修正大學院行政會議規則（十七年一月三十日大學院修正）》，《大學院公報》，1928年第3期，第54～55頁。

〔註77〕《大學院院務會議錄（第一次至第四次）》，《大學院公報》，1928年第7期，第124頁。

〔註78〕《大學院擬定訓政時期施政大綱（十七年六月三十日）》，《大學院公報》，1928年第8期，第87～88頁。

表 2-4　大學院院務會議討論事項

次　數	時　間	討　論　事　項
第一次	1928 年 5 月 10 日	訓政時期施政綱領問題；工作報告問題；黨義研究問題；分科辦事問題；圖書館管轄及購書問題；社會教育處與普通教育之分權問題。
第二次	1928 年 5 月 30 日	全國教育會議後之種種處理；訓政時期施政綱領問題；三民主義考試問題；工作報告事宜；民眾學校事宜。
第三次	1928 年 6 月 6 日	繼續討論施政綱領問題；第二民眾學校簡章案；本院十七年度預算案。
第四次	1928 年 6 月 14 日	討論訓政實施方案；中央黨部送來之職員調查表，由本次出席各員分告諸同事，在本星期六以前填交秘書處，以便匯轉；張處長提議整頓本院文件新式標點辦法。
第五次	1928 年 6 月 21 日	繼續討論訓政實施方案（訓政時期教育實施方案）；三民主義考試閱卷問題；民眾學校問題；朱處長報告出席內政部體制會議結果，由本院擔任婚喪祭禮制及用樂，學生制服等起草案。
第六次	1928 年 6 月 28 日	繼續討論訓政時期教育實施方案；大學條例草案；中央訓練部請本院派員會同商議起草及全國小學教科計劃案。
第七次	1928 年 7 月 5 日	關於美術展覽會事件；藝術院學生宿舍問題。
第八次	1928 年 7 月 12 日	美術展覽會各項大綱；中央農林教育委員會組織條例草案；中央民眾教育設計委員會組織條例草案；釐定告假手續。
第九次	1928 年 7 月 26 日	捐資興學褒獎條例；全國教育會議議決案應如何審訂施行案；加推謝樹英科長為學制系統公佈文起草委員案。
第十次	1928 年 8 月 3 日	專門學校條例；審查高級中學以上學校軍事教官服務規程；由許秘書長報告中華民國的教育宗旨說明書；由許秘書長、孫處長報告在國府內政部會議關於訓政期內施政綱領之經過，並急將本院訓政時期施政綱領擬就，由主席將草案原文逐條討論。
第十一次	1928 年 8 月 6 日	中華民國教育宗旨的說明書；中華民國學制系統草案；高級中學以上學校軍事教官服務條例。
第十二次	1928 年 8 月 16 日	規定學校放假辦法案；學術會條例草案。
第十三次	1928 年 8 月 18 日	討論蔡元培辭職事件；此後院務，應如何進行，及三民主義試卷評閱問題的討論。

資料來源：《大學院公報》，1928 年第 7 期，第 123～134 頁；1928 年第 8 期，第 79～87 頁；第 9 期，第 75～82 頁。

五、專門委員會

　　大學院成立之初，就計劃「於必要時，得設學術上及教育行政上各專門委員會」。〔註79〕1927 年 11 月 20 日，大學院召開各專門委員會成立大會，到會者有 30 人，由蔡元培擔任會議主席，會議討論了各專門委員會進行的方法。〔註80〕經過籌備，大學院先後共設有：政治教育委員會、教育經費計劃委員會、考試制度委員會、科學教育委員會、藝術教育委員會、華僑教育委員會、體育指導委員會、譯名統一委員會及古物保管委員會。各專門委員會委員名單見表 2-5。

　　除上述各種專門委員會之外，大學院還設立中央義務教育委員會，輔助大學院規劃促進全國義務教育事項；設立中央民眾教育委員會，輔助大學院規劃促進全國民眾教育事項；設立中央農林教育委員會，輔助大學院規劃促進農林教育事宜。〔註81〕

　　大學院政治教育委員會，是為研究全國各級學校及教育學術機關的政治教育，並為統一與普及起見而設立的；並設政治訓育與社會教育兩組分委員會，分別掌理政治訓育與社會教育事宜。〔註82〕教育經費計劃委員會，計劃全國教育經費事宜，辦理的事項包括：全國歷年來教育經費的調查、撥充教育用的稅收款項公產的調查、私人捐款辦法的擬定、其他教育文化用的籌劃、教育基金用途條例與保管條例的擬定。〔註83〕

　　大學院藝術教育委員會專管計劃全國藝術教育，及有關藝術的公共建設事宜；為會務進行的便利起見，特設研究、編審及美術展覽會等分組委員會。〔註84〕藝術教育委員會先後共召開了三次會議，主要討論了修改組織大綱、籌備美術展覽會、籌辦國立藝術大學、調查全國藝術教育現狀、成立中央美

〔註79〕《中華民國大學院組織法（國民政府十六年七月四日公佈）》，《大學院公報》，1928 年第 1 期，第 50 頁。

〔註80〕《中央研究院籌備會及各專門委員會成立記事》，《大學院公報》，1928 年第 1 期，第 88 頁。

〔註81〕中華民國大學院編：《現行中央教育法規彙編》，1928 年，第 96～100 頁。

〔註82〕《大學院政治教育委員會組織條例》，《大學院公報》，1928 年第 1 期，第 68～69 頁。

〔註83〕《大學院教育經費計劃委員會組織條例》，《大學院公報》，1928 年第 1 期，第 70～71 頁。

〔註84〕《大學院藝術教育委員會組織條例》，《大學院公報》，1928 年第 1 期，第 71～72 頁。

術學會及中央美術展覽會、擬建國立劇院、請中央及各省選派學生往國外研究藝術、檢定中小學藝術教員以及獎勵藝術高材生等等事項。〔註85〕藝術教員委員會對推動我國藝術教育的發展起了較大的作用。

表2-5　大學院專門委員會委員名錄

專門委員會	委　　　員
政治教育委員會	胡漢民、蔣介石、汪精衛、吳稚暉、張繼、李石曾、孫科、于右任、戴季陶
政治教育委員會社會教育組	何香凝、彭學沛、葉楚傖、沈定一、高魯
政治教育委員會政治訓育組	蔣夢麟、韋愨、楊杏佛、潘宜之、易培基、許崇清
教育經費計劃委員會	孫科、李石曾、鄭洪年、張壽鏞、馮少山、錢永銘、易培基、葉琢堂、廉泉
考試制度委員會	譚延闓、張乃燕、王寵惠、王世杰、張奚若
科學教育委員會	李石曾、任鴻雋、翁文灝、唐鉞、王璡、姜立夫、王星拱
藝術教育委員會	林風眠、蕭友梅、呂徵、呂彥直、周峻、張靜江、高魯、張繼、李金髮、王代之、李重鼎
華僑教育委員會	鍾榮光、鄭洪年、林子超、陳嘉庚、高魯、汪同塵、金曾澄、何尚平、周啓剛、陳少雄、李守誠
體育指導委員會	吳蘊瑞、潘宜之、褚民誼、張元秧、張信孚、高君珊、孔偉虎、張斐蘭、黃振華
譯名統一委員會	胡適、王岫廬、李石曾、宋春舫、曹梁廈、俞鳳賓
古物保管委員會	張繼、傅斯年、蔡元培、張靜江、易培基、胡適、李四光、李宗侗、李石曾、高魯、徐炳昶、沈兼士、陳寅恪、李濟之、朱家驊、顧頡剛、馬衡、劉復、袁復禮、翁文灝
中小學課程標準起草委員會	孟憲承、經亨頤、廖世承、王樂平、莊澤宣、許壽裳、劉大白、俞子夷、高君珊、嚴濟慈、竺可楨、沈履、鄭宗海、楊廉、陳鶴琴、施仁夫、胡叔異、薛仲華、錢端升、吳研因、趙述庭、朱經農

資料來源：《大學院公報》，1928 年第 1 期，第 159～166 頁；1928 年第 4 期，第 99～100 頁；1928 年第 9 期，第 149～150 頁。

〔註85〕《大學院藝術教員委員會第一次會議記錄》，《大學院公報》，1928 年第 2 期，第 57～58 頁；《大學院藝術教員委員會第二次會議記錄》，《大學院公報》，1928 年第 2 期，第 58～60 頁；《大學院藝術教員委員會第三次會議記錄》，《大學院公報》，1928 年第 6 期，第 76～78 頁。

其他各委員會也分別辦理其專業範圍內的事物，各司其職，發揮了一定的作用。但在實際的運行過程中，各專門委員會的影響力卻有限。因為大學院的決策機關是大學委員會，它負責一切教育上、學術上的重要事項。

第二節　人事與經費

制度的執行者是人，人事安排是評判某一制度成功與否的主要因素之一。

一、人事安排

大學委員會決議全國教育及學術上重要事項，是大學院最重要的組織，也是大學院區別於舊教育部最重要的特徵，因此，大學委員會的人員安排和組成尤為重要。

大學委員會由蔡元培、李石曾、褚民誼、胡適、許崇清、高魯、楊杏佛、戴季陶、朱家驊、蔣夢麟、張乃燕、易培基、鄭洪年、張謹、金曾澄和吳稚暉等16名委員組成。其中，許崇清、褚民誼、張乃燕和金曾澄原是廣州國民政府教育行政委員會委員。廣州國民政府教育行政委員會共有 9 名委員，除了許、褚、張和金之外，還有陳公博、甘乃光、鍾榮光、韋慤和經亨頤。〔註86〕

教育行政委員會在北遷過程中，由於國民黨派系鬥爭表面化，各教育行政委員會不得不在政治立場上進行選擇。陳公博和經亨頤選擇了漢方，甘乃光居於寧漢之間，他們的態度取捨依據黨派立場；許崇清、金曾澄和鍾榮光，屬於粵方，關注重點在於教育。由於寧漢對峙，在漢的經亨頤沒能進入南京中央教育行政之中。1928 年，經亨頤兩次領銜要求廢除大學院，改設教育部，矛頭對準蔡元培等人，與此不無關係。〔註87〕

大學院的行政管理人員的任命並非一蹴而就。大學院的組織經過了四次變化，人事安排也隨之發生變化，並且人員逐漸增多。國民政府於 1927 年 10 月特任蔡元培為大學院院長，任命金曾澄為大學院秘書長，楊杏佛為大學院

〔註86〕《國民政府教育行政委員會職員調查表》，中國第二歷史檔案館藏，全宗號 19，案卷號 267，案卷標題《教育行政委員會組織章程及職員調查表》。

〔註87〕安東強：《國民政府教育行政委員會與北伐政局初探》，《中山大學學報（社會科學版）》，2007 年第 2 期，第 43～44 頁。

行政處主任。〔註88〕1928 年 1 月 27 日，教育行政處裁撤，國民政府任命楊杏佛爲大學院副院長。〔註89〕1928 年 4 月，大學院組織再度更改，改組設處，增添參事。國民政府任命張奚若爲大學院高等教育處處長，朱經農爲普通教育處處長，陳劍脩爲社會教育處處長，錢端升爲文化事業處處長；任命許壽裳、朱葆勤和楊芳爲大學院參事；曾傳統、高魯、毛常、齊宗頤、張西曼、孫方升爲大學院秘書，謝樹英、錢天鶴、高君珊、俞復、高與、薛光琦、陳維綸爲大學院科長。〔註90〕

大學院的人事安排，基本體現了「學者爲行政的指導」的原則。高等教育處處長張奚若是哥倫比亞大學法學碩士；普通教育處處長朱經農，哥倫比亞大學師範學院碩士；社會教育處處長陳劍脩，倫敦大學經濟學碩士；文化事業處處長錢端升，哈佛大學政治學博士。他們都是學有所長，在學術界有影響、有建樹的專家。

1928 年 5 月 21 日，胡適參加全國教育會議，聽到一些關於大學院的人事內幕，「鄭湯和對我說大學院中的暗潮，如金湘帆（曾澄）不久即將離去，便是一例。當政府在廣東時，僅有教育行政委員會，其中主要人物現在都不得意而去，存者僅有湘帆，初爲秘書長，今杏佛作副院長，便作他的上司了。故他不甘鬱鬱久居此。」〔註91〕果眞如鄭湯和所料，1928 年 6 月，大學院秘書長金曾澄辭職，許壽裳接替其職位。

由於北伐的勝利，1928 年 6 月 4 日，張作霖撤離北京，6 月 8 日，國民革命軍開入北京，北京歸南京國民政府統治。1928 年 7 月初，大學院成立「大學院特派員辦公處」，派高魯、齊宗頤等人接收北京教育部、大學和文化機關。因蔡元培對北京教育部的官僚化心存芥蒂，所以大學院特派員辦公處僅留舊教育部各處熟於事務者一人工作，即文書科錄事、會計科、庶務科、普通司、專門司和社會司各一人。儘管舊教育部有 38 人具呈求錄用，但大學院只用 6 人，口頭告知辦公。〔註92〕

〔註88〕《國民政府公報》，1927 年第 2 期，第 9 頁；1927 年第 3 期，第 26 頁。
〔註89〕《國民政府公報》，1928 年第 27 期，第 1 頁。
〔註90〕《國民政府公報》，1928 年第 49 期，第 4 頁。
〔註91〕曹伯言整理：《胡適日記全編（1928～1930）》，合肥：安徽教育出版社，2001 年，第 122 頁。
〔註92〕《大學院特派員辦公處會議記錄・第一次會議錄》，中國第二歷史檔案館教育部檔案，全宗號五，目錄號 2，案卷號 1，案卷標題《大學院特派員辦公處會議記錄（底稿)》。

　　1928 年 8 月，國民政府又任命趙洒傳、吳研因爲普通教育處科長，柳報青爲高等教育處科長，史喻盃爲大學院秘書。〔註93〕截止到 1928 年 8 月，大學院共有 87 名職員，詳見表 2-6。

表 2-6　　中華民國大學院職員錄

職　　　別	姓名	別號	年歲	籍　貫	住　　　址
院長	蔡元培	子民	62	浙江紹興	本院
副院長	楊　銓	杏佛	37	江西清江	本院
秘書長	許壽裳	季茀	46	浙江紹興	本院
參事	朱葆勤	子勉	44	廣東番禺	
	楊　芳	仲白	45	四川成都	
秘書兼文書科長	曾傳統	紹洙	32	廣東陽江	本院職員寄宿舍
秘書	高　魯	曙青	52	福建長樂	本院
	齊宗頤	壽山	48	河北高陽	本院職員寄宿舍
	毛　常	夷庚	43	浙江江山	
	張西曼		33	湖南長沙	
	史喻盃	予安	50	江蘇溧陽	洪武街 76 號李宅
院長辦公室科員	馬禮光	孝焱	45	浙江紹興	大石橋 22 號
副院長辦公室科員	刁泰亨		27	四川江津	本院職員寄宿舍
	高維昌	思廷	29	河南鄧縣	將軍縣 10 號
秘書處辦事	王濱海	雪漁	31	江西廣豐	
	商承祖	章孫	30	廣東番禺	龍王廟堂子巷 5 號
秘書處科員	余敦和	鳳鳴	30	湖南	
	沈壽銘	仁山	43	浙江紹興	本院職員寄宿舍
高等教育處處長	張奚若		39	陝西朝邑	成賢街 58 號
第一科科長	謝樹英	濟生	28	陝西	
第二科科長	柳報青		33	江西萍鄉	

〔註93〕《國民政府公報》，1928 年第 85 期，第 3～4 頁。

	王鳳桐		31	浙江成縣	鼓樓與皋棧
科員	龔徵桃		30	江蘇南通	
	孫靜錄	沾哉	23	江蘇無錫	估衣廊西後街 13 號
普通教育處處長	朱經農		41	江蘇寶山	本院
第一科科長	趙迺傳	述庭	37	浙江杭縣	
第二科科長	吳研因		41	江蘇江陰	
科員	陶曾谷		26	江蘇無錫	女青年會
	翁之達		23	江蘇常熟	常府街四條巷 36 號
社會教育處處長	陳劍脩		31	江西遂川	
第一科科長	錢天鶴	安濤	37	浙江杭縣	
第二科科長	陳維綸	味涼	32	江蘇南通	本院職員寄宿舍
	黃振華		33	湖南長沙	督署西街四興里 8 號
	孔 充		30	江蘇興化	舊王府揚屬旅寧同鄉會
科員	顧良傑	少儀	41	江蘇江寧	小西湖 47 號
	郭蓮峰		30	福建閩侯	復成橋旅寧福建同鄉會
	林應時		28	四川大竹	本院職員寄宿舍
文化事業處處長	錢端升		28	江蘇上海	成賢街 58 號
第一科科長	高君珊		34	福建長樂	
第二科科長	薛光錡	仲華	44	江蘇無錫	泥馬巷 32 號
	潘 倫	習常	30	安徽桐城	本院職員寄宿舍
	趙鳳喈	鳴岐	32	安徽和縣	老虎橋謝廬
	黃冷玉		21	湖南黔陽	碑亭巷女青年會
科員	王遵素	繪先	23	河南息縣	將軍巷 10 號
	王晉鑫	味辛	25	江蘇太倉	本院職員寄宿舍
	黃守中	禹敷	27	湖北隨縣	本院職員寄宿舍
	崔朝慶	聘臣	67	江蘇南通	南通縣西南營
	馬斌生	勉夫	25	江蘇常熟	本院職員寄宿舍
圖書室管理員	李蘭昌	朗言	30	奉天昌圖	

	喬國章	耀漢	28	江蘇吳縣	成賢街中央大學第二宿舍
總務處長	孫揆均	叔方	63	江蘇無錫	
文書科科長	曾傳統	紹洙	32	廣東陽江	本院職員寄宿舍
文書科科員	盧公輔	宰和	48	廣東南海	
	周良熙	庶咸	50	江蘇江寧	馬路街 26 號
	鍾政舉	人存	56	廣東中山	本院職員寄宿舍
	吳永龍	紹驤	48	江蘇丹徒	
文書科掌卷員	吳亮	士良	30	江蘇武進	無錫雪堰橋
文書科收發員	李次穠		36	廣東博羅	本院職員寄宿舍
	李鋒	雛鳳	25	浙江東陽	
監印員	金城	承煊	26	廣東番禺	本院職員寄宿舍
會計科科長	俞復	仲還	63	江蘇無錫	吉祥街孟欣里
會計科收支課長	鄭陽和		39	江蘇江寧	馬道街 30 號
會計科薄記課長	刁培然		26	四川江津	本院職員寄宿舍
會計科科員	葉成全	輯文	30	廣東南海	本院職員寄宿舍
	屠綱	紀常	45	江蘇無錫	吉祥街孟欣里
	王德嘏		27	四川江津	本院職員寄宿舍
庶務科科長	高與	謹軒	33	福建長樂	本院職員寄宿舍
庶務科科員	施瑋	經伯	27	浙江紹興	本院
	沈久之		32	浙江海寧	本院
	周秉鈞		36	浙江永嘉	本院
校對兼譯電	班繼超	仲卿	49	江蘇江寧	大紗帽巷 42 號
院長辦公室書記	陶萬福	百祿	33	浙江紹興	丹鳳街 58 號
副院長室書記	胡漢學		28	江蘇無錫	本院職員寄宿舍
參事室書記	汪家煦	和卿	32	江蘇江寧	新橋牛市 40 號
秘書處書記	葉孝舜	晚生	21	浙江溫嶺	本院職員寄宿舍
	顧綴英			江蘇太倉	
	馬學閒		23	河北天津	丹鳳街石婆婆巷 2 號

高等教育處書記	吳逢春	仲煦	24	江蘇江寧	朱狀元巷 5 號
文化事業處書記	侯鳴西		38	江蘇無錫	泥馬巷 32 號
	吳履水	泰林	23	江蘇上海	本院職員寄宿舍
掌卷室辦事員	龔　鵬	翥九	29	江蘇武進	老虎橋 6 號
收發室辦事員	傅文佳	俠方	23	山東蓬萊	本院職員寄宿舍
庶務科書記	朱樹森	醒吾	36	原籍浙江長興寄籍江蘇江寧	大彩霞街 47 號
書記	王紹榮	宇粹	36	浙江象山	成賢街
	丁琦行	衡之	29	江蘇武進	成賢街 7 號
	楊立鑫	貢三	30	江蘇江寧	成賢街 68 號
	楊家駱	仲傑	18	江蘇江寧	倉巷 41 號
	李　衛	季青	36	浙江紹興	新橋胭脂巷 24 號

資料來源：《中華民國大學院職員錄》（1928 年 8 月），中國第二歷史檔案館藏檔案，全宗號 393，案卷號 2911。

1928 年 10 月 3 日，蔡元培辭職獲准，國民政府任命蔣夢麟爲大學院院長。秘書長許壽裳辭職，由孟壽椿繼任。高等教育處處長張奚若也辭職。〔註94〕不久，大學院改爲教育部，蔣夢麟於 10 月 25 日就任教育部部長。教育部組織範圍較大學院縮小，分秘書、總務、編審三處，及高等、普通、社會三教育司；將原大學院文化事業處併入編審處。教育次長馬敘倫兼編審處長，次長吳震春兼總務處長。原大學院高等教育處處長辭職，普通教育和社會教育兩處長改聘爲司長，大學院科長以下職員，大多仍舊在教育部任職，沒有大的變更。〔註95〕

大學院職員的薪俸按照國民政府文官俸給標準發放。文官分特任、簡任、薦任和委任四個官階。大學院院長蔡元培是國民政府特任的；副院長、秘書長和各處長都是簡任官；秘書和科長屬薦任官；科員爲委任官；書記和繕寫等雇員，不在國民政府文官官階範圍內。由於官階等級不同，所以薪俸的差別也很大。參見表 2-7。

〔註94〕《大學院近訊》，《上海民國日報》，1928 年 10 月 18 日，第 3 張第 4 版。
〔註95〕《教育部近訊》，《上海民國日報》，1928 年 10 月 29 日，第 2 張第 4 版。

表 2-7　大學院職員薪俸標準表

職　　別	階　　級	月　俸　數
院　長	特任	800 元
副院長	簡任（一級）	675 元
秘書長	簡任（二級）	600 元
處　長	簡任（三級）	450 元
秘　書	薦任	250～300 元
科　長	薦任	200～300 元
科　員	委任	80～140 元
書　記	雇員	40～60 元
繕　寫	雇員	40 元

資料來源：張季信：《中國教育行政大綱》，上海：商務印書館，1934 年，第 100 頁。

二、經費使用

　　大學院經費的主要來源有中央財政撥款、煤油特稅、錫箔捐、註冊稅、驗契附收教育費以及教育行政委員會移交的少量經費。大學院成立之初，國民政府財政部根據大學院的十六年度預算書，先撥款 1 萬元給大學院。〔註96〕

　　1927 年 10 月 18 日，國民政府開第 8 次會議，蔡元培提議，將附加煤油稅充作教育經費。煤油、汽油及其他類似煤油的油類，均須徵收附加稅，其附加率爲每稅 1 元附加 1 角 5 分。附加所得之款，以三分之二爲中央直轄教育機關經費，三分之一爲地方教育經費。此提案交財政部審查。〔註97〕經過財政部審查，依照蔡元培的議案，每五加侖實行徵收教育經費附稅銀二角，按月逐解大學院核收。〔註98〕

　　1927 年 12 月 14 日，大學院諮財政部指撥錫箔捐和註冊稅全部收入直解大學院。17 日，財政部劃撥錫箔特稅爲教育經費，並將該項徵收局改由大學院管理；〔註99〕19 日，國民政府令將註冊稅全部撥充教育經費，以半歸中央，

〔註96〕　《國民政府公報》，1927 年 10 月第 3 期，第 37～38 頁。
〔註97〕　《附加煤油特稅充教育費之提議》，《大學院公報》，1928 年第 1 期，第 85 頁。
〔註98〕　《財政部來函爲浙江煤油特稅徵收教育經費附稅辦法由》，《大學院公報》，1928 年第 2 期，第 24 頁。
〔註99〕　《財政部復咨爲劃撥錫箔特稅全部收入並將該項徵收局改由本院管理由》，

半歸地方。〔註100〕12 月 22 日，大學院令浙、粵、蘇、桂、贛、閩財政廳爲財政部頒行驗契條例第三條所載附收教育費 2 角，中央地方各半。〔註101〕

　　蔡元培辭職離院時，力主將大學院的決算發表，被稱爲「國民政府實行財政公開之第一聲。」〔註102〕大學院自 1927 年 10 月至 1928 年 6 月共 9 個月的收支決算，詳見表 2-8。9 個月間，大學院的收支大致相抵，結存 43650.51 元。其收入現款共 1398785.64 元，收入中最大部分爲財政部的撥款，占到總收入的百分之九十多；教育稅收的數額非常小。另外，從表 2-8 可以看出，解送到大學院的教育稅收主要來自江、浙、皖三省，這主要由於當時全國沒有完全統一，教育稅收並不能完全依照法規施行。

　　大學院 9 個月的支出爲 1355135.13 元，其中，大學院本部的經常費僅爲 277430.33 元，每月約合 30000 餘元；其餘均爲直轄機關的經費、及各學術機關的補助費。〔註103〕支出中，直轄機關的費用數額較大，是大學院經常費的三倍多。由此可見，大學院對學術與教育工作的重視。

　　大學院對中央研究院的支持力度較大，共向其提供 790000 元，包含中央教育基金（庫券）355000 元、直轄機關經費 385000 元、臨時費 20000 元以及特別費 30000 元。蔡元培主張「勞動化」的教育方針，對國立勞動大學的創建也格外支持。在 9 個月間，分別向其發放中央教育基金 225000 元，直轄機關經費費 162800 元，直轄機關臨時費 62000 元，合計 394000 元。〔註104〕由於大學院在經費上的鼎力支持，國立勞動大學十六年度的生均經費在國立 8 所院校中是最高的。〔註105〕此外，大學院還對一些辦理比較好的私立學校進行資助，比如湖南明德學校、中國公學、支那內學院都得到了一定的經費補助。

　　　　《大學院公報》，1928 年第 2 期，第 19 頁。

〔註100〕《國民政府公報》，1927 年 12 月第 17 期，第 8 頁。

〔註101〕《令浙江廣東安徽江蘇廣西江西福建財政廳爲驗契附收教育費辦法由》，《大學院公報》，1928 年第 2 期，第 7～8 頁。

〔註102〕高平叔：《蔡元培年譜長編》第 3 卷，北京：人民教育出版社，1998 年，第 282 頁。

〔註103〕《大學院實行財政公開　十六年度決算報告發表》，《上海民國日報》，1928 年 9 月 8 日，第 3 張第 4 版。

〔註104〕中華民國大學院編：《大學院之工作報告與決算》，上海：太平洋印刷公司，1928 年，第 14～18 頁。

〔註105〕《國立各大學學生每生歲占費圖表》，大學院高等教育處編：《國立各大學十六年度概況統計》，出版地不詳，1928 年。

表 2-8　大學院十六年度收支簡表（1927 年 10 月～1928 年 6 月）

收入項目	款數（元）	說　明	支出項目	款數（元）	說　明
一、中央教育費			一、經常費		
1. 財政部	1191459.36 1058000	1927 年 10 月至 1928 年 6 月止 本院向財部領到經費	1. 各項開支	277430.33 183035.79	薪俸、工資、文句、印刷、郵電、購置、消耗、修繕、招待、廣告、旅費、雜支 辦公費等 13 項
2. 全國註冊局	43200	由全國註冊局解到經費	2. 補助費	94394.54	補助湖南明德學校、中國公學、支那內學院、考古學會、特約編輯員薪水、留學費、廣西科學調查團、雜戶
3. 錫箔捐	70000	江浙兩省特稅收入解來 3～6 四個月錫箔捐			
4. 驗契附稅	5909	由安徽財政廳解來	二、中央教育基金	1200000（庫券）	發給二五庫券給中央研究院、國立勞動大學、暨南大學、同濟大學、曉莊鄉村師範學校、中國科學社
5. 教育行政委員會	14350.36	南京教育行政委員會移交經費 7407.19 元、上海教育行政廳解來 會移交 6943.17 元			
二、中央教育基金	1200000	財部撥給二五庫券	三、臨時費	27000	合旅費、購置
三、中央教育臨時費	143000	財部撥給、合辦書印刷費 3000 元、本院十六年度臨時費 130000 元、全國教育會議經費 10000 元	四、直轄機關經費	773335.90	合中央研究院、國立勞動大學、暨南大學、同濟大學、藝術院、音樂院、僑務委員會、譯音統一委員會、古物保存所、古物保管委員會、歷史語言研究所
四、中央教育特別費	60000	財部發給、合歐美考察費 50000 元、歐美研究費 10000 元	五、直轄機關臨時費	187368.90	合中央研究院、國立勞動大學、暨南大學、同濟大學、藝術院、古物保管委員會、歷史語言研究所、安徽勞農學院、歐美考察費
五、圖書審查費	3287.35	本院審查各書局教科書審查費	六、特別費	90000	合中央研究院、歐美考察費
六、雜收	1038.93	本院雜項收入			
共計	1398785.64 1200000	現款 庫券	共計	1355135.13 1200000	現款 庫券
			結存	43650.51	

資料來源：中華民國大學院編：《大學院之工作報告與決算》，上海：太平洋印刷公司，1928 年，第 13～19 頁。

第三章　大學院的活動：三民主義教育的實施

　　蔡元培主持大學院工作期間，開展的主要活動有爭取教育經費獨立、加強對學校教育的管理、審查教科圖書、召開全國教育會議和舉行三民主義考試等。

第一節　教育經費獨立

一、經費獨立的嘗試

　　大學院的運行需要足夠的經費支持。大學院成立之初，大學院將十六年度預算書及組織系統表呈交財政部，財政部審查後先撥一萬元備大學院之用，而對於大學院的地質調查所和觀象臺每月支付一萬元的預算，則緩至三月後再辦理。為了使大學院的教育與學術工作正常運行，蔡元培向國民政府呈請，地質調查所和觀象臺兩機關是因抵制日本對我國文化侵略而建立的，且所用儀器都須先向歐美訂購。1927 年 11 月 9 日，國民政府為了抵制「文化侵略」，使文化事業不致因經費困難而停頓，令財政部將緩發給大學院的兩萬元於三個月內補發。〔註1〕

　　大學院剛成立就遭遇經費的捉襟見肘，這促使蔡元培想方設法保障教育經費的獨立，他聯合當時的財政部長孫科，向國民政府提議「教育經費獨立

〔註 1〕《國民政府公報》，1927 年第 6 期，第 14～15 頁。

案」。國民政府通過了蔡元培和孫科的議案，於 1927 年 12 月 22 日令財政部、大學院、各省政府、南京、上海特別市政府、湘鄂臨時政務委員會和四川川康綏撫委員會：「嗣後所有各省學校專款及各種教育附稅，暨一切教育收入，永遠悉數撥歸教育機關保管，實行教育會計獨立制度，不准絲毫拖欠，亦不准擅自截留挪用，一律解存大學院，聽候撥發。」〔註2〕1928 年 1 月 6 日，大學院函請江蘇、浙江、廣東、廣西、安徽、江西、湖南、湖北和福建 9 省政府，通令財政機關，遵照國府令，切實施行整理學制並保障教育經費獨立。〔註3〕

江蘇教育經費自 1925 年獨立，分為國庫、省庫兩項。國庫支付國立大學經費，其來源為屠宰稅和牙稅；省庫支付省立中小學及社會教育機關經費，其來源為捲煙特稅和漕糧附稅。國立省立學校各自為政，初不相顧。〔註4〕江蘇省還設立了教育經費管理處，獨立於教育廳與財政廳，管理江蘇教育經費，即教育經費的徵收、發放均由管理處統一負責，地方各縣報解的款項一律上交管理處。〔註5〕南京國民政府成立後，財政部於 1927 年 6 月將捲煙特稅收歸中央，蔡元培、吳稚暉及財政當局商定以江蘇田賦 180 萬元抵補財部所提捲煙特稅。8 月底，江蘇省政府議決，將田賦 120 萬、忙屯蘆附稅 60 萬撥歸教育經費管理處，管理處會同財政廳訂定各縣按月撥數目，限期報解。江蘇教育經費獨立的法律保障，至此確定。〔註6〕1928 年 2 月 14 日，第四中山大學通令江蘇 60 縣教育局及各中學，遵照國府第 123 號令，切實施行教育經費獨立。〔註7〕

國民政府保障教育經費獨立的命令頒佈後，首都南京市長何民魂飭令將教育捐稅悉數撥給教育行政機關管理。在第 18 次市政會議上，議決指定鋪房捐作為首都教育經費，並由教育局籌劃徵收屠宰稅辦法，將屠宰稅也指撥為教育經費。在屠宰稅未經整理之前，市府先將鋪房捐劃歸教育局，自行經辦，作為教育費用的一部分。〔註8〕

〔註2〕《國民政府公報》，1927 年第 18 期，第 5～6 頁。
〔註3〕《大學院公報》，1928 年第 2 期，第 27～28 頁。
〔註4〕《大學區制實行後之蘇教育經費》，《申報》，1928 年 1 月 11 日，第 10 版。
〔註5〕許小青：《政局與學府：從東南大學到中央大學（1919～1937）》，北京：中國社會科學出版社，2009 年，第 134 頁。
〔註6〕《大學區制實行後之蘇教育經費》，《申報》，1928 年 1 月 11 日，第 10 版。
〔註7〕《四中大為教育經費獨立通令》，《申報》，1928 年 2 月 16 日，第 7 版。
〔註8〕《首都教費實行獨立》，《上海民國日報》，1928 年 1 月 12 日，第 3 張第 4 版。

安徽教育廳在國民政府頒佈教育經費獨立令之前，其代理廳長雷嘯岑向大學院呈請固定安徽省教育經費獨立的辦法。計劃在所收捲煙統稅中，劃出值百抽二十，仍歸安徽省派員經徵。其應行劃清權限手續之處，統由統稅局長會同職廳，妥商辦理。其原定並充教育經費之省稅，牲畜屠宰、牙貼、契稅等項雜稅，請一併轉令安徽財政廳，完全劃交教育廳接收，另行直接管理，以期安徽教育經費年支二百餘萬元，及其獨立基礎上，加以確定。大學院將固定安徽教育經費獨立的辦法諮行財政部核辦。〔註9〕

在國民政府指令教育經費獨立之前，江西教育界已開展教育經費獨立的運動。1927年11月27日，江西教育基金獨立促進會正式成立。江西計劃確定教育基金，指定鹽稅附捐爲教育基金。〔註10〕國府頒發教育經費獨立的指令後，江西教育廳長陳禮江即於12月29日，根據教育討論委員會議決，江西教育基金獨立，擬請省政府於鹽款項下撥付，並在第71次省務會議討論，全體委員議決通過。自1928年1月起，每月在鹽款項下，撥給20萬爲教育基金。〔註11〕

湖南教育廳長黃士衡也主張教育經費獨立，擬將鹽斤附加、米捐附加、捲煙捐及省城岳陽兩釐局收入劃定，作爲教育專款，一面由政府切實負責保障，一面組織教育經費委員會直接徵收。依據預算發交學校，有餘則邀還政府，不足似由政府彌補，這樣也不妨礙政府財政統一。〔註12〕

湖北教育廳長劉樹杞也根據大學院令及江蘇、安徽等省成例，力謀教育經費獨立，已在兩湖善後會議預備會提議通過。1928年3月17日，劉樹杞領銜致電程潛和白崇禧兩總指揮，請他們援助，程、白均覆電贊成。白崇禧指出，應指撥哪種款項爲教育經費，由程主席與湖北省政府核定。湖北教育界對程白二人的覆電表示滿意，並於20日開會討論，議決每校派代表二人赴湘，向善後會議列席委員請願，務必達到教育經費獨立的目的。〔註13〕

在國民政府頒佈的教育經費獨立令後，各個省份嘗試保障教育經費獨立

〔註9〕　《皖教廳力爭教費獨立》，《上海民國日報》，1927年12月24日，第2張第4版。

〔註10〕　《江西教費獨立運動》，《上海民國日報》，1927年12月3日，第3張第3版。

〔註11〕　《江西教育基金實行獨立》，《上海民國日報》，1927年1月6日，第3張第4版。

〔註12〕　《湘教廳教費獨立之提議》，《上海民國日報》，1928年1月11日，第3張第4版。

〔註13〕　《鄂省教費獨立運動》，《申報》，1928年3月26日，第11版。

的辦法不盡一致，規定教育經費的來源也各不一樣，但在當時軍事倥傯的情況下，所徵稅款經常被挪作軍用，教育經費並不能獨立。

大學院制定的教育經費「不准絲毫拖欠，亦不准擅自截留挪用，一律解存大學院」的策略，具有較濃厚的理想性色彩。雖然是中央政府的決定，但是缺乏具體的執行對策。安徽省政府委員兼教育廳長雷嘯岑曾呈文給蔡元培，「查奉原提案中所載，不准擅自將原款截留挪用，一律解院各規定，原意係為保障獨立起見，對財政機關而發，若既由財政機關劃歸教育機關保管，是教育經費與軍政各費，已完全劃清，教育機關原直轄於鈞院，雖屬分省，仍係一體，且事實上皖省欠發教育費甚巨，收款隨發，若必由皖解京，再由京匯皖，非特周折需時，亦且匯費耗損太巨，其他京外各省，諒亦同有此困難。」〔註14〕

二、經費獨立的困境

（一）錫箔捐和註冊稅的徵收與支配

1927 年 12 月，財政部將錫箔捐特稅劃撥為教育經費，並將此項徵收局改由大學院管理；註冊稅也全部撥作教育經費，並且由大學院支配用途。至此，大學院教育經費獨立的理想似乎就要實現了，然而，事情並不順利。

大學院接收了江浙錫箔特稅的徵收與管理權，但遭到浙江省政府的反對。浙江省政府從兼顧稅源的角度，認為「錫箔非必需之品，加捐過重，勢必產銷日減，是不特自塞其源，且貧民生計關係至巨」。浙省政府為培養稅源和維持民生計，經委員會議決，箔捐應酌量加捐，自行辦理，並向財政部呈請將派員承辦箔類特稅一案立即撤銷。〔註15〕財政部諮請大學院查照核覆。大學院極力爭取錫箔捐的徵收權，認為「箔類特稅，本為迷信稅之一，以之撥充教育費，中央地方各半，寓減少迷信於提倡教育之中，用意甚當。且稅收取之用戶，於貧民生計初無直接影響。」大學院希望浙省政府設法推行，不同意撤銷承辦專員。〔註16〕

〔註14〕 《教育專款移歸教育機關直接管理——皖教廳對大學院通令教費獨立之意見》，《上海民國日報》，1928 年 2 月 4 日，第 2 張第 4 版。

〔註15〕 《財政部來咨為浙江省政府請派員承辦箔類特稅一案立予撤銷，請查照核覆由》，《大學院公報》，1928 年第 2 期，第 20～21 頁。

〔註16〕 《咨復財政部為浙江省政府請撤銷派員承辦箔類特稅一案，礙難照辦，請轉諮查照由》，《大學院公報》，1928 年第 2 期，第 21 頁。

1928 年 1 月，上海箔業公會呈請財政部廢除錫箔特稅，認爲錫箔特稅「定額值百抽二五，成本過巨，勢必箔業日衰，箔工日減，不特自塞稅源，且不知置數十萬工人生命於何地」。〔註 17〕大學院因爲錫箔稅收關係中央教育經費，非常重要，將此案交由大學院教育經費計劃委員會討論。

錫箔特稅的命運不穩定，大學院對箔類特稅的徵收權同樣也不穩定。財政部長的更易改變了大學院教育經費的徵收與管理狀況。1928 年 1 月 3 日，國民政府增設建設部，調任孫科爲部長，所遺財政部長缺，由國民政府委員宋子文兼任。〔註 18〕宋子文擔任財政部長，謀求財政統一，將各項國稅，無論直接還是間接的，凡爲其他機關所暫轄者，一律收歸部辦；關於教育經費則由財政部與大學院會商妥辦。〔註 19〕

1928 年 2 月 20 日，財政部與大學院商定整頓教育經費的辦法：一、大學院經費完全由財政部負責按月撥付；二、關於各省教育經費，由財政部通令財政廳與各省教育行政機關妥籌整頓及保障辦法，並負責籌撥；三、現在大學院所管理之稅收機關，一律仍還財政部，以期實現財政統一。以前所指定的教育經費的款額，由財政部及財政廳妥籌辦法，切實負責籌撥；其屬於國稅範圍者，由財政部負責；其屬於省稅範圍者，由財政廳負責。其從前或將來已由財政部或財政廳撥定獨立者，即另訂保障獨立辦法。國民政府批准了此辦法。〔註 20〕

在這種辦法下，錫箔稅收歸財政部管轄。經過財政部與大學院副院長楊杏佛一再磋商，此項稅收改歸財政部管轄後，稅率減至百抽十二五，年比訂爲 96 萬元，除應撥江浙財政廳抵比 30 萬元外，餘數半歸大學院爲中央教育費，半歸地方教育費；按月由徵收局呈解 8 萬元來財政部，以資分配，並從 3 月 1 日開始徵收。〔註 21〕錫箔稅由大學院管理不到三個月，即改歸財政部，而且稅率從百抽二五減至百抽十二五，減少了一半。1928 年 4 月，大學

〔註 17〕 《財政部來咨爲據上海箔業公會呈請廢除錫箔特稅一案請查照核辦由》，《大學院公報》，1928 年第 3 期，第 65～66 頁。
〔註 18〕 《中華民國史事紀要（初稿）》1928 年 1 月至 4 月，第 11 頁。孫科並未就任建設部長。
〔註 19〕 《國民政府公報》，1928 年 1 月第 26 期，第 7～8 頁。
〔註 20〕 《呈國民政府爲呈復國民政府令發統一財政提案關於教育經費著由財政部大學院會商妥辦由》，《大學院公報》，1928 年第 4 期，第 42～44 頁。
〔註 21〕 《財政部復咨爲准本院咨送文卷到部並輕減箔類稅率及該項稅款解由該部分配由》，《大學院公報》，1928 年第 4 期，第 61 頁。

院向財政部建議箔類特稅的分配辦法，每月 8 萬元的錫箔稅收，兩萬元歸還江浙百貨捐額，3 萬元充作江浙兩省教育經費，其餘 3 萬元定爲中央教育經費。〔註 22〕每年充作教育經費共有 72 萬元，但這個分配辦法沒有被財政部採納。

經過妥商後，1928 年 5 月，大學院再次向財政部建議，箔類特稅年比 96 萬元，以 36 萬元抵比江浙原有稅項；以 30 萬元歸大學院，撥充中央教育經費；以 30 萬元作地方教育經費，江浙各半。中央及地方教育經費共 60 萬元，由財政部令江浙箔類特稅局按月逐解大學院。〔註 23〕財政部基本採納此項分配辦法，並令江浙箔類特稅局，將劃作地方教育經費部分的稅款逐解省政府核收支配，將中央教育經費部分按月逐解大學院。〔註 24〕充作教育經費的箔類特稅一減再減，實際上，撥充大學院的教育經費只是杯水車薪。

1927 年 12 月，國民政府指定註冊稅全部撥作教育經費，半歸中央，半歸地方。1928 年 1 月 1 日，全國註冊局在南京成立，局長由李宗侗擔任。〔註 25〕1928 年 2 月，財政部與大學院商量整頓教育經費，對於保障教育經費獨立沒有制定明確的辦法。大學院向財政部建議，在沒有訂定保障教育經費獨立辦法之前，註冊稅的收入仍由全國註冊局直接解交大學院核收。〔註 26〕實際上，全國註冊局徵收的商標註冊稅數額有限，以此作爲教育經費，只是大學院一項比較微薄的收入。

註冊稅的種類有公司註冊、商號註冊、商標註冊和礦業註冊四種。商號資本不滿 500 元免於註冊。〔註 27〕商標註冊應繳的註冊費有三類，一是商標專用權的創設或商標專用期間的續展，每件 40 元；二是商標權的移轉，分爲兩種，繼續移轉，每件交 10 元，讓與或其他事由的移轉，每件 20 元；三是註冊各事項的變更或塗銷，每件 2 元。另外，依據商標法或其他法令，對於

〔註 22〕《函財政部爲商定箔類稅分配辦法請查照辦理由》，《大學院公報》，1928 年第 6 期，第 59 頁。

〔註 23〕《咨財政部爲擬定分配箔類特稅辦法請查照並復由》，《大學院公報》，1928 年第 7 期，第 47 頁。

〔註 24〕《財政部復咨爲准咨箔類特稅辦法已飭稅局依照辦理由》，《大學院公報》，1928 年第 7 期，第 48 頁。

〔註 25〕《中華民國史事紀要（初稿）》1928 年 1 月至 4 月，第 5 頁。

〔註 26〕《咨財政部爲教育經費獨立案未有辦法以前註冊費仍行直解本院由》，《大學院公報》，1928 年第 5 期，第 53 頁。

〔註 27〕《全國註冊局註冊條例》，《全國註冊局商標公報》，1928 年第 1 期，第 3 頁。

商標的各項呈請也需交一定的費用。〔註28〕

商標註冊費並不是一個穩定的稅源。一個商標註冊後，它的商標專用期是 20 年。〔註29〕也就是說，註冊的新商標在隨後的 20 年內無需再繳費註冊。新商標註冊費，每件 40 元。補行註冊費，1927 年 5 月 1 日前呈請補行註冊的每件 10 元，在 1927 年 4 月 30 日以後補注的每件 40 元。〔註30〕截止到 1928 年 10 月 15 日，全國註冊局共審定了 865 個商標，補行註冊了 1203 個商標。〔註31〕

從表 3-1 大學院 1927 年度收支簡表中可以看出，全國註冊局向大學院解送 6 個月的經費為 43200 元，僅占中央教育費的 3.6%。即使註冊稅全部充作教育經費，仍比較微薄。大學院經費主要來源於財政部的撥款。從錫箔特稅和註冊稅的徵收與分配來看，大學院的教育經費並不獨立。

（二）省教育經費獨立的困境：以安徽省為例

國民政府統轄的省份與特別市都在呼籲教育經費獨立，爭取教育經費獨立的運動一直都沒有停歇，但取得的效果卻不盡如人意。安徽省在爭取教育經費獨立的過程中，表現尤為積極。本小節以安徽省為個案，考察其遭遇教育經費獨立困境時，大學院的舉措及它與財政部的協商，揭示教育經費獨立的可能及局限所在。

安徽省在 1923 年 7 月將捲煙稅指定為教育專款，稅率百抽二十，進行了幾年，頗著成效。改捲煙稅為統稅，始於財政部長古應芬；在孫科長財部時，雖然沒有承認安徽省教育專款的定案，但還允許每月借支三成，維持安徽省教育。宋子文長財部後，規定在上海煙廠，依照海關估價，徵收 22.5%統稅。江蘇、浙江、安徽、江西和福建五省的捲煙稅局，全部撤銷，改設稽徵所，安徽省的教育經費，便發生根本動搖。

1927 年 12 月 31 日，安徽省政府第 24 次會議議決通過了教育廳編定的 1927 年度下半年（即 1928 年上半年）預算。總數為 84 萬，以一年計算，則每年為 168 萬，〔註32〕平均每月教育經費為 14 萬元。

〔註28〕《商標施行細則》，《全國註冊局商標公報》，1928 年第 1 期，第 22 頁。
〔註29〕《商標法》，《全國註冊局商標公報》，1928 年第 1 期，第 8 頁。
〔註30〕《商標註冊須知》，《全國註冊局商標公報》，1928 年第 1 期，第 53 頁。
〔註31〕《全國註冊局商標公報》，1928 年第 9 期。
〔註32〕《皖省教費預算通過》，《上海民國日報》，1928 年 2 月 8 日，第 2 張第 4 版。

　　安徽省政府委員會因教育界的要求與事實上的需要，開會議決：一方面遵照中央命令辦理，一方面仍維持教育基金，自行設局徵收 27.5% 的捲煙營業憑證稅。其理由是：認定捲煙稅，中央前徵 50%，今在上海徵 22.5%；海關估價，實際上尚不及 20%。這項稅收，取之不爲虐，自無減輕的必要；所以徵 27.5% 營業憑證稅，於原定稅率，並未增加，而於教育基金，卻可以得著相當的保障。〔註33〕

　　1928 年 2 月 28 日，安徽省教育經費管理處召集安徽大學籌備委員會、學校聯合會聯席會議，討論施行省政府議決案的辦法，請省政府在本省稅局未能開辦以前，先行加委前中央所委的捲煙稅局局長徐希元充該局局長。經省政府議決照委。〔註34〕

　　3 月 10 日，安徽省政府改組成立，在第一次政務會議上，財政廳即有「本省教育經費如何支付之提案」。會議各委員一致贊同，由本省自行設局，徵收捲煙憑證稅，作爲教育專款；並由教育廳主稿，致電財政部和大學院。教育廳長韓安於 3 月 10 日視事，對於皖省教育經費也積極整理籌劃。

　　安徽教育界積極爭取捲煙稅作爲教育專款時，安徽捲煙商反對徵收 27.5% 捲煙營業憑證稅。在中央改捲煙稅爲統稅命令尚未到達安徽之前，安徽省捲煙商以報紙上載有的統稅辦法，以爲本省已施行，於是大運捲煙到省，並擬照新章不再完稅。蕪湖捲煙稅總局局長徐希元將這批捲煙扣留，計有 800 多箱。按照 50% 抽稅，應收 13 萬餘元，即使抽 27.5%，也有 7、8 萬元。捲煙商抗不納稅，並登報辯論。〔註35〕省政府電令蕪湖捲煙局長，令其仍帶徵 27.5% 附稅，因捲煙商反對，中央將徐希元撤職，安徽教育界對此大起恐慌。〔註36〕省垣各校教職員和學校聯合會，奔走呼吁，積極請願。

　　安徽省學校聯合會於 3 月 16 日致電蔡元培和宋子文，呈請安徽省自行設局徵收 27.5% 捲煙營業稅，作爲教育專款。同時，各學校教職員，鑒於一月份教育經費尚未足數發放，捲煙特稅仍沒有辦法，於是由楊慧存等 8 人發起組織教職員聯合會，於 3 月 17 日下午舉行預備會。討論教育經費問題，並聯合

〔註33〕　《風雨飄搖中之皖省教育經費問題》，《安徽教育行政週刊》，1928 年第 1 卷第 1 期，第 10 頁。

〔註34〕　《皖教費大致有辦法》，《上海民國日報》，1928 年 3 月 1 日，第 2 張第 4 版；《皖教費三項消息》，《上海民國日報》，1928 年 3 月 4 日，第 3 張第 4 版。

〔註35〕　《皖教費三項消息》，《上海民國日報》，1928 年 3 月 4 日，第 3 張第 4 版。

〔註36〕　《皖教育界力爭教費》，《上海民國日報》，1928 年 3 月 22 日，第 3 張第 2 版。

安徽大學籌備處、教育經費管理處和學校聯合會致電國民政府、大學院和財政部：「捲煙營業憑證稅，爲吾皖教育命脈所繫，經大會公同議決，誓死要求省政府設局徵收；除推代表赴京請願外，謹先電達。」

教育界在歡送前教育廳廳長雷嘯岑的大會中，上呈請願書，堅持以捲煙營業憑證捐作爲教育專款，設局徵收。同時，又推代表 4 人，面謁財政廳廳長余詠南，對於教育經費根本問題，請餘財政廳長赴京協同韓教育廳長力爭，務必達到目的。對於教費救濟，則請在教費未確定前，除捲煙稅收全部作爲教費外，不足之數，仍由省政府撥付。余詠南對於根本問題，完全贊同；對於救濟問題，磋商良久後，答應在最短時期內，撥付 3 萬元。

3 月 20 日，省立學校教職員聯合會又推舉代表王旬平等 30 餘人，攜帶呈文赴省政府請願。要求三事：一、教育經費根本動搖，請求省政府及財教兩廳，向國民政府力爭，捲煙特稅徵收 27.5%，作爲本省教育基金；二、請陳主席於交涉未解決以前，先由財政廳於兩星期內，撥給教育經費一個月，計 14 萬元，以維現狀；三、要求省政府對於政教兩費，平均發放。〔註37〕

3 月 23 日，安徽省教育廳長韓安、財政廳長余誼密、前任教育廳長雷嘯岑以及教育經費管理處處長程小蘇、教育界代表王旬平等，到南京接洽教育經費。韓安和余誼密於 25 日先後由京赴滬，與大學院院長蔡元培和財政部長宋子文接洽。王旬平到京後，連日與各方面接洽，討論力爭教費辦法，並赴財政部請願，但都沒有結果。〔註38〕經過磋商，韓安與宋子文口頭決定，安徽教育經費以後每月 11 萬元，7 萬元由安徽財政廳於安徽省報解中央的稅款中支撥，4 萬元由安徽財政廳另撥。4 月 2 日，韓安返回安徽。〔註39〕安徽省教育經費每月至少需 14 萬元，這樣尚差 3 萬元。

教育界對教育廳長韓安的教育經費解決辦法極不滿意，計劃繼續奮鬥。4 月 3 日，蕪湖教職員聯合會開會討論此事，一面電責韓安，一面致電省垣教職員聯合會，主張一致罷課。韓安得知後，態度消極，擬提出辭職，並擬將本學期尚未開學的學校，如三中、二中、四職等，暫不開辦，以節省經費。

〔註37〕　《風雨飄搖中之皖省教育經費問題》，《安徽教育行政週刊》，1928 年第 1 卷第 1 期，第 12～16 頁。

〔註38〕　《皖教代表力爭教費尚待接洽》，《上海民國日報》，1928 年 3 月 28 日，第 2 張第 4 版。

〔註39〕　《皖教費問題大致解決》，《上海民國日報》，1928 年 4 月 3 日，第 2 張第 4 版；《韓教廳長返皖》，《上海民國日報》，1928 年 4 月 6 日，第 2 張第 4 版。

該三校校長辭職，韓安一一批准。〔註40〕安徽教育經費每月實支數爲 14 萬元，韓安無計可施，連日與教育廳科長等商量縮減教育經費辦法：未開學的三中、二中、四職業學校等暫不開辦；各校辦公費以各校長就職之日起支；各校教職員鐘點費自上課之日起支；各校臨時費等派員切實查明，再支數目。〔註41〕

教育廳一再討論縮減教育經費的辦法，也屬無法可施。安徽省政府於是致電財政部，要求增加 3 萬元，才能維持。財政廳答應加撥 3 萬元，這樣財部就月撥 10 萬元。財政部要求，扣存的數百箱捲煙由財部處理，免滋糾紛。當時有記者認爲，財部允加撥 3 萬，安徽教育經費數目上可無問題，但是安徽省解報中央的稅款，每月 30 萬元，現已預支數月，如果不另行指令撥款機關，則以後撥款時定仍困難。〔註42〕

安徽省的教育經費，財政廳允許在安徽省解報中央的每月 30 萬元之中月撥 10 萬元，教育界認爲這種辦法仍未獨立，於 4 月 11 日下午在教育經費管理處開會討論辦法，到會的有安徽大學籌備委員會、學校聯合會、教育經費管理處和教職員聯合會等團體。討論後決定，請大學院派員來安徽，劃定專款爲教育經費；又請教育廳向財政廳交涉，撥驗契費 30 萬元，以清 4 月以前的積欠。〔註43〕

大學院派劉藻賓來安徽，協助教育界指定教育經費來源。5 月 7 日，安徽省中等學校聯合會在教育經費管理處開會，討論教育經費事項，議決：全體赴教育廳和財政廳催發經費，並擬定預定教費辦法等。全體赴教、財兩廳，財政廳答應在日內再發經費一兩萬元，各校長認爲不滿，多方辯論，財政廳允稍緩二三日，再籌二三萬元，各校長才辭出。〔註44〕

自從 1928 年 2 月至 6 月，安徽省爭取教育經費的運動一直沒有停歇，但徵收 27.5% 捲煙稅作爲教育專款，最終沒有成功；就連預算每個月基本的 14 萬元的教育經費，也不能如數發清。在教育界、安徽省政府以及大學院的極力爭取下，安徽省十六年度下半年實際支出的教育經費爲 537868 元（預算

〔註40〕 《皖教費運動擴大》，《上海民國日報》，1928 年 4 月 8 日，第 2 張第 4 版。
〔註41〕 《皖省教育消息匯志》，《上海民國日報》，1928 年 4 月 11 日，第 2 張第 4 版。
〔註42〕 《皖教費月增三萬》，《上海民國日報》，1928 年 4 月 13 日，第 2 張第 4 版。
〔註43〕 《教費運動繼續奮鬥》，《上海民國日報》，1928 年 4 月 15 日，第 2 張第 4 版。
〔註44〕 《皖校聯會預定教費辦法》，《上海民國日報》，1928 年 5 月 11 日，第 2 張第 4 版。

爲 84 萬元），每月約 9 萬元，比預算每月少 5 萬元。〔註45〕安徽省爭取教育
經費獨立困難重重，其他國民政府統轄的省份爭取教育經費獨立的難度可見
一斑。

三、經費獨立的保障

　　自國民政府頒佈「教育經費獨立」令後，各省市極力爭取教育經費獨
立，但財政部於 1928 年 2 月實施財政統一，實際上與大學院和各省市的教育
獨立計劃是相頡頏的。教育經費問題沒有明顯改觀，因教育經費匱乏而請
願的事件時有發生。這也可以從大學院與安徽省實行教育獨立的困境中可以
看出。

　　1928 年 5 月，大學院召開全國教育會議。會議收到有關教育經費問題的
提案 30 多件，內容涉及教育經費獨立、教育經費的管理和來源等多個方面。
在開幕式上，蔡元培指出：「增高教育經費，並保障其獨立，此爲總理所定之
政綱，絕不能以財政統一之口號打破之者也。」〔註46〕這次會議爲討論保障
教育經費獨立提供了契機。

　　有關教育經費獨立的議案，包括王世鎮提出的「增加教育經費並保障其
獨立案」，向楚琨的「確定教育經費並保障其獨立案」，陳禮江的「保障教育
經費獨立案」，上海特別市教育局的「限期督促各省區各特別市實行教育經費
獨立案」，江恒源的「全國教育經費保障條例」，湖南教育廳的「教育機關設
立審計委員會案」，以及黃琬的「劃定教育經費案」等 7 項。會議代表們討論
了這些議案，大會審查會決議教育經費獨立並保障的辦法，最終經大會修正
並通過了「教育經費獨立並保障案」。

　　「教育經費獨立並保障案」對教育經費的標準、徵收及保管、教育經費
的保障等有具體的規定：

　　首先，教育經費應占全年財政收入的 10%至 30%。

　　其次，對教育經費的徵收及保管，規定：（1）設中央及各省區市縣教育
專款管理處；（2）凡劃作教育專款的整個稅收，由管理處直接徵收；（3）凡

〔註45〕《皖省十六年度下半年教育經費概況》，《安徽教育行政週刊》，1928 年第 1
　　　卷第 21 期，第 20 頁。
〔註46〕蔡元培：《開會辭》，中華民國大學院編：《全國教育會議報告》丁編，上海：
　　　商務印書館，1928 年，第 2 頁。

關於教育的各項附加稅捐，由財政機關代徵，直接解交管理處；（4）不屬於（2）（3）兩項，而由財政機關按照預算支出，及其他指撥之款，均應直接解交管理處；（5）關於教育基金的保管及整理。

最後，對教育經費的保障，也有較爲具體的規定：（1）實行特別會計制度；（2）設監察委員會，執行審計職權；（3）由大學院根據下列五項原則，訂定《教育經費保障條例》：a.凡中央及地方政府，均有恪守政綱，保障教費獨立之義務；b.教費一經確定，無論任何機關，均不得加以變更或移挪；c.若遇特別事變，致有不可抗力之損失時，應由中央及地方政府設法補償之；d.專管或代徵教費人員，倘有故意或玩忽，以致教費有挪移或變動之情形時，應懲戒之；e.教費主管機關，應與有關聯之行政各機關，實行劃清權限；（4）用本會名義，通電中央及各省，實行教費獨立運動；（5）由本會制定教費獨立及保障之標語，頒發張貼，以資鼓勵；（6）請大學院呈請國民政府電令各省各市政府：教育經費如業經獨立，應切實保障；如未獨立，應指定專款，克期舉辦。倘有不遵，嚴行懲戒。〔註47〕

對比 1927 年 12 月蔡元培提出的「教育經費獨立案」，全國教育會議通過的「教育經費獨立並保障案」內容更爲具體詳細，操作性更強，這反映出教育界人士期望從制度上落實「教育經費獨立」。大學院副院長楊杏佛估計：「議決的辦法，如實行起來，至少可籌得一萬萬元以上的教育經費。本黨黨綱，寬籌教育經費，並保障其獨立，不久當可以實現。」〔註48〕會員代表許崇清在會議結束時也講到：「會議裏最大的成績，好像還是教育經費獨立這一件事。盼望大學院會同財政當局幫助我們解決這個問題，使我們在教育戰線上，無後顧之憂；使我們得以努力奮鬥，努力前進。」〔註49〕

1928 年 7 月，財政部召開全國財政會議，大學院將「教育經費獨立並保障案」等四項議案提交大會議決。〔註50〕此次會議對「教育經費獨立並保障案」中的教育經費徵收和保障的辦法有些質疑，最爲會員所懷疑的就是中

〔註47〕《教育經費獨立並保障案》，中華民國大學院編：《全國教育會議報告》丁編，上海：商務印書館，1928 年，第 223～225 頁。

〔註48〕楊杏佛：《教育會議以後》，《中央日報》，1928 年 5 月 29 日，第 2 張第 2 面。

〔註49〕許崇清：《會員代表答詞》，《全國教育會議報告》丁編，上海：商務印書館，1928 年，第 9 頁。

〔註50〕其他三項議案分別是：擬永遠指撥海關頓稅連續發行長期債券作爲教育基金案、擬指定庚子俄國賠款發行庫券作爲教育基金案、擬指定比義兩國庚款發行庫券作爲教育基金案。

央及各省區市縣教育專款另設管理處直接徵收。有人認為這是破壞財政的統一。財政會議第三次會議似乎已經通過了直接徵收的原案，但第二天報載又把這一事除去，而其他的議案都通過了。對此事，楊端六感歎到：「如果國家太平，政費充裕，本用不著另設徵收機關，生出許多麻煩來，但提案原意是為求保障而想出直接徵收的一法，除此，似乎更無確實保障的路徑。」〔註51〕

「教育經費獨立並保障案」設計了相當系統完備的條例和操作程序，但其設立管理處直接徵收作為教育專款的稅收，與中央財政統一政策相違背，最終成泡影。其他關於教育經費獨立的設想，在大學院期間也並未得到很好地執行。周穀城曾留意全國教育會議關於制定教費獨立及保障的標語的工作，他從各處探問，都沒有實行。他認為「教育經費獨立並保障案」的辦法：「總算是可以了。不過在今日軍事頻仍的中國，這些辦法，究竟只是紙上的。凡軍事領袖每到一處，為顧全軍事上的需要起見，不得不派出縣長，不得不派出徵收人員，不得不注意財政機關，軍費不夠的時候，當然只好挪移別項費用……在軍費不夠的情形之下，談教育經費獨立，再談三十年也是枉然！」〔註52〕

四、影響與評價

從上述大學院實行教育經費獨立及其遭遇的困境來看，教育經費並未實現真正的獨立。在軍事倥傯時期，教育經費被挪移的情況屢見不鮮。但是，大學院和教育界並不氣餒，仍力爭教育經費獨立，其主要方式有：

首先，尋求國民政府對教育經費獨立的支持。蔡元培於 1927 年底提出的「教育經費獨立案」經國民政府通過，並命令國府統轄的省市執行；宋子文掌理財政部後，制定的《整頓教育經費暫行辦法》（1928 年 2 月）同樣也得到國民政府的認可。

其次，制定保障教育經費的辦法。「教育經費獨立並保障案」中的辦法，成為隨後政府辦理教育經費問題的主要政策參照，這在隨後有關部門發佈的相關訓令中得以體現。1929 年 2 月 18 日，國民政府行政院發佈《各省教育經費

〔註51〕端：《教育經費獨立的保障》，《現代評論》，1928 年第 8 卷第 188 期，第 3 頁。
〔註52〕周穀城：《國家建設中之教育改造》，《教育雜誌》，1929 年第 21 卷第 4 號，第 10 頁。

須保障其獨立》的訓令，指出各省財政部門存在侵佔教育經費的現象，要求各省在未經規定教育經費佔地方收入若干成分之前，凡既經獨立的地方教育經費，概不得輒行變更原定辦法，以資保障。兩年後，行政院於 1931 年 5 月 9 日發佈訓令《地方教育經費保障辦法》，強調各地因教育經費獨立問題紛爭較多，所以制定保障教育經費獨立的實施細則，請各省遵照實行。〔註53〕

最後，具有劃清教育稅源的意識。邰爽秋認為，「若真要教育經費獨立，便須劃清教育稅源，由法律規定哪幾項稅源歸教育項下徵收，不過各種稅源中，有些係帶有不穩定性的，如田賦、牙稅、漕糧賦稅等等，有些是帶穩定性的，如捲煙稅、遺產稅等等。我們應當選擇穩定性的稅源，使教育的進行，不致因意外的危險發生而受阻礙。」〔註54〕從安徽省爭取教費獨立的例子中，可以看出教育界已認識到穩定稅源對教育事業的重要作用，所以安徽教育界極力爭取捲煙稅。

經過社會各界的不懈努力，各地教育經費獨立問題得到一定程度的解決。據統計，截止到 1934 年，教育經費「各省市已完全實行獨立者，則有江蘇、江西、福建、浙江、河南、雲南等六省及南京一市；一部分獨立者，有安徽、湖南、綏遠、甘肅等四省。其餘各省或未獨立，或正在計劃獨立。」〔註55〕大學院期間爭取教育經費獨立，為以後的教育經費獨立活動提供了一定的基礎，它是整個民國時期爭取教育經費活動的一個重要環節。

第二節　學校教育管理

一、對學校的管理

（一）私立學校立案

大學院對私立學校的管理基本上是沿用教育行政委員會的政策。大學院成立之初，繼續襲用教育行政委員會於 1926 年 10 月 18 日公佈的《私立學校

〔註53〕教育部參事處：《教育法令彙編》第 1 輯，上海：商務印書館，1936 年，第 36～37 頁。
〔註54〕邰爽秋：《教育經費獨立問題》，《中華教育界》，1929 年第 17 卷第 9 期，第 6 頁。
〔註55〕《教育部關於各省市教育經費獨立狀況的調查報告（1934 年）》，中國第二歷史檔案館編：《中華民國史檔案資料彙編》第 5 輯第 1 編　教育（一），南京：江蘇古籍出版社，1994 年，第 106 頁。

規程》和《私立學校校董設立規程》。直到 1928 年 2 月 6 日，大學院頒佈了
《私立學校條例》和《私立學校校董會條例》後，才將之前的兩個規程廢止。
〔註56〕大學院對私立學校以監督改進爲宗旨。〔註57〕

　　大學院新頒佈的《私立學校條例》對比教育行政委員會的《私立學校規
程》，有幾處變動。首先，不再要求私立學校明確標示學校的種類，於校名上
冠以私立二字；其次，去掉了原規程中「如有特別情形者，得另聘外國人爲
顧問」的規定。最後，對私立各級學校及其校董會的主管機關作了具體規定：
私立專門以上學校及其校董會，以中華民國大學院爲主管機關；私立中等以
下學校及其校董會，以省區教育行政機關爲主管機關。〔註58〕其他地方幾乎
沒有變化。

　　大學院對私立學校校董設立的規定，對比教育行政委員會的規定，變化
不大。將中小學校董會設立的呈文，由市縣教育局轉呈教育廳，改爲「由市
縣教育行政機關轉呈省區教育行政機關」；大學及專門學校校董會設立的呈
文，由教育廳轉呈教育行政委員會，改爲「由省區教育行政機關轉呈中華民
國大學院」，表述上略有差別。此外，校董會立案後，事務所所在地、資產或
資金或其他收入的詳細項目、校董姓名、籍貫、職業及住址發生變更時，教
育行政委員會要求在七天內呈報備案，大學院改爲「一個月」；校董會所設學
校因事解散時，教育行政委員會規定，校董會應於七天內，呈請主管教育行
政機關派員會同清理財產，而大學院寬延三天，改爲「十天內」解決。〔註59〕
其他幾乎沒有變動。

　　大學院成立之前，國民政府教育行政委員會制定《學校立案規程》八條，
要求各級學校遵照規程立案。截止到大學院成立時，仍有多數私立學校因各
種手續尚未辦完，於是申請立案展期。上海特別市教育局在 1927 年 11 月呈請

〔註56〕　《公佈私立學校暨私立學校校董會條例並廢止以前各該項規程（大學院布告
　　　　　第六號　十七年二月六日）》，《大學院公報》，1928 年第 3 期，第 23 頁。
〔註57〕　中華民國大學院：《十六年度大學院之工作與決算》，上海：太平洋印刷公司，
　　　　　1928 年，第 3 頁。
〔註58〕　《私立學校條例（十七年二月六日大學院公佈）》，《大學院公報》，1928 年第
　　　　　3 期，第 8～9 頁；《私立學校規程（十五年十月八日公佈）》，《大學院公報》，
　　　　　1928 年第 1 期，第 39～40 頁。
〔註59〕　《私立學校校董會條例（十七年二月六日大學院公佈）》，《大學院公報》，
　　　　　1928 年第 3 期，第 9～12 頁；《私立學校校董會設立規程（十五年十月八日公
　　　　　佈）》，《大學院公報》，1928 年第 1 期，第 40～44 頁。

大學院，展期一月，未奉指令核准前，仍受理私立學校立案。〔註60〕

1927 年 12 月 20 日，大學院發佈布告：「查前教育行政委員會訂有《學校立案規程》八條，所以各級學校立案，均依照此項規程辦理，惟按之事實，專門以上學校，其立案原當從嚴；中等以下學校，其立案不妨略寬。若適用同一之規程，則實施上反形窒礙。」於是，大學院另行訂定《私立大學及專門學校立案條例》和《私立中等學校及小學立案條例》各九條，以便分別辦理。原來教育行政委員會制定的，在已設大學區省份，凡私立專門以上學校，得直接向該大學區立案，轉請中央教育行政機關備案的辦法，予以取消。〔註61〕

大學院規定，凡私立大學及專門學校須經中華民國大學院立案。呈請立案時，應由該校校董會備具呈文及附屬書類，呈由省區教育行政機關，轉呈大學院；轉呈時，須詳細調查，開具意見，以備審核。大學院對私立大學及專門學校的立案資格有具體規定：辦學年限上，必須試辦三年以上；經費方面，要求有確定的資產或資金，其租息足以維持其學校的常年經費，或於確定資產資金外，並有其他確實收入，足以維持其學校的常年經費，或雖無確定的資產資金，而另有其他確實收入，足以維持其學校常年經費；設備上，要有自置的相當校地、校舍、運動場、圖書館、實驗室等項；教職員方面，要求能合格勝任，專任教員占全數三分之一以上，校長由中國人充任。

除了具備立案資格以外，私立大學及專門學校呈請立案時，還須開具下列各事項：學校名稱；學校種類；校址、校地及校舍情形；開辦經過；經費來源及經常臨時預算表；組織、編制及課程；教科書及參考書目錄；圖書館全部圖書目錄、或分類統計及實驗室全部儀器和標本的目錄；教職員履歷表；學生一覽表、附歷年畢業生一覽表等 10 項，連同全校平面圖及說明書，送呈備查。私立大學及專門學校呈請立案後，大學院會派員就地調查，認為完全符合上述資格和開具事項，才准立案。〔註 62〕由此可見，大學院對私立大學及專門學校立案要求嚴格，制定的條件較為詳盡具體。齊魯大學的校長郭查

〔註60〕《私立學校立案將展期》，《上海民國日報》，1927 年 11 月 2 日，第 2 張第 4 版。
〔註61〕《大學院公佈學校立案規程兩種》，《上海民國日報》，1927 年 12 月 24 日，第 2 張第 4 版。
〔註62〕《私立大學及專門學校立案條例》，《大學院公報》，1928 年第 1 期，第 26～28 頁。

理就曾說：「準備註冊的文件是一項漫長而艱巨的工作。」〔註63〕

　　大學院於 1927 年 12 月 20 日公佈《私立大學及專門學校立案條例》，並通令各省區教育行政機關，轉飭所屬各私立學校遵照執行，但逾期三個月，仍有多數學校沒有呈請立案。大學院於 1928 年 3 月 20 日，再次通令各省區教育行政機關，轉飭所屬各私立專門以上學校，於文到一個月內，依照大學院頒佈的《私立大學及專門學校立案條例》以及其他關於私立學校各種條例等，分別造具表冊，呈請立案。〔註64〕

　　到了 1928 年 5 月，私立大學及專門學校遵章呈請立案的，「尚屬寥寥，殊屬玩忽之極」。大學院於 1928 年 5 月 8 日再次通令各私立大學及專門學校，從即日起遵照條例，造具表冊，呈由各該主管教育行政機關核明，轉呈大學院立案，不得再延逾。同時，還通令在籌備中的私立大學，須照院頒關於私立學校各條例所規定，先成立校董會，再由校董會呈請立案後，才可決定校長人選，籌備開學；違背規定的學校將來一旦發生糾紛，不能受教育行政機關的保障。〔註65〕

　　在大學院的三令五申之下，截止到 1928 年 10 月，經過大學核准立案的私立大學及專門學校有廈門大學、金陵大學、大同大學、復旦大學和無錫國學專門學院；呈請立案，但被大學院否定的有上海法科大學。〔註66〕

　　上海法科大學在 1928 年 7 月間，制定學校立案表冊，呈請大學院准予立案。但因試辦年限未滿，校舍尚未落成，未被批准。按照《私立大學及專門學校立案條例》第八條規定，凡未立案的私立大學或專門學校，其肄業生及畢業生不得與已立案的私立大學及專門學校畢業生受同等待遇。上海法科大

〔註63〕　郭查理：《齊魯大學》，陶飛亞、魯娜譯，珠海：珠海出版社，1999 年，第 164 頁。

〔註64〕　《大學院催私校立案》，《申報》，1928 年 3 月 22 日，第 11 版。

〔註65〕　《令各省區教育行政長官暨各大學區校長爲令飭各私立大學即日呈報立案其在籌備中者應先成立校董會呈請立案由》，《大學院公報》，1928 年第 6 期，第 20 頁。

〔註66〕　《大學院准廈門大學立案》，《申報》，1928 年 4 月 16 日，第 11 版；《大學院核准立案之私立大學及專門學校》，《上海民國日報》，1928 年 9 月 22 日，第 3 張第 4 版；《無錫私立國學專門學院已准立案》，《上海民國日報》，1928 年 10 月 15 日，第 2 張第 4 版；《大學院准復旦立案》，《上海民國日報》，1928 年 10 月 18 日，第 3 張第 4 版。或參見：中國第二歷史檔案館編：《中華民國史檔案資料彙編》第 5 輯第 1 編　教育（一），南京：江蘇古籍出版社，1994 年，第 306、310、322 頁。

學校董錢永銘等為學生前途考慮，於 1928 年 9 月 24 日向大學院呈請，審核該校歷屆畢業生的成績，申請該校畢業生與已立案學校畢業生享有同等待遇。大學院也認為立案條例第八條，限制甚嚴，並考慮上海法科大學的特別情形，於 1928 年 10 月 5 日批准該校畢業生與已立案學校畢業生享有同等待遇。〔註 67〕由此可見，大學院在規定私立大學及專門學校立案的過程中，有通融的餘地，具有一定的靈活性。

1927 年 10 月 11 日，大學院剛成立不久，記者問大學院對教會學校實行什麼政策，蔡元培回答：「仍照廣東所訂之條例執行，並未更改」。〔註 68〕教會大學也必須遵照大學院頒佈的私立學校立案條例，籌備立案事宜。多數教會大學開始採取行動，履行註冊條件。然而，這是一個艱難而漫長的過程，因為南京教育機關和註冊條件經常處於變動之中，同時，一些國內差會仍然不願意接受這些規定。之江大學曾因為美國董事會不願意接受關於宗教的規定，於 1928 年關閉。一年以後，換了一位中國代理校長，並實行自願的宗教教育課才宣佈復課。

大學院將廣州國民政府頒佈的教會學校立案的政策推向全國。在大學院期間，只有金陵大學一所教會大學被准予立案。其他的教會大學陸續在 1931 年之前完成註冊手續（參見表 3-1）。除了聖約翰大學不願意註冊以外，其餘的教會大學都同政府協商，但都沒有完全具備政府規定的條件。〔註 69〕

私立中等學校及小學須經省區教育行政機關立案。凡已核准立案的私立中等學校，須由省區教育行政機關轉呈大學院備案。私立中等學校及小學立案也須具備一定的資格：在經費上，要求與私立大學及專門學校的一樣；設備方面，也須有相當的校地、校舍、運動場、校具和教育等；教職員要能合格勝任，專任教員占全數三分之二以上，校長也須由中國人充任。

私立中等學校及小學呈請立案時，也須開具下列事項：學校名稱；學校種類；校址、校地及校舍情形；經費及經常臨時預算表；組織、編制、課程及各項規則；圖書、儀器、標本、校具及關於運動、衛生的各種設備；教職

〔註67〕《本校畢業生准照已立案學校畢業生同等待遇》，《上海法科大學月刊》，1928
　　　　年第 1 期，校聞，第 7～9 頁。
〔註68〕高平叔：《蔡元培年譜長編》第 3 卷，北京：人民教育出版社，1998 年，第
　　　　87 頁。
〔註69〕〔美〕傑西·格·盧茨著，曾鉅生譯，《中國教會大學史（1850～1950）》，杭
　　　　州：浙江教育出版社，1988 年，第 242～243 頁。

員履歷表；學生一覽表等 9 項，連同全校平面圖及說明書，送呈備查。呈請立案後，須經省區教育行政機關派員就地調查。〔註70〕

表3-1　教會大學註冊時間一覽表

校　名	註冊時間	校長	校　　名	註冊時間	校長
金陵大學	1928 年 9 月	陳裕光	嶺南大學	1930 年 7 月	鍾榮光
東吳大學	1929 年 7 月	楊永清	華西協和大學	1933 年 9 月	張凌高
滬江大學	1929 年 3 月	劉湛恩	金陵女子文理學院	1930 年 12 月	吳貽芳
震旦大學	1932 年 12 月	胡文耀	天津工商學院	1933 年 8 月	華南圭
燕京大學	1929 年 6 月	吳雷川	之江文理學院	1931 年 7 月	李培恩
輔仁大學	1931 年 6 月	陳　垣	華南女子文理學院	1933 年 6 月	王世靜
齊魯大學	1931 年 12 月	劉世傳	福建協和學院	1931 年 11 月	林景潤
武昌中華大學	1931 年 12 月	韋卓民	湘雅醫學院	1931 年 12 月	伍光宇

資料來源：《全國公私立大學、獨立學院、專科學校一覽表》（1936 年 1 月），《中華民國史檔案資料彙編》第 5 輯第 1 編　教育（一），第 306～316 頁。

　　大學院公佈《私立中等學校及小學立案條例》、《私立學校條例》和《私立學校校董會條例》後，江蘇大學區遵照這些條例，制定了江蘇大學區私立中小學立案用表及私立中小學校董會用表。各縣私立學校遵章呈請立案的固然較多，而遲遲延宕的也不少。江蘇大學區限令各縣私立學校，於 1928 年 8 月 1 日以前，務必將立案手續完竣，不得再延。如果不能依限完成立案手續，就按照《私立中等學校及小學立案條例》第八條辦理，即凡未立案的私立中等學校及小學，其肄業學生及畢業生不得與已立案的學校學生受同等待遇。〔註71〕

　　浙江省也嚴令全省市縣區私立小學和中等學校立案。浙江省政府嚴密督促所轄境內各私立小學依照大學院頒佈的條例呈請立案。對藉端規避，匿不呈報的私立小學，由各市縣教育行政機關派員視察，認真指導，設法改良。如果查出有宗旨不正，宣傳反動，或跡近斂錢，或宣傳宗教，或校長非中國人充任，或辦理腐敗，無可改良的，則經市縣長核准後，令該小學停閉。此外，浙江大學為整理全省市縣區私立中等學校立案，制定中等學校立案用表，

〔註70〕《私立中等學校及小學立案條例》，《大學院公報》，1928 年第 1 期，第 29～31 頁。
〔註71〕《江大嚴催私立中小學立案》，《申報》，1928 年 3 月 8 日，第 11 版。

發放給各中等學校，限制在文到一個月內，將該項表格填送備核。〔註72〕

由於特別市與普通縣區情形不同，1928 年 2 月 14 日大學院另行訂定了特別市內私立學校立案的辦法：凡在中等以下學校，由特別市教育局直接核准立案，分別呈報省區教育行政機關及大學院備案。小學立案，不用報告大學院。專門以上學校，呈由省區教育行政機關，或特別市教育局轉呈大學院立案，但學校奉大學院令核准立案後，應分別補報特別市教育局或省區教育行政機關備案。〔註73〕南京和上海兩特別市遵照執行。

（二）各級學校管理

大學院除了嚴格要求私立學校立案之外，對國立大學及專門學校、中小學等也力爭規範管理，追求教育事業的統一與規範。

大學院調查各公立大學及專門學校的實況，以此作為整頓大學教育的基礎，並訂定了嚴密的表格，包括學校概況表、預算簡表、學科報告表、圖書館圖書分類統計表、儀器與標本目錄表、教職員報告表、學生報告表以及全校平面圖說明書等 10 種，於 1928 年 2 月 8 日訓令各國立大學及專門學校在一個月內，編就呈送到院。〔註74〕中央、中山、浙江、勞動、同濟、暨南等六大學和藝術、音樂兩院，遵式編制，先後送呈大學院。大學院根據實際狀況，編成《國立各大學十六年度概況統計》一書，內容十分詳盡。

大學院嚴格限制大學的設置，以杜絕虛濫的弊病，但同時，大學院重視高等教育，對武漢大學、安徽大學和廣西大學的改組與成立予以支持與幫助。大學院還調查各省民國元年以來官費留學生的狀況，作為改進高等教育的準備。對於直轄各國立大學，均積極整頓，力謀擴充，以期造就高深學術的人才。〔註 75〕大學院對高等教育的決策為教育部整理高等教育起了一定的鋪墊作用。

〔註72〕《浙省督促各市縣私立小學立案》，《申報》，1928 年 3 月 2 日，第 10 版；《浙大催私立中學立案》，《申報》，1928 年 4 月 21 日，第 11 版。

〔註73〕《令國立第四中山大學校長張乃燕、南京、上海特別市教育局長陳劍翛、保君建為特別市內私立學校立案辦法由》，《大學院公報》，1928 年第 3 期，第 32～33 頁。

〔註74〕《令各國立大學暨專門學校校長為頒發國立學校報告表式仰依照辦理由》，《大學院公報》，1928 年第 3 期，第 29 頁；《國立大學暨專門學校報告表》，《大學院公報》，1928 年第 3 期，第 93～101 頁。

〔註75〕中華民國大學院：《十六年度大學院之工作與決算》，上海：太平洋印刷公司，1928 年，第 3 頁。

　　大學院分別在 1928 年 2 月 18 日和 3 月 10 日公佈了《小學暫行條例》和《中學暫行條例》，對中小學的宗旨、教科、組織、設備、學費、上課及休假等幾個方面作了較爲具體的規定，這是規範化管理中小學的基礎。

　　小學教育逐漸引起大學院的重視。1928 年 7 月 25 日，大學院頒佈了《各省市交換小學教育意見辦法》，主要內容包括：各省市如有關於小學教育的意見，須提出於大學院普通教育處，由普通教育處分別處理；小學教育的意見可以涉及教學方法和課程教材等教務、組織指導管理等訓育和建築設備等事務方面；大學院普通教育處發現的問題，可隨時令各省市實驗研究，以求答案，發現了好的方法，也可隨時令各省市試驗施行，等等。〔註 76〕大學院通令各省市教育行政長官和各大學區校長根據該辦法，相互交換小學教育意見，以學術化爲號召，通力合作，互相研究。〔註 77〕

　　大學院對中小學的課程標準設計尤爲重視。大學院專門成立了中小學課程標準起草委員會，專司中小學課程標準起草事宜。委員會由孟憲承、經亨頤、廖世承、王樂平、莊澤宣、許壽裳、劉大白、俞子夷、高君珊、嚴濟慈、竺可楨、沈履、鄭宗海、楊廉、陳鶴琴、施仁夫、胡叔異、薛仲華、錢端升、吳研因、趙述庭和朱經農等 22 人組成。〔註 78〕1928 年 8 月 2 日，大學院公佈了《大學院中小學課程標準起草委員會組織大綱》，對委員會的職務、人員組織以及其他工作作了具體規定；並且令各省市教育行政長官和各國立大學校長，轉飭所屬各教育學術機關或團體，搜集關於中小學課程標準的研究及實驗資料，並轉呈大學院，以便發交中小學課程標準起草委員會合併討論，藉收集思廣益之效。〔註 79〕

　　儘管大學院於 1928 年 10 月被廢止，但是，國民政府教育部仍沿用了大學院對中小學課程標準的設計理路，於 1928 年 12 月 18 日制定了《教育部中小學課程標準起草委員會規程》。〔註 80〕對中小學課程標準起草委員會的職

〔註 76〕　《各省市交換小學教育意見辦法》，《大學院公報》，1928 年第 8 期，第 1～2 頁。

〔註 77〕　《令各省市教育行政長官暨各大學區校長爲令發交換小學教育意見辦法由》，《大學院公報》，1928 年第 8 期，第 14 頁。

〔註 78〕　《大學院中小學課程標準起草委員會委員名錄》，《大學院公報》，1928 年第 9 期，第 149～150 頁。

〔註 79〕　《令各省市教育行政長官暨各國立大學校長爲徵集關於中小學課程標準之資料由》，《大學院公報》，1928 年第 9 期，第 22～23 頁。

〔註 80〕　《教育部中小學課程標準起草委員會規程》，國民政府教育部參事處編：《現

務，教育部增加了「議定中小學各科畢業最低限度標準」一項；對當然委員的人員安排也有變動，教育部參事一人、普通教育司司長及科長、編審處主任爲當然委員；本委員會召開會議時，教育部部長、次長得出席參加討論，這是大學院所沒有強調的。此外，《規程》其他條目將「大學院院長」改爲「教育部部長」，內容幾乎沒有變更。

義務教育和幼稚教育也是大學院極爲關注的教育事業。爲了推行義務教育，大學院組織中央義務教育委員會，主持全國義務教育的計劃。其職權主要爲計劃全國義務教育實施方案，督促指導全國義務教育的實施。其委員有兩種：當然委員有大學院正副院長、大學院普通教育處處長、大學院參事一人、大學院普通教育處第二科科長；聘任委員 5 至 7 人，由大學院院長聘請教育專家充任。〔註81〕大學院 1928 年 7 月 23 日通令各省區、各特別市教育行政機關，希望各省區各市縣均設義務教育委員會，襄助教育行政機關，計劃及促進義務教育。已經設立縣教育行政委員者，務期在 1929 年 5 月底以前，制定推行義務教育計劃，於計劃完成之日起，並期每年減少失學兒童20%。至於經費則應由各地方指定專款，或規定地方全部收入（各項附加稅包括在內）百分之幾十，作爲義務教育經費，各省更宜籌定的款，以爲市縣義務教育的補助，並須將推行義務教育成績，按年呈報大學院。〔註82〕

大學院於 1928 年制定了調查表格，通令各省市教育行政機關詳查學齡兒童人數，原限定於 1928 年年底呈報，但當時北伐初告成功，軍事結束未久，各省對於學齡兒童的調查，延未舉行。截止到 1929 年 9 月，只有南京特別市將學齡兒童確數報到教育部，其餘各省市，都沒有確實報告。1929 年 11 月，教育部公佈了《實施義務教育計劃》，對義務教育經費的負擔、師資的培養、校舍的增加等都有較爲具體的規劃。〔註83〕大學院關於義務教育的工作爲教育部實施義務教育計劃提供了一定的基礎。

大學院院長蔡元培，爲推廣幼稚教育事業，通令各省區、特別市教育行

行重要教育法令彙編》，國民政府教育部秘書處公報室，1930 年，第 18～19頁。

〔註81〕《中央義務教育委員會組織條例》，《國立大學聯合會月刊》，1928 年第 1 卷第6 期，第 99 頁。

〔註82〕《大學院通令屬行義務教育》，《上海民國日報》，1928 年 7 月 25 日，第 2 張第 4 版。

〔註83〕《實施義務教育計劃》，《河南教育》，1929 年第 2 卷第 9 期，特載，第 1～10頁。

政機關，「幼稚教育爲一切教育的基礎，至關重要……我國幼稚教育尚在萌芽時代，因經費等種種關係，固不能儘量擴充，但按部就班，分年籌劃進行，實不容緩，爲此令行，務希於十七年年度起，即飭所屬實驗小學或師範附屬小學，盡先設立幼稚園，並於師範學校內，酌設幼稚師範科，以培養幼稚園師資。十八年度開始，更希設法在鄉村師範學校內，酌設鄉村幼稚師範科；在鄉村小學內，酌設鄉村幼稚園，以期幼稚教育，漸次推廣，並望改良其各種設施，及課程教材，務使適合國情，期臻完美。」〔註84〕安徽省教育廳接到大學院的訓令後，即令省立各中等學校校長、安慶市和六十縣教育局局長奉大學院令推廣幼稚教育。〔註85〕幼稚教育的計劃還沒來得及大範圍執行，大學院就於1928年10月被取消。

此外，黨義教育也滲透到各級學校。1928年5月，全國教育會議通過決議，確定教育宗旨爲「三民主義的教育」。決議解釋：「所謂三民主義的教育：……就是各級行政機關的設施，各種教育機關的設備，和各種教學科目，都是以實現三民主義爲目的的教育。」〔註86〕這個關於教育宗旨的決議，宣佈了教育的基本原則就是爲了實現三民主義爲目的。

1928年8月6日，爲了使國民黨黨義普及全國，國民政府要求各級學校，除各種課程融會黨義精神外，須一律增加黨義課程。各級學校的黨義課程要求不一樣，小學開設《孫中山先生革命史實》、《三民主義淺說》和《民權初步演習》三門；中學開設《建國大綱淺說》、《建國方略概要》、《三民主義》、《五權憲法淺釋》和《直接民權之運用》五門；專門學校和大學則開設《建國方略》、《建國大綱》、《三民主義之理論與實際》、《本黨政綱及重要宣言與議決案》和《五權憲法之原理及其運用》五門。小學注重使兒童對於黨義，得具體觀念；中等學校注重使學生對於黨義，得正確認識；專門學校及大學注重使學生對於黨義，得分析研究其理論體系，實施步驟及運用方法。〔註87〕於是灌輸國民黨正統理論有了具體的標準。

〔註84〕 《大學院令推廣幼稚教育》，《上海民國日報》，1928年7月28日，第2張第4版。

〔註85〕 《奉院令推廣幼稚教育》，《安徽教育行政週刊》，1928年第19期，教育法令，第1頁。

〔註86〕 《中華民國教育宗旨說明書》，中華民國大學院編：《全國教育會議報告》乙編，上海：商務印書館，1928年，第2頁。

〔註87〕 《各級學校增加黨義課程暫行通則（國民政府公佈　十七年八月六日）》，《大學院公報》，1928年第9期，第7～9頁。

二、對教師的管理

大學院成立後，襲用國民政府教育行政委員會 1926 年 6 月頒佈的《大學教員資格條例》，對大學教員資格和薪俸作了具體規定。大學教員分為四等，分別是教授、副教授、講師和助教。助教的資格要求是，國內外大學畢業，得有學士學位，而有相當成績者；於國學上有研究者。講師須是國內外大學畢業，得有碩士學位，而有相當成績者；或助教完滿一年以上的教務，而有特別成績者；於國學上有貢獻者。副教授要求是外國大學研究院若干年，得有博士學位，而有相當成績；或講師滿一年以上的教務，而有特別成績者；於國學上有特殊的貢獻者。副教授完滿二年以上的教務，而有特別成績，才能晉升為教授。凡於學術有特別研究而無學位者，經大學評議會議決，可充大學助教或講師。

凡是大學教員都須受審查，審查時須向審查機關呈驗的材料有履歷、畢業文憑、著作品和服務證書。大學的評議會為審查教員資格的機關，審查時由大學院派代表一人列席。教員資格審查合格後，由大學院認可給予證書。凡私立大學審查合格的教員，必須經該大學呈請大學院立案，報由認可，給予證書，才為有效。

大學教員的薪俸分為三級，助教一級月薪 180 元，二級 160 元，三級 140元；講師一級 260 元，二級 240 元，三級 220 元；副教授一級 340 元，二級320 元，三級 300 元；教授一級 500 元，二級 450 元，三級 400 元。教員的薪俸因各大學的經濟情形，而酌量增減。〔註88〕

對中小學校長和教員的資格和待遇的規定，大學院原計劃另外制定條例。〔註89〕但各省市情況各不相同，很難制定統一的標準。部分省市區先後制定了中小學校長和教員任免的條例，大學院准予備案。1928 年 2 月 7 日，上海特別市對上海中小學校長和小學教員的任免條件作了具體規定。5 月 14日，湖北省教育廳制定了《湖北省省立中小學校長教職員任用條例》，得到大學院核准。隨後，福建、廣西、安徽以及中央大學區都制定了小學教員任免或檢定資格的條例。其中，安徽省制定的條例比較周全，對中等學校校長和教員任免及待遇、小學校長和教員任免的條件，都有詳細的規定。

大學院對大學教員的待遇標準制定得較高，而對中小學教師薪水沒有制

〔註88〕《大學教員資格條例》，《大學院公報》，1928 年第 1 期，第 1～4 頁。
〔註89〕參見：《小學暫行條例》第 14 條，《中學暫行條例》第 13 條。

定最低限度。小學教師的薪俸非常低。小學教員因要求加薪而罷教的事件屢有發生。例如，徐州泰安市校教員聯合會，要求加薪，經月未決，自 1928 年 5 月 3 日起，全校罷教。銅山級任教員月薪 6 元，科任教員月薪 4 元，薪俸低得連一個人的生活也不足以維持。自市立學校教員聯合會於 3 月 8 日成立後，即提出加薪運動，多次向縣政府教育局、市公所交涉，但沒有正當解決。教員以生活不能維持，不能盡力於教育，決定於 5 月 3 日一律罷教。全市學生約有 2000 人，學生同時失學，損失重大。〔註90〕

　　1928 年 5 月，全國教育會議有增高小學教員薪水的決議，增高小學教育薪俸，已成為教育界一般的見解。只是各省市縣生活程度不同，教員學歷、經驗也不一致，全國不可一概而論，所以，全國教育會議覆議決《薪水制之原則》，作為各省市縣訂立薪給的標準。小學教師薪水制度的三個原則分別為訂立最低限度的薪水，訂立根據學歷的薪級表，以及訂立根據經驗的加薪數。〔註91〕大學院認為這項辦法尚屬扼要，可供各省市縣參考，於 1928 年 7 月 31 日令各省市教育行政長官和大學區校長，參照原則，規定增高小學教員薪俸辦法，呈報大學院備案。已經規定的教員薪額，則應按期發給，不得藉故減成。〔註92〕

　　大學院除令各省市教育行政機關設法增高小學教員薪俸外，緊接著於 1928 年 8 月 1 日，又令各教育行政長官勸諭所屬小學教員，崇尚節儉，不要過墮落生活，「務各戒節煙酒酬酢，提倡淡泊寧靜，以為兒童模範，以圖生活安全」。〔註93〕

　　此外，國民黨對中小學教員進行黨化教育。1928 年 7 月，中央訓練部函知大學院，令各地沒有設立中小學教員暑期講習會的，應一律從速籌備設立。各地中小學教員暑期講習會的簡章，由大學院頒佈。〔註94〕1928 年 7 月

〔註90〕《小學教員之罷教運動》，《教育雜誌》，1928 年第 20 卷第 6 號，教育界消息，第 20 頁。
〔註91〕《大學院對小學教員生活兩通令》，《上海民國日報》，1928 年 8 月 3 日，第 3 張第 4 版。
〔註92〕《令各省市教育行政長官暨各大學區校長為增高小學教員薪俸由》，《大學院公報》，1928 年第 8 期，第 12～14 頁。
〔註93〕《令各省市教育行政長官及各大學區校長為勸導小學教員節儉由》，《大學院公報》，1928 年第 9 期，第 20～21 頁。
〔註94〕《促令各地設立中小學教員暑期講習會辦法（中央訓練部制定　大學院頒發）》，《大學院公報》，1928 年第 8 期，第 6 頁。

3日，各地中小學教員講習會增加黨義課程。中小學黨義教員須上五門課程，即《三民主義》、《建國大綱》、《建國方略》、《中國國民黨的沿革及其組織》以及《中國國民黨的歷次重要宣言及其議決案》；一般教員須上《三民主義》、《民權初步》和《本黨政綱》三門課程。各級黨部對各地中小學教員暑期講習會的黨義課程，進行指導和監督，還協助講習會黨義教員的聘定。〔註95〕中小學教員講習會訓練了一批黨義教員，這爲國民黨在中小學進行黨義教育提供了重要條件。1928年8月6日，國民政府要求各級學校，除各種課程融會黨義精神外，須一律增加黨義課程。中小學教員暑期講習會訓練的黨義教員，正可以擔任黨義課程的講授。

　　1928年7月，國民黨爲使全國各級學校的黨義教師思想程度一致起見，組織黨義教師檢定委員會，檢定黨義教師。該會由各級黨部訓練部與各該級教育行政機關共同組織，分爲中央、省、縣、市級四種。各級黨義教師檢定委員會於每學期開學以前舉行檢定，檢定完畢後即撤銷。〔註96〕

　　國民黨中央訓練部要求，全國各級學校的黨義教師，須一律受黨義教師檢定委員會的檢定。受檢定的黨義教師須具備兩項資格：一是黨員，二是合於各該地教育行政機關所規定的教員資格。檢定的方法分兩種，一是無試檢定，適用於高等教育的黨義教師，檢定高等教育黨義教師的資格和所採用或自編的黨義教材即可；二是試驗檢定，運用於中等教育與小學教育的黨義教師。中小學黨義教師除了需檢定資格外，還須參加考試，中學的黨義教師應考《建國方略》、《建國大綱》、《三民主義》、《國民黨第一次全國代表大會宣言》等科目，小學黨義教師應考《孫文學說》、《民權初步》、《建國大綱》、《三民主義》等科目。檢定合格的黨義教師，由黨義教師檢定委員會給予證書，證書有效期爲二年，逾期須重受檢定。〔註97〕國民黨加強了對教師的意識形態灌輸和思想控制。

〔註95〕《各地中小學教員講習會增加黨義課程辦法（中央訓練部制定　大學院頒發）》，《大學院公報》，1928年第8期，第6～7頁。

〔註96〕《各級學校黨義教師檢定委員會組織通則》，《中央日報》，1928年7月7日，第2張第3面。

〔註97〕《檢定各級學校黨義教師條例》，《中央日報》，1928年7月7日，第2張第3面。

三、對學生的管理

（一）中小學生管理

在 1928 年 2 月之前，大學院對中小學學生的管理，基本沿用國民政府教育行政委員會制定的政策。1928 年 2 月 28 日和 3 月 10 日，大學院相繼公佈了《小學暫行條例》、《中學暫行條例》，〔註98〕中小學生的管理基本步入正軌。

大學院對小學和中學教育的宗旨有明確規定。小學教育，應根據三民主義，按照兒童身心發展的程序，培養國民的基本知識技能，以適應社會生活。中學教育，也根據三民主義，繼續小學之基礎訓練，增進學生的知識技能，為預備研究高深學術及從事各種職業，以達到適應社會生活的目的。

小學修業年限是六年，前四年為初級小學，後二年為高級小學；在不能設立完全小學的地方，可以設初級小學。年滿六歲的兒童就得入小學。小學教授的科目有三民主義、公民、國語、算術、歷史、地理、衛生、自然、樂歌、體育、黨童子軍、圖畫和手工等；高級小學酌量地方情形加設職業或其他科目。

中學分為初級中學和高級中學，修業年限各三年，但依設科性質，可定初級中學四年，高級中學二年。中學的教授科目，分為必修和選修兩種。大學院對中學生的入學修業和畢業資格有具體規定：初級中學入學資格，為小學畢業，高級中學入學資格，為初級中學畢業，如果沒有上述兩項資格而程度相當、試驗及格者，也可收受。中學採取學分制，初中生須修滿 180 個學分，高中生修滿 150 個學分，畢業期滿，學分完足，學校才給予畢業證書。

（二）童子軍管轄

1928 年 2 月 18 日，大學院公佈的《小學暫行條例》中規定，童子軍是小學教授的一門科目。〔註99〕1928 年 4 月 18 日，大學院改黨童子軍為童子軍，並令由各主管教育機關組織管轄。大學院認為，童子軍的用意原在鍛鍊兒童身體，練習團體生活，為學校一種課程，由學校組織並管轄。為恢復原有精神，及保持學校行政統一起見，各省區黨童子軍一律改稱童子軍，由主管教育機關組織管轄，完全脫離黨部。〔註100〕

〔註98〕《小學暫行條例》，《大學院公報》，1928 年第 3 期，第 13～17 頁；《中學暫行條例》，《大學院公報》，1928 年第 4 期，第 1～7 頁。

〔註99〕《小學暫行條例》，《大學院公報》，1928 年第 3 期，第 13～14 頁。

〔註100〕《令各省區教育行政長官暨各大學區校長為黨童子軍改稱童子軍並由各主管

　　中央訓練部堅決反對大學院將童子軍作爲一門課程的做法。訓練部指出，國民黨中央第 10 次及第 142 次常務會議議決在案，童子軍由國民黨管轄，毋庸置疑。大學院關於童子軍名稱和管轄的院令，違背了國民黨的黨治思想，與中央訓練部企圖控制學生發生衝突。最終，蔡元培不得不於 1928 年 7 月 11 日通令各省市教育行政機關長官、各大學區及各國立大學校長，遵照《中國國民黨童子軍總章》辦理推行童子軍，接受中央訓練部委定的司令負責指揮童子軍。〔註101〕

　　大學院改「黨童子軍」爲「童子軍」，使之完全脫離黨部，體現了蔡元培反對國民黨對教育的直接控制與干預，而他試圖進行溫和的思想控制，只是將童子軍作爲一門課程。然而，大學院的努力終歸失敗，大學院對童子軍的管轄權維持不到三個月，就被迫接受中央訓練部的指揮。

（三）學生運動政策

　　1928 年 5 月，大學院召開全國教育會議。大會討論了《確立教育方針實行三民教育建設以立救國大計》和《學生自治條例》兩份建議書，同意將學生會改名爲「學生自治會」，通過了禁止學生自治會干預國政校政的基本原則。大學院建議設立「學生自治指導委員會」的提案也爲代表們接受。除了制定一套學生自治會條例外，會議還提出了管理學生參加民眾運動的標準，主要有：學生參加民眾運動應由學校指導；學生不得擔任校外黨部及其他團體職務；學生不得藉口參加民眾運動擅行停課。〔註102〕

　　大學院對待學生參加民眾運動，基本遵循國民黨中央黨部的指令。濟南慘案發生後，上海全國學生會爲日軍在山東的暴行，於 1928 年 5 月 6 日召開緊急代表大會，展開反日運動，示威遊行，並派人到華人住宅區及商業區，大肆宣傳，要求各界抵制日貨。此項遊行示威將連續三天。全國學生會於代表大會結束後，繼續召開反日運動委員會，計劃由學生團隊組織演講隊，並續開軍事準備委員會，通過決議案三項。〔註103〕

　　教育機關組織管轄由》，《大學院公報》，1928 年第 6 期，第 19 頁；《大學院恢復童子軍管轄及名稱》，《中央日報》，1928 年 4 月 24 日，第 2 張第 3 面。

〔註101〕《令各省市教育行政長官暨各大學區及各國立大學校長爲令發黨童子軍總章仰各省遵照辦理由》，《大學院公報》，1928 年第 8 期，第 15～16 頁。

〔註102〕中華民國大學院編：《全國教育會議報告》乙編，上海：商務印書館，1928 年，第 57～59、65～70 頁。

〔註103〕《中華民國史事紀要（初稿）》1928 年 5 月至 6 月，第 707～708 頁。

　　針對學生的遊行示威等行為，中央黨部國民政府委員聯席會議決議：由中央黨部命令全國學生總會，當此時局嚴重，不得令學生繼續罷課，結隊遊行及檢查商貨等。大學院發佈第 363 號訓令，轉達中央黨部令文，令各省市教育行政長官和各大學區及各國立大學校長遵照辦理，禁止學生罷課。〔註 104〕

　　全國教育會議通過的決議，涉及國民黨民眾訓練和青年運動理論及方略，大學院必須呈請中央黨部重新批審。中央執行委員會常務會議因此案關係重大，決定交由二屆五中全會解決。〔註 105〕二屆五中全會計劃在 8 月份舉行。在此之前，各校學生參加群眾運動的很多，大學院指令各校，在時局嚴重期內，各校長應遵照本院第 363 號訓令辦理，並隨時注意，詳加指導，以免糾紛。〔註 106〕大學院不支持學生罷課，參加群眾運動，這與蔡元培對學生運動的態度有直接關聯。

　　蔡元培 1927 年 3 月在之江大學作《讀書與救國》的演講，就曾指出：「總要能愛國不忘讀書，讀書不忘愛國，如此方謂得其要旨。」他不贊同學生「借著愛國的美名，今日罷課，明天遊行，完全把讀書忘記了」。〔註 107〕1928 年 5 月 15 日，蔡元培在全國教育會議開幕式上致詞，又指出，「然救國之道，非止一端；根本要圖，還在學術。多數學生，狃於奔走國事之成績；且因而干涉校務，規避考試，得失是否相償，已成問題。至於今日，剷除惡政府之責任，既為數十萬之黨軍所擔負；而十六省以內之行政，又悉受黨部之指揮，付託有人，為學生者，正可潛心修業，以備他日之大用。」〔註 108〕蔡元培倡導學術救國，不贊成學生犧牲學業，參加各種運動。

　　1928 年 7 月，蔡元培向國民黨二屆五中全會提出《關於青年運動的提案》，再次明確他對學生運動的態度：「非停止往日之青年運動不可。或謂往

〔註 104〕《令各省市教育行政長官暨各大學區及各國立大學校長為轉達中央黨部令文禁止罷課由》，《大學院公報》，1928 年第 7 期，第 8 頁。

〔註 105〕《楊杏佛談青年運動》，《中央日報》，1928 年 8 月 5 日，第五次中委會議特刊。

〔註 106〕《令中央大學上海中學等十三校為學生參加群眾運動本院未公佈辦法前各校長應遵照院令三六三號辦理由》，《大學院公報》，1928 年第 7 期，第 24 頁。

〔註 107〕蔡元培：《讀書與愛國——在杭州之江大學演說詞》，中國蔡元培研究會：《蔡元培全集》第 6 卷，杭州：浙江教育出版社，1997 年，第 19 頁。

〔註 108〕蔡元培：《開會辭》，中華民國大學院編：《全國教育會議報告》丁編，上海：商務印書館，1928 年，第 2 頁。

日之青年運動，偏於破壞，今若偏於建設之運動，則必無損而有益，此固言之有理……」他提議「對於學生，宜根據四次全體會宣言，採用廣州中山大學及廣東、廣西教育廳所提出之案，不必再爲他種學生會及學生聯合會等組織，以避免學術界之大犧牲。」〔註109〕蔡元培對學生運動基本上持反對意見。

總而言之，大學院對學生運動採取是壓制的態度，規避學生參加政治運動對其學業的影響，這是蔡元培學術救國理念的主要體現。

四、影響與評價

如果說收回教育權是靠北伐的話，那麼直接經手的則是大學院。大學院制定了比較嚴格的立案條件，要求私立學校立案，對私立學校起到了一定的監督和整頓的作用。1929 年 8 月 29 日，教育部根據大學院 1928 年 2 月 6 日公佈的《私立學校條例》和《私立學校董事會條例》，修改頒佈《私立學校規程》，這是一個全面管理各級私立學校的法規。此法規相繼於 1933 年、1943年、1947 年三次修訂，私立學校的管理制度與政策措施漸趨穩定。大學院對私立學校的監督管理是國民政府規範與整頓私立教育的重要一環。

大學院除對私立學校立案尤爲重視之外，對中小學教育也力謀規範化管理，制定一系列相關的管理措施。爲改善小學教育，令各省市交換小學教育意見；重視中小學課程，設計中小學的課程標準；計劃推動義務教育和幼稚教育等，其中的一些設計方案爲國民政府教育部所沿用，繼續推動中小學教育的發展。

大學院對大學教員資格和薪俸作了具體規定；呼籲增高小學教員薪水，勸諭小學教員崇尚節儉。大學院成立後即頒佈《大學教員資格條例》，而遲至1928 年 7 月 31 日才規定增高小學教員薪俸的辦法；而且，大學教員待遇和小學教員的相差懸殊，由此可見，大學院對大學教育的重視遠遠超過對小學教育的關注，大學教師和小學教師薪俸規定是一個明顯的佐證。

大學院試圖使學生脫離政黨的影響和控制，使童子軍由教育機關管轄，完全脫離黨部；禁止學生自治會干預國政校政，不贊成學生參與民眾運動。蔡元培不滿國民黨對教育進行直接的組織控制，試圖進行溫和的思想控制，

〔註109〕蔡元培：《關於青年運動的提案》，中國蔡元培研究會：《蔡元培全集》第 6卷，杭州：浙江教育出版社，1997 年，第 263～264 頁。

但國民黨對教育的黨化卻在不斷滲透與強化。

國民黨實行黨化學校課程、黨化中小學教師以及黨化學生的策略。國民黨要求各級學校，除各種課程融會黨義精神外，一律增加黨義課程；利用中小學教員講習會，訓練了一批黨義教員；不允許大學院管轄童子軍，由中央訓練部委定的司令負責指揮童子軍；等等。大學院對這些黨化措施，只能接受、妥協，甚至協助國民黨的黨義教育。

第三節　教科書的審查

教科圖書，爲教育的命脈。世界各國對於中小學校用的教科圖書，無不注意編纂，而加以審查。〔註110〕南京國民政府成立後，國家形式上的統一與中央權威的加強，使中央政府有條件、有能力採取措施對中小學教科圖書進行審查。大學院就是教科圖書審查活動的具體執行者。

一、審查的辦法

大學院成立後，專設書報編審組於教育行政處之下，書報編審組又分兩股：編譯股和審查股。編譯股主要職掌關於《大學院公報》及其他書報的編輯、教科書及其他教育上必要圖書的編纂和其他編譯事項。審查股主要負責教科用圖書的審查、教育用品及標本儀器的審查、其他重要書報的審查以及版權的專利和登記事項。〔註111〕另外，大學院又在藝術教育委員會下分設藝術教育編審委員會，輔助大學院編審組，專司藝術教育書報的編輯及審查事宜。〔註112〕

1927 年 11 月 4 日，大學院教育行政處第 2 次會議討論教科圖書審查條例案，議決修正通過，並呈請國民政府核准公佈。12 月 3 日，大學院教育行政處第 5 次會議討論審查圖書院長案議決：「審查中小學教科書須從嚴格，其他圖書於請求登記著作權時，加以大體審查，以不背黨義，無害社會爲度。除課本經本院審定外，一律不許稱『大學院審定』或『審查』等字樣。」〔註113〕

〔註110〕鄭鶴聲：《三十年來中央政府對於編審教科圖書之檢討》，《教育雜誌》，1935年第 25 卷第 7 號，第 1 頁。

〔註111〕《大學院教育行政處組織條例》，《大學院公報》，1928 年第 1 期，第 55 頁。

〔註112〕《大學院藝術教育編審委員會組織條例》，《大學院公報》，1928 年第 1 期，第 73 頁。

〔註113〕《大學院教育行政處處務會議錄》，《大學院公報》，1928 年第 2 期，第 49、

　　1927 年 12 月 16 日，大學院公佈《教科圖書審查條例》，同時廢止了國民政府教育行政委員會公佈的《教科圖書審查規程》和《三民主義教科書審查規程》。《教科圖書審查條例》內容共 16 項，其中規定：小學校及中等學校，所採用之教科圖書，非經中華民國大學院審定者，不得發行或採用。審查的教科圖書的種類依其性質，分為七項：三民主義、國文國語、外國語、社會科學、自然科學、職業各科和音樂、圖畫、手工、體操。審查圖書，以不背國民黨的主義、黨綱及精神，並適合教育目的、學科程度及教科體裁者為合格。〔註 114〕

　　1928 年 2 月和 3 月，大學院分別公佈了《小學暫行條例》和《中學暫行條例》，規定小學三民主義、公民、國語、算術、歷史、地理、衛生、自然、樂歌、體育、黨童子軍、圖畫、手工為小學教授科目；中小學教科書須採用中華民國大學院所審定的。〔註 115〕大學院為執行教科圖書審查條例起見，設立了教科圖書審查委員會。委員由大學院院長聘任，院長兼任委員長，委員都為無給職。該會依據《教科圖書審查條例》第 3 條的規定，分為三民主義、國文國語、外國語、社會科學、自然科學、職業各科及音樂圖畫手工體操等 7 組。〔註 116〕

　　此外，大學院還制訂了教科圖書審查的辦法。凡呈請審查的教科圖書寄到大學院時，由編審組逐件編號，並分門別類發交審查委員會。如果編審組認為，與審查標準相差太遠，毫無價值的書，得到院長的同意後，逕予駁斥。審查工作分初審、複審兩次；每次每書都須經兩人以上的審查，才能完成。審查委員會各組主席，在接到圖書後，應即召集會議，分配初審工作；初審以一月為期。初審完畢，又審查委員會各組主席，整理初審結果，於半月內分配複審工作；複審也以一個月為期。複審完畢，再由審查委員會各組主席，召集會議，討論並整理審查結果，於半月內送達大學院，等等。〔註 117〕

　　1928 年 4 月，大學院修正大學院組織法，對大學院的組織機構做了調

　　　　　53 頁。
〔註 114〕《教科圖書審查條例》，《大學院公報》，1928 年第 1 期，第 22～26 頁。
〔註 115〕《小學暫行條例》，《大學院公報》，1928 年第 3 期，第 14 頁；《中學暫行條例》，《大學院公報》，1928 年第 4 期，第 2 頁。
〔註 116〕《大學院教科圖書審查委員會組織條例》，《大學院公報》，1928 年第 4 期，第 27 頁。
〔註 117〕《大學院暫行教科圖書審查辦法》，《大學院公報》，1928 年第 4 期，第 73～74 頁。

整，分設 5 處，將關於教科圖書的審查編纂事項劃歸文化事業處。〔註118〕此後，教科圖書的審查事項就由文化事業處負責。

二、審查的過程

自大學院公佈《教科書審查條例》後，截止到 1928 年 3 月 26 日，各書坊及私人送請審查的書籍，已有二三百種，共千餘冊之多。大學院分聘國內專門學者，主持審查工作。因為各書局呈送書籍中，有印刷未全僅送數冊的，所以大學院又令知各書局將尚未印行的部分，先行呈送稿本，以便利審查進行。〔註119〕大學院定審查教科書第一屆從 1928 年 4 月 1 日至 8 月 1 日。凡在 4 月 1 日前，送交大學院的圖書，都歸此屆辦理。〔註120〕

《教科圖書審查條例》公佈後，「遵章呈送者，雖有多起，其未呈送者，當復不少。又中小學校，採用外國文之各科課本，亦應受同樣審查，方准適用。而此類呈請，由屬不多」。於是，1928 年 4 月 2 日，大學院訓令江蘇、浙江大學校長、各省教育廳長及各特別市教育局長，再令各該機關明白布告教科圖書審查條例，以便周知；並強調從當年 9 月 1 日開始實行《教科圖書審查條例》第一條，凡未經大學院審定的教科圖書，一概不得發行或採用。〔註121〕

4 月 5 日，大學院審查教科書委員會徵集委員意見（審查教科書委員名單見表 3-2），制定審查共同標準。教科書審查標準包括兩個方面的要求：「甲（內容）：一、關於教材之實質者：內容充實、事理準確、切合實用；二、關於教材之精神者：不背黨義、適合國情、適合時代性；三、關於教材之組織者：全書分量多少適宜、程度深淺有序、各部輕重適度、條理分明、適合各級兒童心理、標題題目確切、有相當之插圖或說明；四、關於文字者：文字流暢通達、方言俚語摒棄不用、小學課本無艱深之文字。乙（形式）：一、字

〔註118〕《修正中華民國大學院組織法》，《大學院公報》，1928 年第 5 期，第 27 頁。
〔註119〕《大學院即將分發審查教科圖書》，《申報》，1928 年 3 月 29 日，第 11 版；《大學院審查教科書工作甚忙》，《上海民國日報》，1928 年 3 月 29 日，第 2 張第 4 版。
〔註120〕《大學院規定暫行教科圖書審查辦法》，《上海民國日報》，1928 年 3 月 21 日，第 2 張第 4 版。
〔註121〕《令江蘇、浙江大學校長各省教育廳長及各特別市教育局長為再令各該機關明白布告教科圖書審查條例以便周知由》，《大學院公報》，1928 年第 5 期，第 8～9 頁。

體大小適宜；二、紙質無礙目力；三、校對準確；四、印刷清楚；五、裝訂堅固美觀。」〔註122〕

表 3-2　大學院審查教科書委員名單

分　組	組主席	成　　　　　員
三民主義	吳稚暉	蔡元培、楊杏佛、戴季陶、周佛海、陳維綸
國文國語	陳鍾凡	孟憲承、柳詒徵、胡適、吳研因、袁昌英、夏承楓、鍾道纘、張九如、張鳳、陳柱、馮淑蘭、楊嘉椿、黃建中、錢基博
外國語	張士一	樓光來、李瑪利、丁燮林、何志競、葉達前
社會科學	葉元龍	經濟股：葉元龍（股主席）、陳端、王濱海、朱亦松 法政股：燕樹棠（股主席）、周覽、樓桐蓀、柳詒徵、羅家倫、湯用彤、劉國鈞、竺可槙
自然科學	張　準	化學股：張準（股主席）、王璡、吳承洛、張樹江 數學股：錢寶琮（股主席）、段調元、嚴濟慈、雷震清、羅廷光、盛振聲、俞子夷 物理股：吳猷訓（股主席）、丁燮林、查謙、楊允中 生物股：秉志（股主席）、胡先驌、張景鉞、蔡堡 地學股：李四光（股主席）、徐淵摩、諶湛溪、鄭厚懷 天文股：高魯（股主席）
職業各科	邰爽秋	教育股：邰爽秋（股主席）、高君珊、趙迺傳、馬客談、艾偉 農業股：過探先（股主席） 工業股：周仁（股主席） 商業股：陳長蘅（股主席）、衛挺生、史澤宣、曾昭承、王祉偉 醫藥衛生股：葛成慧（股主席）
音樂圖畫 手工體操	李毅士	圖畫：徐悲鴻 音樂：蕭友梅（股主席）、王瑞嫻、程懋筠 手工：吳漑亭、姜丹書

資料來源：《教科圖書審查委員會委員名單》，中國第二歷史檔案館藏檔案，全宗號
　　　　　393，案卷號 2911。

　　大學院極力爭取對教科書審查事權的控制。《教科圖書審查條例》規定，凡教科圖書的審查概由大學院辦理。但是，各省區教育行政機關所呈報的教

〔註122〕《大學院進行審查教科圖書》，《上海民國日報》，1928 年 4 月 6 日，第 2 張
　　　　第 4 版。

育計劃仍有審查教科圖書一項，〔註123〕與條例規定不合，大學院於 1928 年 5
月 18 日，通令各省區教育行政長官和各大學區校長糾正此事。大學院強調，
教科圖書的審查，事權必須集中，辦法才能一致。即使邊遠省份，因特殊情
形，有採用特種教科書的必要時，也應先期呈請大學院核准。〔註124〕

　　大學院原定於 9 月 1 日實行《教科圖書審查條例》第一條，但截止到 1928
年 6 月，各地書坊或者誤解條文沒有將年前早經通行的書送審；或者呈送較
遲，大學院短時間難以審竣；或者審竣發還修改尚需時日，而邊遠省份購運
也非旦夕可達。時間緊迫，想要在本年開學以前，將一切教科圖書分別審
定或批駁，是不可能的；而且，課程標準將重新釐定，大部分的書籍或受
新標準的影響，有待改編。為了應急起見，大學院變通了教科圖書審查辦
法，暫定十條，主要包括：凡在 1928 年 8 月 31 日以前經大學院審定的圖
書，如呈請審查的原本與審定之本有出入時，發行人應將舊本自 1929 年 1 月
1 日起停止出售，各學校也不得採用。凡在 1928 年 8 月 31 日以後審定的，舊
本自 1929 年 8 月 1 日起應停止出售，各學校也不得採用。凡審定的圖書在審
定有效期間內，如因與將待制定的新課程標準不合，或有其他不合的原因
時，本院得依現行教科圖書審查條例第 14 條的規定，取消其審定效力，等
等。〔註125〕

　　在大學院審定教科圖書的過程中，1928 年 5 月召開的全國教育會議的與
會代表，提出了多項關於教科書的議案，這些議案包括：改善中小學教科書
案、中小學應特別注意國恥教材以喚起民族觀念案、初中以下學校的教科書
除外國語外不得採用外國文課本案、中小學各科教學應注重補充讀本案、規
定各地方小學用鄉土教材補充讀物編纂條例准各地方自編補充讀物案、搜集
合於海外情形之教材編制適用華僑學校的教科書案、改良民眾讀物案、出版
物的審定機關應集中於大學院案等。〔註126〕這為大學院教科書編審工作提供

〔註123〕江西、甘肅等省教育廳呈交大學院的工作計劃中仍有審查教科圖書一項。參
　　　　見：《江西省政府教育廳工作計劃大綱》，《大學院公報》，1928 年第 5 期，第
　　　　70 頁；《甘肅省教育改進計劃》，《大學院公報》，1928 年第 6 期，第 92 頁。
〔註124〕《令各省區教育行政長官暨各大學區校長為教科圖書之審查概由本院辦理以
　　　　一事權由》，《大學院公報》，1928 年第 6 期，第 18～19 頁。
〔註125〕《布告變通審查教科圖書辦法由》，《大學院公報》，1928 年第 7 期，第 3～5
　　　　頁。
〔註126〕中華民國大學院編：《全國教育會議報告》乙編，上海：商務印書館，1928
　　　　年，第 581～602 頁。

了一定的借鑒和指導。部分提案對大學院取締不良教科書，編審教科書突出民族性等決策產生一定影響。

「濟南慘案」的發生，對教科圖書的編審也有一定影響。蔣介石不僅在軍事上因濟南事變的刺激要求整頓，同時對一般學校教育也持相同看法，1928年5月22日，他致電大學院院長蔡元培：

> 國家危亡，至此已極。挽救之道，非從興學養廉，激濁揚清入手，另無他法。小學與中學教科書請從速訂定，強迫各書坊發行。凡其從前自編輯之教科書，均應嚴禁。尤須注重小學教科書與小學教師，必使其有愛國雪恥之血心，而後方能任其為教師也。教科書之精神，其一即為國恥，而尤須注重膠東與遠東之恥辱。其次乃為三民主義與五權憲法。再次則為本黨之歷史與國民革命之意義。至於戒私鬥，尚親愛，必使人人有團結一致，同仇敵愾之心，而後方能救國保種也。現今社會之貪污腐敗，疲玩奢侈，乃為弱國之原因。必使人人能知科學之重要，非此不能治事。若使人人知組織、系統、範圍、統計為辦事之本，煉鋼、煉鐵、製藥、電氣、機器、鐵路六者為守國之要，則十年之內不難復國雪恥也。雪恥之道，以臥薪嚐膽，破釜沉舟之歷史，以教國民，使其有所興起效法，是以教育之一道也。總使人民知法守法，知恥雪恥，而紀律與秩序，更使國人知所嚴守也。〔註127〕

蔣介石將國恥作為教科書的一種精神，他的建議促使大學院編審教科書時注意添加國恥的內容，並對大學院的計劃產生一定的推動作用。1928年6月，大學院制定的訓政時期施政大綱就將「編制國恥書指導書」列入第一年的計劃，〔註128〕計劃推行國恥教育。〔註129〕

〔註127〕 李國祁：《民國史論集》，臺北：南天書局有限公司，1990年，第515頁。

〔註128〕 《大學院擬定訓政時期施政大綱》，《大學院公報》，1928年第8期，第99頁。

〔註129〕 大學院已於1928年5月在課程設置上增添國恥紀念的內容。「濟南慘案」後的第3天，即1928年5月6日，大學院院長蔡元培即通電各大學、各省市教育廳、教育局，分令各校，於「五七」至「五九」國恥紀念日，各校應講授特種課程：（一）民族主義，（二）日本的研究，如地理、歷史、人口、經濟、兵力、文化等，（三）中日交涉史等，使青年明白紀念國恥之真諦。參見：高平叔：《蔡元培年譜長編》第3卷，北京：人民教育出版社，1998年，第208頁。

三、特點及結果

大學院審查教科書的活動，具備以下四個特點：

首先，編審制度比較完備。大學院制定的編審政策較爲具體，除《教科圖書審查條例》之外，還接連公佈了一系列相關審查辦法與通知。之前教科書通過審定之後，有效期通常爲 5、6 年，而大學院規定 2 年後「不合時宜」即取消審定效力；而且對教科書的價格做了限定，避免價格過高，保證教科書流通的平民化、大眾化。教科書審查制度的建立，對全國教科書的編寫、出版起到了規範作用，尤其在教育界、出版界有關人士的努力下，確實出版了不少優秀的教科書。

其次，注重三民主義在教科書中的地位。《教科圖書審查條例》十分明確地把不違背國民黨黨義、黨綱和精神，作爲教科書合格的首要條件，突出了三民主義思想在教科書編輯中的地位。當國民革命軍北伐告成之後，學制雖無重大變更，而國民訓練之目標，已以三民主義爲基礎。商務印書館爲協助貫徹黨義教育起見，由王雲五、何炳松等編輯新時代教科書一套，自小學至初中，無不齊備。均先後經大學院及教育部審定，風行全國。〔註130〕吳研因也發現，1927 年後，小學教科書例如商務的《新時代》、中華的《新中華》、世界的《新主義》等，就充滿了許多國民革命與三民主義的教材。不過那時的教科書，文字既很草率，內容又未免多了些叫口號式的叫囂。〔註131〕

再次，取締不良教科書。全國教育會議有關教科書提案，請大學院改進中小學教科書的質量，取締「不良」教科書，主要依據爲是否符合三民主義原則、學生身心發展規律等。〔註132〕1928 年 6 月，大學院制定的訓政時期施政大綱，對不良教科書的處理有明確的規劃：「第一年取締不良教科書；第二年編輯坊間缺乏的小學教科書；第三年編輯坊間缺乏的中學教科書。」〔註133〕取締不良教科書方案經國民政府的提倡，得到了具體實施。國民政府禁燬了違背三民主義和國民黨黨義的中小學教科書。上海江灣書局印行的圖書因違

〔註130〕莊俞：《最近三十五年來之商務印書館》，商務印書館編：《最近三十五年之中國教育》下，上海：商務印書館，1931 年，第 7 頁。

〔註131〕吳研因：《清末以來我國小學教科書概觀》，《中華教育界》，1935 年第 23 卷第 11 期，第 104 頁。

〔註132〕中華民國大學院編：《全國教育會議報告》乙編，上海：商務印書館，1928 年，第 581～584 頁。

〔註133〕《大學院擬定訓政時期施政大綱》，《大學院公報》，1928 年第 8 期，第 98 頁。

反三民主義原則，遭到查封。隨後，上海市教育局通令各級學校校長，應嚴格取締反動書籍，並加以銷毀。與此同時，危害中小學身心健康的淫穢圖書被地方政府嚴令查禁。〔註134〕

最後，添加國恥與民族性內容。全國教育會議中不少提案建議中小學教科書應增加國恥內容，注重帝國主義入侵史實的介紹，學校應宣講國恥事件，懸掛國恥圖表，組織師生商討擊退入侵者的方法。提倡中小學教科書內容應突出民族性，直接影響到國民政府教育部的決策。1930 年，教育部訓令各省市教育主管部門，要求各中小學教科書編輯機構及相關人員，應將「濟南慘案」和「中東路慘案」等國恥內容編入小學教科書。國立編譯館編製的中小學教科書，納入大量帝國主義的侵略事件，目的為提升中小學生的民族氣節。

此外，蔡元培還注意審查教科書的中國化問題。全國教育會議上，貴州教育廳提出「教育須中國化案」，強調中國教育第一義即在中國化。會議審查會決議辦法三點：注重中國文，注重常識，以及各種科學加入中國化；並請大學院於編審教科書時注意此三點。會議照審查意見通過。〔註135〕1928 年 5 月 24 日，蔡元培出席三民主義教育組審查會議，討論貴州省教育廳所提教育須中國化等案，決定交大學院於編審教科書時，注意此點。〔註136〕

1928 年 6 月至 10 月間，大學院公佈審定的圖書 92 種，均屬商務、世界、中華三書局之書。東方編輯社及三民公司，僅各一種。公佈審竣發還修正的圖書 15 種，尚在審查的 500 餘種。除商務、中華、世界三書局各書外，有新開的民智書局出版任中敏的民智初小國語讀本，孫俍工的初中國語文讀本，中華愛國社的小學補充國恥讀本，浙江大學劉奇的邏輯概論等書。〔註137〕

大學院審定的圖書中，三民主義的教科書約佔了 10%，這體現了南京國民政府以三民主義作為官方正統意識形態，實行黨化教育的政策傾向。國語

〔註134〕 於瀟：《民國時期第一次全國教育會議與國民政府初期中小學教科書改革》，《南陽師範學院學報（社會科學版）》，2012 年第 2 期，第 91 頁。

〔註135〕 《教育須中國化案》，中華民國大學院編：《全國教育會議報告》丙編，上海：商務印書館，1928 年，第 1 頁。

〔註136〕 高平叔：《蔡元培年譜長編》（第 3 卷），北京：人民教育出版社，1998 年，第 222 頁。

〔註137〕 教育部：《第一次中國教育年鑑》戊編　教育雜錄（第三　教科書之發刊概況），上海：開明書店，1934 年，第 129 頁。

和歷史教科書佔了三分之一，而地理、植物、動物、生物、衛生等自然科學的教科書則只占17%左右。此次教科書審查，對職業學校的教科書比較重視，通過審查的農業、師範和商業類的教科書占總數的四分之一強。審定的教科書中，小學教科書占一半以上，其次中學教科書約占三分之一，職業學校約占18%。大學院審定的教科書種類及數量的統計見表3-3。

表3-3　大學院審定的教科書種類與數量統計

書籍種類／學校類別	三民主義	公民	國語	歷史	自然科學	常識、社會、千字課	圖畫	農業、師範、商業	總計
小　學	6	3	18	5	8	5		2	47
中　學	2		4	5	8		2	4	25
職業學校								17	17
其　它	1					2			3
總　計	9	3	22	10	16	7	2	23	92

資料來源：《大學院公報》，1928年第6～9期，第61、55～59、63～64、71頁。

四、影響與評價

　　大學院審定的某些教科書，在大學院廢止後的數年內乃至超過了有效期仍在出版、使用。例如，由陳振編撰、王雲五校訂，商務印書館出版的《新時代地理教科書》（1～4冊），自1927年10月出版，直到1932年12月還繼續出版，其中第2冊出版到國難後第51版。〔註138〕《新時代三民主義教科書》共八冊，經大學院審定，截止到1930年9月，第一冊出版到第1020版，第二冊860版，第三冊835版，第四冊735版，第五冊603版，第六冊540版，第七冊530版，第八冊420版。〔註139〕

　　大學院審定的教科書雖然數量有限，但其使用範圍比較廣。永川英井私立中學在1933年8月至1934年7月仍在使用大學院審定的宋崇義編的新中學教科書《植物》。海外也有學校採用大學院審定的教科書，南洋邦加流石中

〔註138〕《民國時期總書目（1911～1949）》，北京：書目文獻出版社，1995年。
〔註139〕中國第二歷史檔案館：《中華民國史檔案資料彙編》第5輯　第1編　教育（二），南京：江蘇古籍出版社，1994年，第1116頁。

華學校定於 1930 年下學期開始改用大學院審定的商務新時代課本。〔註 140〕
由此可見，大學院審定的教科書的質量值得肯定。

　　1928 年 11 月，大學院改爲教育部，大學院的教科圖書編審工作由教育部
延續下來。教育部設編審處編譯圖書，審查教育所用的圖書儀器及其他教育
用品。1929 年 1 月 22 月，教育部公佈《教科圖書審查規程》、《暫行教科圖書
審查辦法》和《審查教科圖書共同標準》，這幾個法令可以說是國民政府關於
教科書審查的專門性規章制度，此後國民政府很少發佈類似的法令。〔註 141〕
但是，教育部幾乎是沿用大學院審查教科書的辦法與共同標準，只是在大學
院的審查制度上略作修改而已。

　　教育部頒佈的《教科圖書審查規程》基本就是大學院《教科圖書審查條
例》的翻版，僅在發佈機構、審查有效年限等細節上做了一些改動而已。教
育部訂定的教科圖書審查辦法，與大學院審查教科圖書辦法沒有大的區別，
較爲詳細地規定了審查程序和方式。教育部將審查教科圖書的種類分爲本國
語文、外國語文、社會科學、職業各科和技藝各科六股，大學院沒有這種劃
分；另外，大學院和教育部都規定圖書審查分初審、複審和終審三次，前者
要求終審須經大學院，而後者只以審查會決定即可。教育部基本沿用了大學
院制定的審查教科圖書共同標準，只是在教材的組織方面，添加了「有相當
之問題研究或舉例說明」、「能顧及程度之銜接」和「能顧及各科之聯絡」三
點要求。〔註 142〕

　　在大學院審查教科圖書的過程中，充分體現了南京國民政府黨化教育的
指導思想。控制教科圖書的編審是實現教育目的的關鍵，國民政府建立和完
善教科圖書審查制度必然貫穿著思想控制的意圖，從而借助教科書審定貫徹
國民黨的意識形態。大學院明確提出教科書的審查以不背黨義、黨綱及精神，
並適合教育目的，這基本形成了南京國民政府教科書審查的政治標準。

　　大學院存在時間比較短暫，僅僅一年，其教科圖書編審的成效並不明
顯，但它是民國教科書發展歷程中不可或缺的一環，對南京國民政府教科圖

〔註 140〕廖巍：《南京國民政府大學院之教科書編審述評》，《湖南師範大學教育科學
　　　　　學報》，2008 年第 6 期，第 28 頁。
〔註 141〕畢苑：《建造常識：教科書與近代中國文化轉型》，福州：福建教育出版社，
　　　　　2010 年，第 156 頁。
〔註 142〕中國第二歷史檔案館：《中華民國史檔案資料彙編》第 5 輯第 1 編　教育
　　　　　（一），南京：江蘇古籍出版社，1994 年，第 89～92 頁。

書審查起到奠基性的作用。

第四節　全國教育會議

　　1928 年 5 月召開的全國教育會議，是南京國民政府成立後官方召開的第一次全國性教育會議，它取代了之前討論重要教育問題的民間組織全國教育會聯合會的年會。〔註143〕由於北伐的影響，計劃於 1926 年 10 月 10 在南昌召開的全國教育會聯合會第 12 次年會夭折。國民黨的黨化教育隨著北伐的推進而逐漸推向全國，各省區的教育會也自保不暇，全國教育會聯合會已失去存在的環境，最終無形解體。

一、會議的概況

　　大學院成立後不久就計劃召開全國教育會議。為謀三民主義教育的實施，教育行政的統一，學制系統的整理，教育經費的保障，以及教育效率的增進，大學院召集全國教育會議，以解決上述種種問題。〔註144〕大學院召集教育會議，得到國民政府的大力支持，國民政府委員會第 39 次會議議決：定名為全國教育會議，由大學院召集，所需費用由財政部按照大學院所列預算撥發。〔註145〕

　　蔡元培在致開會辭時說：「今日為全國教育會議開會之期，當全國尚未完成統一之前，而大學院已舉行此種會議，有二原因：一以吾國教育界之統一，素未經何種勢力之阻隔；二則以教育上有許多重大問題，非採取全國教育家之意見，未易解決也。」〔註146〕國教育會議的召開，體現了蔡元培的由教育家管理教育的理想，商討解決當時面臨的各種教育問題，繼續推進教育改革。

　　大學院設立全國教育會議籌備委員會、全國教育會議大學院提案預備委

〔註143〕關於全國教育會聯合會的研究，參見：梁爾銘：《全國教育會聯合會研究》，華南師範大學教育史博士學位論文，2008 年。
〔註144〕《大學院召集全國教育會議籌備之情形》，《大學院公報》，1928 年第 3 期，第 75 頁。
〔註145〕《國民政府秘書處來函為國府議決定名全國教育會議其需用經費候令行財政部照撥由》，《大學院公報》，1928 年第 4 期，第 65 頁。
〔註146〕蔡元培：《開會辭》，中華民國大學院編：《全國教育會議報告》丁編，上海：商務印書館，1928 年，第 1 頁。

員會，進行大會的籌備工作。全國教育會議籌備委員會分文書、編輯、會計、庶務、招待五科，共聘任 32 名委員，其中朱經農、高君珊、金湘帆、許壽裳、過探先 5 人為常務委員。〔註147〕籌委會從 1928 年 2 月 10 日即開始辦公，其所擬《全國教育會議規程》於 2 月 17 日經國民政府修正通過。從 1928 年 2 月 29 日至 5 月 14 日，籌委會共召開 16 次籌備委員會會議，議決了事項主要包括：經費問題、會議證章樣式、開會地點、宴會地點、會員住宿、招待日程、全國教育會議會員產生辦法、籌備委員會組織大綱、提案預備委員會條例、全國教育會議提案辦法、大會旁聽規則，等等。〔註148〕籌委會的工作為大會的順利召開奠定了基礎。

全國教育會議大學院提案預備委員會是輔助大學院預備全國教育會議議案的機關。該委員會委員由大學院聘請國內教育專家 61 人組成，分為三民主義教育、教育行政及經費、初等及中等學校教學、普及教育及社會教育、出版物、科學教育、體育指導、藝術教育、專門及職業教育、改進私立學校等十個小組，大學院指定各組常務委員一人，主持各該組一切事宜。〔註149〕吳稚暉、孟憲承、廖茂如、餘慶棠、孟心史、王璡、吳蘊瑞、蕭友梅、過探先和鄭宗海分別是十個小組的常務委員。〔註150〕會員所提議案須具普通性質，如果屬於地方的特別事項就不宜提出；每條議案宜分理由、辦法，以切實可行為主，既須有充分理由，又貴有具體辦法。〔註151〕各議案在 4 月 30 日前寄交大學院全國教育會議籌備委員會以便整理。提案預備委員會為全國教育會議提案的收集、整理與審查進行了卓有成效的工作。

全國教育會議於 1928 年 5 月 15 日開幕至 28 日閉幕，歷時 14 天，會議主席為蔡元培和楊杏佛，兩人先後交替主持召開了 12 次全體會議。會議採取「合議制」，會議須有報到人數過半數出席，才能開議。會議分初讀、再度、

〔註147〕《全國教育會議籌備委員會》，中華民國大學院編：《全國教育會議報告》丁編，上海：商務印書館，1928 年，第 72 頁。

〔註148〕《經過概況》，中華民國大學院編：《全國教育會議報告》丁編，上海：商務印書館，1928 年，第 63～70 頁。

〔註149〕《全國教育會議大學院提案預備委員會條例》，《大學院公報》，1928 年第 4 期，第 33～34 頁。

〔註150〕《全國教育會議大學院提案預備委員名錄》，《大學院公報》，1928 年第 4 期，第 100～106 頁。

〔註151〕《全國教育會議大學院預備提案辦法》，《大學院公報》，1928 年第 4 期，第 34 頁。

三讀。初讀時討論大體，決定本案成立與否；再讀時逐條審議；三讀時修正文字。經過三讀之後，議案即完全成立。會議表決議案，取決於出席會員的多數，遇可否同數時，取決於主席。〔註152〕

會議正式會員共有 78 人，分爲各省區代表 40 人，特別市代表 2 人，各機關代表 8 人，大學院選聘專家 18 人，大學院當然出席者 10 人。其中宋子文、丁惟汾、白雲梯和朱霽青四人因故未能與會。大學院大學委員會委員胡適、蔣夢麟、朱家驊、吳稚暉、張乃燕、鄭洪年、高魯、張謹等人也出席會議。〔註153〕參加會議的會員與列席的大學委員總計 81 人，〔註154〕其中 53 人具有留學背景並學有專長，約占總數的 65%。留學歸國人員基本主導中國教育政策的制訂與實施，且歐美學生特別是留美學生佔據主導地位。

全國教育會議的會員大多來自各級教育行政機關或各級學校，針對當時中國教育狀況與存在的問題，提出多項議案。這些議案對於教育上重要問題，幾乎網羅無遺。議案分爲三民主義教育、教育行政、教育經費、高等教育、普通教育、職業教育、科學教育、體育、藝術教育、社會教育、出版物、改進私立學校等十二組，總計 402 件，成立的有 237 件，合併其內容相近的有 130 件。大會議決的 237 件議案中，三民主義教育組 12 案，教育行政組 49 案，教育經費組 29 案，高等教育組 23 案，普通教育組 29 案，職業教育組 19 案，社會教育組 27 案，科學教育組 14 案，藝術教育組 7 案，體育組 6 案，出版組 22 案，改進私立學校組 10 案。〔註155〕

在所提議案中，討論激烈、影響較大的主要集中在三民主義教育宗旨的確立、學制系統的修正、教育經費的討論等議案上。

〔註152〕《全國教育會議議事細則》，中華民國大學院編：《全國教育會議報告》甲編，上海：商務印書館，1928 年，第 12～14 頁。

〔註153〕《全國教育會議會員一覽》，中華民國大學院編：《全國教育會議報告》甲編，上海：商務印書館，1928 年，第 18～21 頁；《全國教育會議出席之大學委員》，《全國教育會議報告》甲編，第 29 頁。

〔註154〕據《申報》統計，全國教育會議實到會員人數共計 79 人，內有各省區代表 37 人，南京上海兩特別市代表 2 人，各機關代表 8 人，大學院選聘的專家 17 人，大學院當然出席者 9 人，大學委員 6 人。陳劍脩既爲南京特別市代表，又爲大學院當然出席者，仍以一人計算。參見：《會員籍貫之統計》，《申報》，1928 年 5 月 30 日，第 12 版。筆者根據《全國教育會議報告》的記錄，計算實到會員人數爲 81 人，略有差距。

〔註155〕《大會議決案統計》，《申報》，1928 年 5 月 29 日，第 11 版。

二、主要的議案

（一）確定教育宗旨案

確立教育宗旨是會議的重要議題之一。有關教育宗旨的提案約有 12 件，經議員們討論均獲通過。如表 3-4 所示。

表 3-4　全國教育會議教育宗旨相關提案明細表

序號	名　　　　　　稱	提　案　者
1	中華民國教育宗旨說明書	姜琦、陳禮江、黃統等
2	請大學院定三民主義為全國教育宗旨案	姜琦、邱椿
3	確定教育宗旨提案	陳禮江
4	確定教育宗旨案	王世鎮
5	請大學院速定黨國教育宗旨揭櫫民生社會道德標準用端國人趨向發揚吾國精神文化及固有美德俾國民知以人格救國實現三民主義以固國本案	張默君
6	規定三民主義教育宗旨案	黃統
7	各級學校應一律實施三民主義教育以養成效忠黨國人才案	向楚琨
8	促進三民主義教育宜即實行訓練師資案	周啓剛
9	確定全國教育方針案	湖南教育廳
10	廢止黨化教育名稱以三民主義教育案	大會提議
11	解釋黨化教育案	姜琦
12	確立教育方針實行三民主義的教育建議以立救國大計案	國立中山大學、廣東教育廳、廣西教育廳

資料來源：中華民國大學院編：《全國教育會議報告》乙編，上海：商務印書館，1928年，第 1～39 頁。

姜琦和邱椿批評了舊教育宗旨的弊端，「若依照前清學部及北京教育部之傳統方法，只將抽象籠統簡約的數十字之教育宗旨公佈，而不加以精密的詮釋與具體的方策，則教育宗旨將成一紙虛文，而失去其生活力」。他們建議大學院組織「教育宗旨委員會」，由委員會擬出《教育宗旨說明書》，內容主要包括：何謂三民主義，三民主義與中國的關係，中國目下的教育需

要等。〔註156〕

　　陳禮江建議定教育宗旨爲「注重三民主義的實現，而以實利化，社會化，平民化，人格化，及科學化的方法完成之」。著名婦女活動家張默君提議盡快確立教育宗旨，發揚民族精神文化，以人格救國，最終實現三民主義。黃統、向楚琨等也提議以三民主義爲教育宗旨，各級學校一律實施三民主義教育以養成效忠黨國的人才。〔註157〕這某種程度上說明，南京國民政府成立後，教育界與社會人士對三民主義的認同，以及對新政府的期待。

　　受大會之託，朱家驊、黃琬、金曾澄、楊廉、劉大白等參考姜琦、陳禮江、黃統等人的提案，起草了《中華民國教育宗旨說明書》，經大會修正通過，確定了此後中華民國的教育宗旨，就是「三民主義的教育」。《說明書》對教育宗旨的界定：「所謂三民主義的教育，就是實現三民主義的教育；就是以實現三民主義爲目的的教育；就是各級行政機關的設施，各種教育機關的設備，和各種教學科目，都是以實現三民主義爲目的的教育。」〔註158〕

　　此次大會還提議，廢止「黨化教育」名稱，代以「三民主義教育」，經全體表決通過。議員們認爲：「黨化二字，內容既不確定，出處也不明了，總理著作、大會議決，均無此名，考其來源，僅爲個人爭意氣之假名，而爲不求甚解者所習用。」教育方針應爲「三民主義之教育」。「所謂眞正之三民主義教育，必須將三民主義之精神，融化於一切教科教材之中，無一處一時不具三民主義之功用而後可。既非僅標三民主義之名詞所可收功，更非食古不化所能爲用。」〔註159〕

　　三民主義教育宗旨的確定，是全國教育會議的重要成績之一。專家會員周啓剛認爲，「此次教育會議能認定以三民主義爲教育的骨幹而實施黨化的教育，這是使我們抱有相當樂觀的注意的。」〔註160〕戴季陶也曾說：「第一次

〔註156〕姜琦、邱椿：《請大學院確定三民主義爲全國教育宗旨案》，中華民國大學院編：《全國教育會議報告》乙編，上海：商務印書館，1928年，第9頁。

〔註157〕中華民國大學院編：《全國教育會議報告》乙編，上海：商務印書館，1928年，第10～25頁。

〔註158〕《中華民國教育宗旨說明書》，中華民國大學院編：《全國教育會議報告》乙編，上海：商務印書館，1928年，第2頁。

〔註159〕《廢止黨化教育名稱代以三民主義教育案》，中華民國大學院編：《全國教育會議報告》乙編，上海：商務印書館，1928年，第29頁。

〔註160〕周啓剛：《我對於此次全國教育會議的感想》，《中央日報》，1928年5月28日，第1張第3面。

全國教育會議能認清思想中心，決定以三民主義爲教育中心，爲安全人心之舉，此之爲第一次全教會之最大成績。」〔註161〕三民主義教育宗旨的確立表明國民黨對教育的滲透、控制漸成事實，這無疑與蔡元培「教育不受任何政黨影響」的改革目標背道而馳。此後的教育，雖無「黨化教育之名」，卻有「黨化教育」之實。儘管後來教育宗旨的表述有過修改，但中華民國的教育是「三民主義的教育」，這個本質性的規定直到國民黨撤出大陸時都沒有改變。

（二）學制系統的修正

1. 學校系統的整理

此次全國教育會議，程時煃、孟憲承、舒新城、陳禮江、王祝晨、陳霆銳、蘇醒、向楚琨、陳受中，以及暨南大學、貴州教育廳等教育界人士和教育機構，共提出了有關整理學制系統的議案 13 件。

程時煃和孟憲承同擬的《整理學校系統案》經大會審查會修正通過，最後於 5 月 21 日經大會修正成立《整理中華民國學校系統案》（簡稱《學校系統案》）。《學校系統案》制定六條原則：根據本國實情，適應民生需要，增高教育效率，謀個性之發展，使教育易於普及，留地方伸縮可能。

大會通過的《學校系統案》對初等教育、中等教育和高等教育有具體的規劃。首先，初等教育方面，小學校修業年限六年；小學校分初高兩級，前四年爲初級，得單設之；小學校課程於較高年級，斟酌地方情形，增設職業準備學科；幼稚園收受六歲以下的兒童；初級小學修了後，得施行相當年期的補習教育。

其次，中等教育方面：a.中學校修業年限六年，分爲初高兩級。初級二年，高級三年。但依設科性質，得定爲初級四年，高級二年。b.初級中學得單設之。c.高級中學應與初級中學並設，但有特別情形時，得單設之。高級中學以集中設立爲原則。d.初級中學施行普通教育，但得視地方需要，兼設各種職業科。e.高級中學，得分普通科，及農、工、商、家事、師範等職業科，但酌量地方情形，得單設普通科。農工商師範等科，得單獨設立爲高級職業中學校，修業年限，以三年爲原則。f.中學校初級三年以上得酌行選科制。g.各地方應設中等程度之補習學校（或稱民眾學校）。其補習之種類及年限，視地方

〔註161〕《戴季陶講詞》，《上海民國日報》，1930 年 4 月 20 日，第 2 張第 3 版。

情形酌定之。h.爲推廣職業教育計，得於相當學校內附設職業師資科。i.爲補充鄉村小學教員之不足，得酌設鄉村師範學校，收受初級中學畢業生或相當程度學校肄業生之有教學經驗且對於鄉村教育具改革之志願者，修業年限一年以上。

最後，高等教育方面，大學校分設各科，爲各學院，其單設一科者，稱某科學院；大學校修業年限四年至七年，醫科及法科修業年限至少五年；爲補充初級中學教員之不足，得設二年之師範專修科，附設於大學教育學院，收受高級中學及師範學校畢業生；研究院爲大學畢業生而設，年限無定。〔註162〕

經過整理的學制系統，初等教育與壬戌學制大致相同。中等教育除師範與職業外，關於普通初高兩級，也與前期沒有出入。師範教育與前期不同的有三點：一是廢止六年制；二是取消師範專修科及講習所等名目；三是添設鄉村師範學校。職業學校與前期不同的，就是脫離普通中學而自成系統。除初高兩級正式職業學校外，尚得在初級中學或高級中學內分設各種職業科。此外，還可於小學校內增設職業學科。關於高等教育，分大學及專門學校二種，修業年限與前期無大出入。所不同的有兩點：一是大學取消單科制而爲多院制；二是師範大學沒有單獨規定的地位。〔註163〕

全國教育會議對學制系統有一番精密的討論，可是大會的多數意見以爲，「中國地大物博，各處情形不同，制度上必須留一點伸縮的可能；同時鑒於現行學制實施未久，尚無若何顯著的利弊；教育事業重在精神，也不必徒在制度形式上多所改變，所以變更之處很少」。〔註164〕總之，全國教育會議制定的戊辰學制對比1922年的壬戌學制，變化不大。

學制系統整理案決定後，有人似乎有點失望。許崇清覺得未免太過敏感，他告誡人們：「我們總要記著，這次會議還是在軍政時期將近告終，訓政時期尚未開始的時候的一個會議，縱使有多少不徹底的地方，也不必遽爾悲觀，我們的前程還很遠大。即使現在大家不敢放膽去幹，但我們相信不久大家就

〔註162〕《整理中華民國學校系統案》，中華民國大學院編：《全國教育會議報告》乙編，上海：商務印書館，1928年，第93～96頁。

〔註163〕杜佐周：《現代學制的演變及其評議》，《中華教育界》，1947年第1卷第1期，第85頁。

〔註164〕《全國教育會議宣言》，中華民國大學院編：《全國教育會議報告》甲編，上海：商務印書館，1928年，第2～3頁。

必定不得不放膽去幹。」〔註165〕但對於學制的整理，民國時期內也只是進行一些枝節、局部性的修改，並沒有人像許崇清預言的那樣「放膽去幹」，進行徹底的改革。這倒印證了他觀察到全國教育會議的一個傾向──「遷就現在的傾向，志在隨順社會自然的進展以圖改進」。

2. 師範教育的獨立

1922 年學制頒佈後，呈現出取消師範教育獨立地位的傾向。許多師範學校被合併，原有師範區悄然消失，到南京國民政府成立時，師範教育的發展已陷入低谷。據《第一次中國教育年鑒》統計，從 1922 年到 1928 年，師範教育明顯退步，學校、學生、教職員和經費數目都大幅減少，詳見表 3-5。

表 3-5　　1922 年、1925 年、1928～1930 年師範教育相關情況統計表

年　　份	學 校 數	學 生 數	教職員數	經費數（元）
1922 年	385	43846	5013	4633919
1925 年	301	37992	3951	4368262
1928 年	236	29470	3743	3468072
1929 年	667	65695	8214	7283875
1930 年	2992	514609	58919	48713057

資料來源：教育部編：《第一次中國教育年鑒》丙編　教育概況（第一　學校教育概況），上海：開明書店，1934 年，第 311 頁。

國立中山大學和廣東、廣西兩教育廳也認識到，「最奇之現象，則今年以來，師範教育之破碎支離是也。舊日專設之師範學校，或歸併大學之教育學系，或於普通之中學，附設師範科，自政府以至於教育界，從未聞對此問題，加以考慮者」。他們提議注重全力建設獨立的師範學校，以達到建設國民道德，改造國民身心的根本目的。〔註166〕

黃琬、李相勖、程時煃、孟憲承等提議，師範教育以獨立設校為原則；江蘇大學區師範科聯合會主張，各級師範教育應自成一系統；南京特別市教育局也提議，師範學校應獨立開辦。

〔註165〕許崇清：《此次會場中的兩個傾向》，《申報》，1928 年 5 月 27 日，第 17 版。
〔註166〕《師範學校應獨立建設以維教育而固國本案》，中華民國大學院編：《全國教育會議報告》乙編，上海：商務印書館，1928 年，第 141 頁。

　　5 月 21 日，大會討論師範學校應否獨立案，此案根據程時煃、孟憲承的提案及參酌廣東、廣西教育廳提案加以修改。楊杏佛統計，全場有 7 次主張高中設師範科，4 次主張師範獨立，可付表決。對「高中設師範科外，應多設立師範學校」進行表決時，到會 60 人，52 人舉手贊同，〔註 167〕提案獲得通過。

　　此外，鄉村師範教育問題也得到重視。陶行知提出「鄉村小學師範學校標準案」、歐元懷的「提倡鄉村教育設立鄉村師範學校案」和韓安「請大學院明令各省注重訓練鄉村教育師資案」，都主張政府應認識到設立鄉村師範學校的必要性，指出鄉村教師的極度缺乏，鄉村需要的教師數量是城市的五六倍，城市師範學校無法培養這麼多的鄉村教師，加上其培養的教師不願到鄉村，所以建立鄉村師範學校勢在必行。〔註 168〕這些提案為發展師範教育的決策提供了借鑒意見。

3. 中等女校的獨設

　　國立中山大學、廣東和廣西教育廳提出「女子教育須確認培養博大慈愛之健全的母性，為救國保民之要圖，優生強種之基礎，此一要義，為今後建設女子教育必不可易的方針」，認為女子應該接受特殊教育，承擔幼兒保育、兒童教養以及建設良好家庭生活的任務。為了達到特殊教育的目的，中等女子學校應獨立設置。〔註 169〕

　　張奚若也提議實行中等男女分校制。他認為，中學階段，男女在生理上易引起性的糾紛問題；父母常因避免中學男女同校的不良影響而反對女兒受中等教育；以及主張男女同校援歐美為例，但中國國情萬難與歐美比擬。鑒於這三個原因，他提出中學以男女分校為原則；同城中如無獨立女子中學，則在男子中學內另設女子部，現行合班教授制，一律革除。〔註 170〕

　　中山大學和兩廣教育廳的提案在大會上經過了劇烈討論。蔡元培在該案自動撤回後，接到戴季陶來電，稱「此案係此間同志切實研究，經月討論而

〔註 167〕《師範教育案通過》，《上海民國日報》，1928 年 5 月 22 日，第 2 張第 3 版。

〔註 168〕中華民國大學院編：《全國教育會議報告》乙編，上海：商務印書館，1928 年，第 147～150 頁。

〔註 169〕《確立教育方針實行三民主義的教育建設以立救國大計案》，中華民國大學院編：《全國教育會議報告》乙編，上海：商務印書館，1928 年，第 44～46 頁。

〔註 170〕《實行中等男女分校制》，中華民國大學院編：《全國教育會議報告》乙編，上海：商務印書館，1928 年，第 63～64 頁。

決定，亦爲十餘年來一切成敗禍福之事實。然後以總理遺教爲經，諸先生及同人年來持論與經驗爲緯，確實不易公正不偏之概況一貫計劃」，兩廣已決定實行，並盼望蔡元培主持，提出付議。

在討論「中等女子學校應獨立設置」時，陳禮江、馬師儒均主分設；蔡主席表達了戴季陶來電「爲培養國民不得不分設之意」；楊廉主張男校分設女科；齊宗頤不主張男女分校，「譬如走路，未分男女路」，主張鄉村師範，應男女同學；朱經農對抱結婚目的入中校不贊成；鄭宗海、劉大白提請注意男女教育均等。經過激烈的討論，最終決議「關於學校設置者，男女高初級中學，以分別設置爲原則。各地方因經濟力及教授人才之缺乏，不能分設者，得於中等學校中分設男女部」。到會 52 人，34 人舉手贊成，議案通過。〔註171〕

劉大白和楊廉認爲，中等女子學校應獨立設置案在大會中通過，與男女教育機會均等的教育宗旨完全相反。浙江大學區內已經開放女禁的各中等學校中千數女生便都要被迫輟學，這簡直是摧殘女子教育，是浙江大學所不能做的，劉大白和楊廉代表浙江大學向大學院請求允許浙江大學不受此案拘束。〔註172〕大學院對此變通處理，蔡元培在大會閉會詞中說：「中學校男女分校分部一案，雖經大會議決，然浙江中等教育試行男女同校制，並無流弊，亦何必強令分校。諸如此類，不能固執也。」〔註173〕中等女子學校獨設的議決，實際體現了國民黨逐漸走向保守。

（三）教育經費的討論

1928 年 2 月 20 日，財政部與大學院商定了整頓教育經費的辦法，但教育經費問題仍未有明顯改觀，各地因教育經費匱乏請願的事件時有發生。因此，教育經費問題成爲全國教育會議的討論焦點之一。

開幕式上，蔡元培指出：「增高教育經費，並保障其獨立，此爲總理所定之政綱，絕不能以財政統一之口號打破之者也。」〔註174〕會議議決的教育經

〔註171〕《中等女校獨設問題有劇烈討論》，《上海民國日報》，1928 年 5 月 26 日，第 2 張第 3 版。
〔註172〕中華民國大學院編：《全國教育會議報告》乙編，上海：商務印書館，1928 年，第 64 頁。
〔註173〕蔡元培：《閉會詞》，中華民國大學院編：《全國教育會議報告》丁編，上海：商務印書館，1928 年，第 8 頁。
〔註174〕蔡元培：《開會詞》，中華民國大學院編：《全國教育會議報告》丁編，上海：

費提案達 29 件之多，其內容包括教育經費獨立並保障，教育經費的管理和來源等多方面，涉及學校教育、社會教育、華僑教育等領域。

首先，教育經費獨立並保障。由於教育經費的經常短缺與挪用較爲嚴重，王世鎭、向楚琨、陳禮江、江恒源等提出保障教育經費獨立案。大會根據他們的議案，修正通過了《教育經費獨立並保障案》，並規定：教育經費的標準應占年度財政收入的百分之十以至三十；中央及各省區市縣設教育專款管理處；實行特別會計制度；由大學院制訂《教育經費保障條例》；通電中央及各省實行教育經費獨立運動。此案還提出訂定《教育經費保障條例》的五項原則：凡中央及地方政府，均有恪守政綱保障教費獨立之義務；教育經費一經確立，無論任何機關不得加以變更或移挪；如遇特別事變，致有不可抗力之損失時，應由中央及地方政府設法補償之；專管或代徵教費人員，倘有故意或玩忽，以致教費有挪移或變動之情形時，應懲戒之；教育經費主管機關應與有關聯的行政機關劃清權限。〔註175〕

其次，教育經費的管理。江蘇省爲謀教育經費獨立起見，將國稅項下屠宰稅、牙稅，省稅項下的漕糧附稅、捲煙特稅（改歸財政部徵收後，以江蘇田賦抵補）劃爲教育專款，特設江蘇教育經費管理處管理教育專款。安徽省劃捲煙特稅值百抽五十中之二十分爲教育專款，也借鑒江蘇的經驗，設立安徽教育經費管理處，以謀教育經費的獨立。〔註176〕江蘇和安徽的教育經費管理處的經驗值得借鑒。全國教育會議通過的《教育經費獨立並保障案》，提出設立各級教育專款管理處的計劃：（1）設中央及各省區市縣教育專款管理處；（2）凡劃作教育專款之整個稅收，由管理處直接徵收；（3）凡關於教育之各項附加稅捐，由財政機關代徵，直接交管理處；（4）不屬於（2）（3）兩項，而由財政機關按照預算支出，及其他指撥之款，均應直接解交管理處。〔註177〕

對於教育經費管理，邰爽秋提議「統一全國教育經費行政」，江恒源提出

　　　　商務印書館，1928 年，第 2 頁。
〔註175〕《教育經費獨立並保障案》，中華民國大學院編：《全國教育會議報告》乙
　　　　編，上海：商務印書館，1928 年，第 223～224 頁。
〔註176〕《江蘇教育經費管理處大綱》，《大學院公報》，1928 年第 1 期，第 138～139
　　　　頁；《安徽教育經費管理處大綱》，《大學院公報》，1928 年第 1 期，第 150
　　　　頁。
〔註177〕《教育經費獨立並保障案》，中華民國大學院編：《全國教育會議報告》乙
　　　　編，上海：商務印書館，1928 年，第 223～224 頁。

「頒佈各省區教育經費獨立官署組織大綱」，韓安呈請「設立中央省縣增高教育經費委員會」。大會審查會認為，邰爽秋主張統一教育行政一節，大會另有決議，不再討論；至於集中分配，衰多益寡一節，事實上窒礙甚多，恐難辦到。江恒源所擬組織，雖僅屬於省區辦法，也不無可採。韓安的提案中也有關於組織的意見。審查會擬將三案關於組織各節，送請大學院於擬定《教育經費管理處組織法》時，參酌採用。大會決議按照審查意見處理。〔註178〕但是，《教育經費管理處組織法》最終沒有制定。

　　最後，教育經費的來源。全國教育會議關於教育經費來源的提案多達 14 件，其中 11 件被議決通過，2 件議決供參考，1 件議決保留（參見表 3-6）。相關提案除了強調中央和地方政府應劃撥經費外，還建議各種稅收、荒地廟產、教育基金、退還庚款和捐資等均可作為教育經費的重要來源。〔註179〕

表 3-6　全國教育會議教育經費來源相關提案明細表

序號	名　　　　稱	提案者	狀　態
1	擬永遠指撥海關噸稅連續發行長期債券作為教育基金案	鄭洪年、莊澤宣、楊銓等	議決通過
2	組織庚子賠款與興學委員會案	陳禮江、劉樹杞	議決通過
3	請組織設庚款興學委員會案	南京特別市教育局	議決通過
4	組織庚款管理委員會於北伐成功後接收各國退還之庚子退款儲為全國教育基金以利息發展科學教育義務教育及其他文化事業案	黃建中	議決通過
5	請中央力爭庚款另定辦法以維教育案	甘肅教育廳	議決通過
6	擬指定庚子俄國賠款發行庫券作為教育基金案	鄭洪年、易培基等	議決通過
7	擬指定比義兩國庚款發行庫券作為教育基金案	鄭洪年、易培基	議決通過
8	寬籌教育經費案	張默君、程時焴、孟憲承、沈履	議決通過
9	請劃撥各省沙田湖田洲荒山荒放墾地價十分之四為教育經費案	韓安	議決通過

〔註178〕《教育經費管理處組織法案》，中華民國大學院編：《全國教育會議報告》乙編，上海：商務印書館，1928 年，第 239～253 頁。
〔註179〕田正平、於瀟：《第一次全國教育會議與國民政府初期教育改革》，《高等教育研究》，2010 年第 10 期，第 78～79 頁。

10	請大學院通令全國豁免苛細教育雜稅勵行公平教育稅制案	邰爽秋	議決通過
11	請撥庚子賠款為華僑教育基金案	高魯等	議決通過
12	全國廟產應由國家立法清理充作全國教育基金案	南京特別市教育局	議決供參考
13	請中央劃撥國稅辦理義務教育案	黃統	議決保留
14	凡捐資興學及熱心辦學者均應分別褒獎以資鼓勵案	周啓剛	議決供參考

資料來源：中華民國大學院編：《全國教育會議報告》乙編，上海：商務印書館，1928年，第259～291頁；《全國教育會議議決案總目》，《上海民國日報》，1928年5月30日，第2張第4版。

三、具體的執行

（一）三民主義教育宗旨

全國教育會議最大的成績之一就是確定民國教育宗旨的質的規定性，就是實現三民主義。大學院副院長楊杏佛在會後指出：

> 我相信全體會員意見，雖各有不同目的，都只有一個就各要從教育上實現三民主義。總理告訴我們知難行易，所以教育是實現三民主義的惟一工具，完成國民革命的基本工作。但是有一點我們要千萬注意：惟有認清教育是實現三民主義的工具，然後教育才有意義，才有方針，才有成功的可能。什麼為教育，而教育的玄詁，教育神聖，與教育獨立的高調都應該擱起。現在和以後的教育都是國民革命中一部分的工作，當然是最重要的一部分，但同時須認清只是其中的一部分，並須時時顧及政治、軍事、經濟、家庭、社會等，其他各部分的狀況與需要，方不致成為閉門造車無所用之的教育。〔註180〕

楊杏佛主張，教育是實現三民主義的工具，是國民革命的一部分；公然承認教育獨立是高調，並主張將其擱置。這實際就是教育為國民黨服務的宣示，與蔡元培先前主張的教育不受任何政黨的影響及教育行政學術化，是完全相違背的。

〔註180〕楊杏佛：《教育會議之後》，《中央日報》，1928年5月29日，第2張第2面。

　　關於教育宗旨的文字表述，大學院與國民黨中央黨部的不同，教育宗旨在會後並沒有立即確定。直到 1929 年 3 月，國民黨第三次全國代表大會才確定教育宗旨為：「中華民國之教育，根據三民主義，以充實人民生活，扶植社會生存，發展國民生計，延續民族生命為目的，務期民族獨立，民權普遍，民生發展，以促進世界於大同。」〔註 181〕然而，從宗旨的內容來看，實現三民主義，這個本質性規定，與全國教育會議的決議並無二致；民國教育宗旨的方向在全國教育會議上已然確定。

（二）修正後的學制系統

　　全國教育會議整理學制系統後形成的戊辰學制，並沒有施行太久。因為「九一八」事變，全國上下鑒於「民族之不振，危亡之無日」，莫不以「培養國力，復興民族」為今後設施教育唯一的功能。因此，教育產生一個很大的轉向。教育宗旨雖不容輕易更張；而非常時期的教育，則有特殊的需要。1932年國民黨三中全會確立的教育目標與改革案就此成立並通過，〔註 182〕對戊辰學制系統進行了修正。

　　全國教育會議關於師範教育制度的決議得到國民政府的重視與執行。1928 年 5 月，江蘇鹽城私立鹽城師範學校校長王鏡眞向大學院呈文，准予轉行大學，通融立案。6 月 9 日，大學院對其批示，全國教育會議關於師範教育制度的議決案即將被審核公佈，該校可自可參酌情形，重訂辦法，期與新定標準相合。師範教育制度主要條文包括：（一）廢止六年制。修業年限，三年制初中畢業者三年，四年制初中畢業者二年。（二）除高中仍得設師範科外，師範學校得單獨設立。（三）鄉村師範學校收受初中畢業生，或相當程度學校肄業生之富有教學經驗，且對鄉村教育具有改革之志願者，等等。〔註 183〕

　　6 月 28 日，大學院通告各省市教育行政機關、各大學區及大學，遵照實施全國教育會議議決的《師範教育制度》。〔註 184〕6 月 30 日，大學院在訓政

〔註 181〕民智編譯所：《中國國民黨第三次全國代表大會宣言及決議案》，南京：民智書局，1929 年，第 52 頁。
〔註 182〕杜佐周：《現代學制的演變及其評議》，《中華教育界》，1947 年第 1 卷第 1 期，第 85 頁。
〔註 183〕《批江蘇鹽城私立鹽城師範學校校長王鏡眞為全國教育會議關於師範教育制度之議決案本院即將審核公佈仰參酌辦理由》，《大學院公報》，1928 年第 7 期，第 25～26 頁。
〔註 184〕《令各省市教育行政長官暨各大學區及各大學校長為檢發全國教育會議議決案關於師範教育制度由》，《大學院公報》，1928 年第 8 期，第 11～12 頁。

大綱中又對師範教育的發展進一步規劃，內容涉及師範學校課程標準和試辦鄉村師範學校等問題，〔註185〕這都是會議提案所提倡的。

1929 年 4 月 26 日，國民政府頒佈的《中華民國教育宗旨及其實施方針》指出：「師範教育，爲實現三民主義的國民教育之本源；必須以最適宜之科學教育，及最嚴格之身心訓練，養成一般國民道德上學術上最健全之師資爲主要之任務。於可能範圍內，使其獨立設置，並儘量發展鄉村師範教育。」〔註186〕會議議決的有關師範教育獨立和發展鄉村師範教育的主張都得到體現。

全國教育會議通過的「中等女子學校獨立設置」的決議引起不小波瀾，國民黨中央黨部和國民政府對此都有討論，但在執行過程中仍是「變通處理」。上海特別市婦女協會向國民黨中央黨部呈請撤銷全國教育會議「中等學校男女分校制」決議，1928 年 7 月 3 日，中央黨部常務委員會批交大學院批覆。7 月 13 日，大學院回覆：所有中等學校男女分校一案，自當由院參酌學理，依據現況，訂定妥善辦法，以利施行。現在此項議案尚未由院採用公佈，原呈所請撤銷之處，自可不必議及。〔註187〕

湖南省高級小學的學生往往年齡超期，有到十五六歲仍未畢業的，與初中學生年齡無異。湘鄂臨時政務委員會明令，以分校收容爲原則，有特別情形的，也須呈准分班教授。湖南省各地教育經費和辦學人才都比較困難，就將原案略爲變更，高級小學招收學生，如果女生自入校起至畢業時止，年齡在十四歲以內，准予男女兼收，否則仍須依照前辦理。1928 年 8 月 2 日，大學院讚賞湖南「所擬變通辦法，自甚適宜」，並強調「惟對於年在十四歲以上之女生，既未便令其男女同學，應於小學特設女子部以收容之，俾免向隅而期均等。」〔註188〕雖有變通，保證大齡小學女生不至於失學，但這實際上堅

〔註185〕《大學院擬定訓政時期施政大綱》，《大學院公報》，1928 年第 8 期，第 94～95 頁。

〔註186〕中國第二歷史檔案館：《中華民國史檔案資料彙編》第 5 輯第 1 編　政治（二），南京：江蘇古籍出版社，1994 年，第 101 頁。

〔註187〕《中央執行委員會秘書處來函爲據呈請撤銷中等學校男女分校制一案請查明辦理由》，《大學院公報》，1928 年第 8 期，第 55～56 頁；《函復中央執行委員會秘書處爲中等學校男女分校一案尚未公布施行不必議及撤銷由》，《大學院公報》，1928 年第 8 期，第 56 頁。

〔註188〕《湖南省政府來函爲函復小學礙難兼收男女學生及變通辦法由》，《大學院公報》，1928 年第 9 期，第 67～68 頁；《函湖南省政府爲年在十四歲以上之女

持的仍是男女分校，只是年齡界限劃在十四歲。

何香凝認為，中等教育男女分校損害了女子受教育的機會，反對男女分校。〔註189〕在 1928 年 8 月國民黨二屆五中全會上，她提議取消全國教育會議通過的中等教育男女分校案。大會審查會議決，交中央執行委員會常務會議討論。〔註190〕8 月 27 日，國民黨中央召開第 162 次常務會議，議決二屆五中全會何香凝反對男女分校案，常務會議議決，交國民政府核辦。〔註 191〕8 月 28 日，國民政府委員會召開第 89 次會議，對於何香凝提議取消中等教育男女分校案，決議交大學院核議。〔註 192〕經過一番討論，中等學校男女是否分校最終仍由大學院決定。

大學院對此案採取的是「與以變通」的態度。廣東省實行中學男女分校比較徹底，〔註 193〕其他地方有同校，也有分校的。正如蔡元培在全國教育會議閉會詞中所說的那樣：

> 將來大學院於推行之際，如遇有一二地方形格勢禁之案，自不能不與以變通。例如中山大學及兩廣教育廳所提各案，在會議中已酌加修正；然據戴季陶先生迭次函電，屢稱此案兩粵已決定實行，務請全案通過，如兩廣狀況，依原案試辦，亦何必以修正案繩之。又如中學校男女分校分部一案，雖經大會議決，然浙江中等教育試行男女同校制，並無流弊，亦何必強令分校。諸如此類，不能固執也。〔註194〕

（三）經費決議並未執行

全國教育會議通過的關於教育經費的多項決議，諸如確定教育經費應占

生應於小學中設女子部俾免向隅由》，《大學院公報》，1928 年第 9 期，第 68～69 頁。

〔註189〕《請取銷全國教育會議中等教育男女分校案》，中國第二歷史檔案館編：《中華民國史檔案資料彙編》第 5 輯第 1 編　教育（一），南京：江蘇古籍出版社，1994 年，第 119～120 頁。

〔註190〕中央秘書處編：《中國國民黨第二屆中央執行委員會第五次全體會議記錄》，出版地不詳，1928 年，第 30 頁。

〔註191〕中國第二歷史檔案館編：《中國國民黨中央執行委員會常務委員會會議錄（六）》，桂林：廣西師範大學出版社，2000 年，第 79 頁。

〔註192〕《中華民國史事紀要》1928 年 7 月至 10 月，第 350～351 頁。

〔註193〕參見：劉靜：《廣東省中學男女分校制度研究》，華南師範大學教育史碩士學位論文，2009 年。

〔註194〕蔡元培：《閉會詞》，《全國教育會議報告》丁編，第 8 頁。

全國歲收之百分數、訂定教育經費獨立之保障辦法、規定庚款興學計劃並組織庚款興學委員會、實行教育經費會計條例、以及增高教育經費等決議被大學院列入訓政時期施政大綱。〔註195〕國民黨中央訓練部很重視這些議決案，將其作爲解決教育經費問題的重要計劃，編入《黨治教育實施方案》之中。〔註196〕

全國教育會議通過的教育經費議案雖然不少，但是不易施行，所以眞正付諸實行的決議屈指可數。1930年4月召開第二次全國教育會議時，對於第一次全國教育會議通過某些教育經費議案，因爲無須或不必或不易施行等原因，不再提及。這些議案包括：不必施行的有關於教費經費保障條例、關於教育經費管理處組織法；不易施行的有關於教育基金的（包括海關噸稅、庚子賠款等，原案規定金額一萬萬元，並組織庚款興學委員會等）、各省籌設教育銀行、禁止徵收不公平的教育稅款、規定各省市縣教育經費應占行政費的最低限度等。〔註197〕由此可見，上述這些議案截止到1930年4月根本就沒有施行。

在第二次全國教育會議上，會員們再次議決教育經費的來源，並建議對教育經費獨立的原則重加確定。完全用作教育經費的收入有沙田官荒收入、遺產稅、屠宰稅牙貼稅、寺廟財產、田賦教育附加稅、煙酒教育附加稅、庚款和其投資的收入以及地方原有的各種教育附加稅捐；出產各稅、消費各稅、房捐鋪捐、營業捐和所得稅則一部分用作教育經費的收入。會議議決，根據教育經費獨立的原則，應採用特別會計制度，中央和地方稅收指定用作教育經費的，一經確定，不能挪作他用。〔註198〕第二次全國教育會議對教育經費的議決，比第一次會議務實，減少了些理想化色彩。儘管如此，上述所列各款議決，直到1933年仍未實行。〔註199〕

〔註195〕《大學院擬定訓政時期施政大綱》，《大學院公報》，1928年第8期，第88頁。

〔註196〕《黨治教育實施方案》，《中央黨務月刊》，1928年第3期，計劃，第10頁。

〔註197〕吳研因：《全國教育會議第二次會議和第一次會議的比較》，《河南教育》，1930年第2卷第19、20期合刊，第135頁。

〔註198〕《確定教育經費計劃及全方案經費概算》，教育部教育方案編制委員會編制：《改進全國教育方案》，1930年，第1～2頁

〔註199〕張季信：《中國教育經費統制問題》，《大學雜誌》，1933年第1卷第6期，第18頁。

四、影響與評價

全國教育會議通過兩百多件議案，其中有的議案另案施行，有些由大學院或 1928 年 10 月成立的教育部照案推行。例如，關於教育宗旨和學生自治的議案，由中央另案施行；學校系統案由教育部照案整理施行；關於社會教育經費應占全教費百分之十至二十，由教育部照案施行；關於小學不教文言文，初中入學考試不考文言文，並提倡語體文，由大學院和教育部照准推行；改進私立學校案，由教育部訂定《私立學校規程》施行；等等。〔註200〕有些議案的推行，對民國教育的發展起到了很大的作用；而有的議案的施行，則是一種退步。

會議關於師範教育的議案引起國民政府的關注和重視。從 1928 年到 1930 年，國民政府加大對師範教育的投入，師範學校的數量、學生數、教職員數和教育經費等都有大幅上升，參見表 3-5。這改變了南京國民政府成立初期師範教育發展低落的狀態。全國教育會議有關師範教育的建議確實發揮了很大的作用。

通過的教育經費的議案比較多，但大都沒有執行。一則因為議案本身不易實行，二則政府沒有行使應有的職能。所以，教育界爭取教育經費獨立的運動仍層出不窮。當時有人認識到，之所以要爭教費獨立，「因為政府雖有了議決案，而每每不一定執行，不一定兌現，因此教育經費每每理論上有著落，而事實上仍是沒有著落。假使國家以教育為重，政府對於教育經費已經有了確切的辦法，則決不會有教費運動，更不會有教費獨立運動。教費獨立運動是不幸的國家的不幸事件。國家上了軌道，教費決不必爭，更無需獨立。」〔註201〕

教育宗旨的確立和中等學校男女分校則是一種倒退。1919 年第五屆全國教育會聯合會大會議決「請廢止教育宗旨宣佈教育本義案」，認為「施教育者，不應特定一種宗旨或主義，以束縛被教育者。蓋無論如何宗旨，如何主義，終難免為教育之鑄型，不得視為人應如何教之研究。故今後之教育，所謂宗旨，不必研究修正或改革，應毅然廢止。」〔註202〕當時的全國教育界的代表

〔註200〕更多議案施行情況，參見：吳研因：《全國教育會議第二次會議和第一次會議的比較》，《河南教育》，1930 年第 2 卷第 19、20 期合刊，第 134～135 頁。

〔註201〕琇：《教育經費獨立運動》，《時代公論》，1932 年第 1 卷第 13 期，時事述評，第 4 頁。

〔註202〕邱爽秋：《歷屆教育會議議決案彙編》，上海：教育編譯館，1936 年，第 2 頁。

宣佈，政府不應把自己的意識形態和政治原則強加於學校；而 1928 年全國教育會議定「三民主義」為教育宗旨，為國民黨進行黨化教育和意識形態控制，提供了合理依據。此後，國民黨對教育的干預、滲透不斷加強，這與蔡元培主張的「教育不受政黨的影響」背道而馳。對比「廢止教育宗旨宣佈教育本義案」，這確實是一種倒退。

男女分校則遭到多方反對和駁斥。斯鈞認為，這項議案是全國教育會議的一個污點，是開倒車的決議。劉澄宇也駁斥男女分校的荒誕。﹝註 203﹞陳彬龢指出這種旨在造成「賢母良妻」的教育，「雖然有變通辦理的方法，以為救濟；但其目的，只從地方、人才、經費的限制方而著想，沒有為女子根本著想」。他主張，「我們現在所需要的女子，是有民族的知識的，瞭解個人在這宇宙間的地位，能有謀生活並能援助他人的；此外，在性情方面不再窄狹，在感情方面不再偏僻，一洗舊日婦女的種種缺點；因此我們要改良從前不合式的教育，給伊們完全自新的機會，而予以絕對的女男同校。」﹝註 204﹞全國教育會議通過這種保守落後的男女分校的議案，主要是因為戴季陶多次函電，請大會務必通過，大學院作出了一種妥協，這也是大會的一個敗筆。

1928 年 5 月 19 日，胡適在國民政府宴會上代表議員致答詞，指出：「我們這回四百件案子，其中大半都可以說是為國家謀建設的方案。但這些方案的實行須要有三個條件，所以我們對政府有三個要求：第一，給我們錢；第二，給我們和平；第三，給我們一點點自由。」﹝註 205﹞經費是教育發展的物質基礎，「和平」則是教育發展的環境保障，「一點點自由」昭示著教育發展需要一定的空間，儘量少地受政黨的控制。全國教育會議後，民國教育界仍在為上述三個目標極力追尋與奮鬥。全國教育會議雖提供了發展的契機，但影響終究有限。

﹝註 203﹞斯鈞：《革命下教育會議的污點——全國教育會議中開倒車的女子教育決議案》，《上海民國日報》（副刊《覺悟》），1928 年 6 月 13～15 日，第 3 張第 4 版；劉澄宇：《中等女校單設的駁議》，《上海民國日報》（副刊《覺悟》），1928 年 6 月 21 日，第 5 張第 1 版。

﹝註 204﹞陳彬龢：《全國教育會議的總成績（一）》，《上海民國日報》，1928 年 8 月 17 日，第 1 張第 4 版。

﹝註 205﹞曹伯言整理：《胡適日記全編（1928～1930）》，合肥：安徽教育出版社，2001 年，第 116 頁。

第五節　三民主義考試

　　蔡元培在主持大學院工作期間，主張對全國專門以上公私立學校進行三民主義考試。1928 年 6 月，江蘇省及南京、上海兩特別市的專門以上公私立學校，由大學院主持三民主義考試；其他屬於南京國民政府統轄的省區，由各省區大學校長，或各省教育廳長主持考試。

一、考試的目的

　　1924 年 1 月，國民黨第一次全國代表大會召開後，國民黨就在廣東大張旗鼓地推行黨化政策了。孫中山非常重視黨義的宣講。自 1924 年 1 月 27 日起，他在廣東高等師範學校禮堂開始宣講三民主義，至 8 月 24 日止，共講了十六次，即民族主義六講、民權主義六講、民生主義四講。每次演說，要求黨、政、軍人員和各學校教職員學生分批前來聽講。隨後，國民黨逐步完成了黨化學校組織與黨化學校課程的任務。國民黨大規模發動學生入黨，把國民黨宣傳的黨義列爲大中小學的必修課。〔註206〕

　　1926 年 7 月，以蔣介石爲總司令的國民革命軍從廣東出兵北伐。作爲政治控制的一項措施，黨化教育的政策迅速推行到北伐軍佔領的每一個地區。截止到 1928 年 6 月，南京國民政府已經統治了全國大部，只有河北、新疆和東三省沒有納入國民政府的統轄範圍。〔註207〕「孫文主義」和「三民主義」等課程在 1927 年統一稱作「黨義」課，國民黨統治區的各級學校一直都在講授這門課。黨化教育從廣東的地方教育政策逐漸變成全國性的政策。

　　爲了檢驗學生學習三民主義的程度，爲進一步整頓和實施三民主義教育作準備，大學院決定舉行三民主義考試。1928 年 5 月 7 日，大學院下令給各省區教育行政長官、各大學區及各大學校長：「實施三民主義教育，爲本黨唯一之教育方針，各大學學生，爲社會朝氣，黨國良材，尤當深明黨義，以身作則，樹黨治之基礎。茲定於本年六月，爲舉行全國公私立各大學三民主義考試之期。在此期內，無論公立私立各大學之學生，均應由教育行政機關，舉行三民主義考試，以驗各生對於三民主義瞭解之程度。在江蘇省及南京、上海兩特別市，由本院主持。在其他各省各區者，由各該省區大學校長，或各該省

〔註206〕袁徵：《孔子・蔡元培・西南聯大──中國教育的發展和轉折》，北京：人民日報出版社，2007 年，第 213～221 頁。
〔註207〕銓敘部：《銓敘年鑒續編》，南京：大陸印書館，1934 年，第 439～440 頁。

教育廳長主持；並將考試成績，呈報本院，以驗成績而謀整頓。」〔註208〕

　　1928 年 5 月，大學院主持召開了全國教育會議。蔡元培在此次會議開會詞中講道：「三民主義，爲今日教育上訓育之標準，而一方面受過激派之附會，一方面又受保守派之利用。在學校教育上，應如何按學生程度，次第薰陶；在社會教育上，應如何按照個人地位，分別指導。此爲今日所應先決之問題。」〔註209〕蔡元培舉辦三民主義考試，目的在於檢驗學生對三民主義的瞭解程度，在此基礎上，摒除各黨派對三民主義的利用，由學校來指導學生認識、學習三民主義。

二、考試的過程

（一）籌備情況

　　爲了此次考試，大學院成立了三民主義考試委員會。5 月 31 日下午，大學院三民主義考試委員會召開了第一次會議。出席者有段錫朋、周鯁生、陳泮藻、陳劍脩、王世杰、蔡元培、楊杏佛、丁惟汾、陳果夫、葉楚傖等 10 人，其中，蔡元培爲主席。蔡元培報告了大學院舉行三民主義考試的理由：「現在各校學生多不願考試，遂致學績皆不能嚴格稽考，其勢不能不由政府主持執行。全國教育會議，亦曾有由大學院舉行學位考試之決議案。此次舉行三民主義考試，即爲實行此項主張之發端。」〔註210〕蔡元培把舉行三民主義考試當作舉行全國性考試的一次試驗。在這次會議上，委員們商議了考試的目的、範圍、方法、對不考試學生之限制方法、考試的宣傳、時間及委員的添聘，等等。

　　開完會後，大學院就於 6 月 1 日通告國內專門以上學校三民主義考試的目的、範圍、成績考查及限制。考試目的在於測驗各專門以上學生對三民主義認識的程度及態度，以便根據測驗結果，規定各級學校三民主義教科設施的內容。考試範圍爲公私立大學及專門學校（包括本科及預科）。此次考試規

〔註208〕《各省區教育行政長官暨各大學區及各大學校校長（大學院訓令第三四五號民國十七年五月七日）爲定期舉行全國公私立大學三民主義考試由》，《大學院公報》，1928 年第 6 期，第 18 頁。

〔註209〕《開會詞》，大學院編：《全國教育會議報告》丁編，商務印書館，1928 年，第 2 頁。

〔註210〕《大學院三民主義考試委員會會議錄·第一次會議》，《大學院公報》，1928 年第 7 期，第 137 頁。

定：第一，應考者無論及格與否不影響其學業成績。第二，凡遇疾病或其他不得已之原因，不獲與考者，得由大學院考試委員會容許於規定時期之內補考。第三，無第二項之原因而不到考者，大學院得限期令其補考；如補考不及格，大學院得令所屬學校停止其升學，或停發畢業證書。〔註211〕

　　蔡元培很重視上海的三民主義考試。6月3日，他與楊杏佛聯名在東亞酒樓招待上海市黨政負責人及三民主義考試委員會委員，吳稚暉、錢大鈞、張定璠、陳德徵、潘公展、葛建時、王延松、楊端六、彭學沛、陳布雷、周雍能、韋愨等人到場。席間，蔡元培強調了考試的目的、方法等。之後，由楊杏佛與在座諸人商議，當場推定韋愨、楊端六、陳德徵為上海考試委員會常務委員，辦事處暫定國民黨上海特別市黨部，立即與上海各學校接洽，請其造送學生名冊。〔註212〕

　　6月7日下午，大學院三民主義考試委員會又召開了第二次會議。出席者有段錫朋、皮宗石、張厲生、經亨頤、陳立夫、張道藩、李敬齊、蔡元培、楊杏佛、丁惟汾（吳會雲代）、朱經農、陳劍脩、周鯁生等 12 人，主席為蔡元培。〔註213〕這次會議討論了試卷格式、試題的分配及分量、考試及閱卷人員、考試規則及場所等。

　　由上可見，大學院對這次三民主義考試經過了認真準備。另外，當時國民黨黨報如《上海民國日報》、《中央日報》等媒介，對三民主義考試的考試日期、委員聘定、考試辦法等及時報導。經過一個多月的商議和籌備，江蘇省及南京、上海的三民主義考試定於6月16日下午2點至4點同時舉行，其餘各省均於6月內舉行。〔註214〕

（二）人員安排

　　江蘇省和南京、上海兩特別市的三民主義考試由大學院主持。在考試之

〔註211〕《通告舉行國內專門以上學校三民主義考試之主旨及辦法由（大學院通告第二號　十七年六月一日）》，《大學院公報》，1928 年第 7 期，第 2～3 頁；《中華民國大學院通告（第二號）》，《上海民國日報》，1928 年 6 月 10 日，第 1 張第 3 版。
〔註212〕《蘇省及寧滬兩特別市六月十六舉行三民主義考試》，《上海民國日報》，1928 年 6 月 4 日，第 2 張第 2 版。
〔註213〕《大學院三民主義考試委員會會議錄·第二次會議》，《大學院公報》，1928 年第 7 期，第 139～140 頁。
〔註214〕《大學院通告南京上海蘇州大學及專門學校校長均鑒》，《中央日報》，1928 年 6 月 14 日，第 2 張第 2 面。

前，大學院就通告各校分配教室、編定座次、安排監視員，並要求各校應將
各試場分配之人數、教室名稱、監視員姓名及其分配，於 6 月 14 日以前，南
京、蘇州的送交大學院，上海的送交特別市教育局。每個學生必須參加考試，
各校學生如於當日不能參加考試，須預先請求該校當局許可，此項許可，非
依特殊確實理由，不能給予，並須將該項理由，詳報考試委員會審查。〔註 215〕
大學院對這次考試安排周密，對請假事由審查非常嚴格。

考試試卷由大學院印好，交給考試委員於考試時帶赴考場監發。每個學
校至少由一名考試委員負責監試。考試委員的安排見表 3-7。考試委員中，段
錫朋、張厲生、陳劍脩、李敬齊是南京特別市的黨務指導委員；潘公展、劉
蘅靜、許孝炎、陳德徵、周致遠、陳希豪、王延松、吳開先是上海特別市黨
務指導委員；葉楚傖是江蘇省黨務指導委員。〔註 216〕張道潘、史維煥、陳布
雷等來自中央黨部；上海特別市市長張定璠也是監考委員之一，南京、上海
兩特別市教育局局長陳泮藻和韋愨也負責參加了監考；考試委員中只有朱經
農、楊端六、姜琦、李四光、何炳松等少數教授。考試委員以國民黨黨務人
員為主。上海的考試委員中，黃伯樵、胡鴻基、彭學沛、劉雲等人請人代表
出席。〔註 217〕從三民主義考試委員的安排來看，儘管考試是由大學院主持，
但是大學院聯合了國民黨中央黨部。

（三）考試內容

學生在考試時需填寫大學院所發的表格，表格內容包括：姓名、性別、
年齡、籍貫、曾畢業之中學校名、所在大學或專門學校名、現在學校年級、
專修科別、本人最有興趣之科目、本人認為現在中國最需要之科目、現在是
否中國國民黨黨員、曾參加何種民眾運動以及曾閱何種關於中國國民黨之重
要刊物等 13 項。〔註 218〕填這個表格，便於大學院調查統計。

這次三民主義考試試題共 14 道。每題分值相等。考生只需答 10 道。1 至
5 任答三題，6 至 10 任答四題，11 至 14 任答三題。試題內容為：

　　1. 民族與國家之區別何在？

〔註 215〕《大學院通告三民主義考試日期與辦法》，《上海民國日報》，1928 年 6 月 13
　　　　日，第 2 張第 4 版。
〔註 216〕《中國國民黨各省各特別市黨務指導委員會負責人員一覽（1928 年 6 月）》，
　　　　《中央黨務月刊》，1928 年第 1 期，附錄。
〔註 217〕《三民主義考試昨已舉行》，《申報》，1928 年 6 月 17 日，第 12 版。
〔註 218〕《三民主義考試昨已舉行》，《申報》，1928 年 6 月 17 日，第 12 版。

表 3-7　南京、上海及江蘇省三民主義考試委員安排

地區	學　校	監考委員	地區	學　　校	監考委員
南京	中央大學	段錫朋、皮宗石、張屬生、經亨頤、張道藩、陳劍脩、周鯁生、周佛海、梅思平、陳泮藻、史維煥		第一交通大學	李群身、王祖廉
				中央大學商學院	章　愨、王延松
				同濟大學	黃柏權、歐元懷
				中央大學醫學院	胡鴻基
				東亞體育專科學校	劉國楨
				國立音樂院	袁昌英
	金陵大學	陳立夫、李敬齊、吳會雲		國立勞動大學	周雍能
				東吳法學院	曹伯樵、何炳松
	金陵女子大學	朱經農		滬江大學	張定璠、彭學沛
上海	大夏大學	潘公展、許也夫		中法工專學校	吳開先
	群治大學	劉蘅靜、許孝炎		上海中醫專門學校	韋雋時
	光華大學	陳布雷、張亭灝		中央大學農學院、水產學校	劉秉麟
	法科大學	陳德徵、賈伯濤			
	法政大學	姜　琦、王雲五		東南女子體育專門學校	劉　雲
	遠東大學	王禮錫			
	南洋醫科大學	葛建時、周致遠		兩江女子體育專門學校	藍素琴
	大同大學	楊端六			
	東南醫科大學	李四光、余精一		中國醫學院	薛公孝
	持志大學	鄭通和、蔣子英		上海美術專門學校	張祖培
	新華藝術大學	陳希豪		同德醫學專門學校	熊文敏
	復旦大學	劉英士、程瀛章	無錫南通蘇州	共 5 校	葉楚倫、孟心史等主試
	中國公學	郭復初、趙　澍			
	暨南大學	梁　龍、袁晴暉			

資料來源：《三民主義考試大學院委員會二次會議》，《上海民國日報》，1928 年 6 月 14 日，第 2 張第 4 版；《三民主義考試今日舉行》，《申報》，1928 年 6 月 16 日，第 12 版；《三民主義考試委員出發》，《上海民國日報》，1928 年 6 月 16 日，第 2 張第 2 版。

2. 何以英日的民族主義便是國族主義？

3. 何謂次殖民地？

4. 民族主義與世界主義之關係如何？

5. 民族是用何種勢力構成的？

6. 中國國民革命的口號是什麼？

7. 真平等與假平等之區別如何？

8. 總理所主張的平等的精義是什麼？

9. 什麼叫做政治上的權能分別？

10. 國民黨所主張的民權是哪幾種？

11. 馬克思何以是社會病理家？

12. 共產主義何以是民生主義的理想？民生主義何以是共產主義的實行？

13. 「平均地權」的辦法如何？

14. 如何可利用外國已成的資本來達到民生主義的目的？〔註219〕

大學院三民主義考試委員會規定，試題以三民主義十六講的內容爲限，以淺易爲主；考查三民主義之基本觀念、三民主義與其他主義之比較以及受試者本人之思想發展。以上 14 道試題是遵照孫中山 1924 年的三民主義十六講而制定的，符合大學院考試委員會規定的條件，而且答案基本都能從十六講中找到。

三、考試的結果

江蘇省及南京、上海兩特別市的三民主義考試結束後，大學院於 6 月 27 日公佈了考試答案。而考試答案卻引起了一場風波。這主要表現在對第 2 題出題意圖的質疑和對第 6 題答案的爭議上面。

（一）答案風波

1. 大學院的「故意錯誤」

第 2 題是「何以英日的民族主義便是國族主義？」標準答案是「英日的國家都是結合兩種以上的民族成功的，所以英日的民族主義不是國族主義。」這道題問法本身有錯誤，引起了各方的關注。

〔註219〕《三民主義考試答案》，《申報》，1928 年 6 月 27 日，第 11 版。

　　中央執行委員會訓練部特致函大學院：「此則試題，顯有錯誤，如係出於手民，應請從速聲明。若謂用『是非法』之測驗性質，似不宜在句首用『何以』二字之問答體出之。」〔註220〕中央訓練部認為，此次大規模考試，命題出現錯誤，影響很大，並請大學院更正。大學院院長蔡元培對此解釋道，第 2 題是「故意以錯誤的問語，試驗答者對於三民主義是否深切瞭解，及應付奇異問題之判斷力，是猶教室中教師每以極顯著的錯誤列入問句，藉以觀之學生對於課業之瞭解程度的。蓋瞭解不真者，一受試題之暗示，必致把握不定，依題直答，反之研究有素、瞭解深切者，一望而知為錯誤，不難明指其謬也。」〔註221〕

　　大學院的這次「故意錯誤」使得一時輿論譁然，一班考試人員也莫名其妙。大學院關於「故意錯誤」的解釋並不能使時人感到滿意。當時有人評論此事：「看了大學院這封覆信以後，我們才知道黨國教育名流循循善誘的苦心了。但是我們還有一個小小的建議，希望大學院採納。便是：以後考試如有『故意錯誤』的題目，一請不要只出一個，起碼要有兩個以上；二事先必須預先聲明，叫應試者注意奇異問題的判斷。同時，我們要告訴應試的青年們，此後要注意大學院的『故意錯誤』，千萬當心，不要上當。」〔註222〕

2.「主義與口號之爭」

　　第 6 題「中國國民革命的口號是什麼」，大學院公佈的答案為「民族主義、民權主義、民生主義，是中國革命的口號」，此答案也引發了不小的爭議。三民主義考試委員會委員劉蘅靜、許孝炎認為，這是大錯特錯的，口號應該是「打倒帝國主義，打倒軍閥，實現三民主義」。他們在 6 月 30 日上海特別市黨務指導委員會第二十一次常會上提案：「大學院竟將主義誤為口號，恐一般同志及民眾，以為這是全國最高教育機關所指下的，竟亦無隨之錯誤，故應呈請中央，明令糾正。」這次常會決議轉呈中央。〔註223〕

　　7 月 1 日，劉英士、許孝炎、劉蘅靜、王禮錫致電蔡元培，請辭三民主義

〔註220〕《函大學院更正三民主義考試命題中之錯誤由》，《中央訓練部部務彙刊》，1928 年第 1 期，函電，第 12 頁。

〔註221〕《關於三民主義考試問答問題》，《申報》，1928 年 7 月 1 日，第 17 版；《「何以英日的民族主義便是國家主義」讀者試看上題有錯誤否？》，《益世報》，1928 年 7 月 5 日，第 16 版。

〔註222〕范明：《大學院的「故意錯誤」》，《黨基旬刊》，1928 年第 4 期，第 1～2 頁。

〔註223〕《滬指委會議決……明令糾正大學院三民主義試答案錯誤》，《中央日報》，1928 年 7 月 1 日，第 2 張第 2 面。

考試委員職，其辭呈寫道：

> 此次大學院舉行上海各大學及專門以上學校三民主義考試，英士等謬承聘爲考試委員，當以事屬重要，欣然允任，乃自試題公佈以後，各方發現誤點，紛起責難。英士等在事前未奉訓示，在事後又不得不強詞奪理，敬代解釋，言不由衷，問心已愧。昨閱報載大學院公佈各試題答案，其中第六題「民族主義、民權主義、民生主義是中國革命的口號」云云，竟混主義與口號爲一物，失之毫釐，差之千里，將使青年對於主義之認識、更增一種隔膜。英士等認爲褻瀆主義，莫逾於此。對於三民主義考試委員一職，請從此辭。所有審閱試卷一事，乞另聘高明爲盼。〔註224〕

對於劉英士等人請辭三民主義考試委員之職，蔡元培回覆：

> 今日閱報，見先生等辭三民主義考試委員書，認此次考試第六題答案「民族主義、民權主義、民生主義是中國革命的口號」爲褻瀆主義，至爲惶恐。敝院所發表之答案，均根據總理三民主義講演。第六題之答案，總理在民權主義第二講中重複言之至三次之多。（一）「法國革命的時候，他們革命的口號是自由平等博愛三個名詞，好比中國革命用民族民權民生三個主義一樣。」（二）「從前法國革命的口號是自由，美國革命的口號是獨立，我們革命的口號就是三民主義。」（三）「從前法國革命的口號是用自由平等博愛，我們革命的口號就是民族民權民生。」幸詳爲查閱，便知三民主義實爲中國革命之口號。關於閱卷一事，當遵命另聘人擔任。〔註225〕

許孝炎、劉薰靜對蔡元培關於主義與口號的解釋不滿意，他們除了將這個問題的意見由黨務指導委員會直呈中央外，還再次公開他們的意見：

> 一、民權主義裏邊有「法國革命的口號是自由、平等、博愛，我們革命的口號是民族、民權、民生」……等都是總理解釋民族主義、民權主義、民生主義三個名詞時連帶說及的話，未見得就是確定口號。二、大學院斷章取義，和共產黨單抽出「三民主義就是共產主義」一句來解釋有同樣的錯誤，易使民眾誤會主義就是口號。

〔註224〕《關於三民主義考試問答問題》，《申報》，1928 年 7 月 1 日，第 17 版。

〔註225〕《關於三民主義考試試題的兩封信》，《中央日報》，1928 年 7 月 2 日，第 2 張第 1 面；《大學院三民主義考試第六題答案解釋》，《申報》，1928 年 7 月 2 日，第 17 版。

三、主義與口號應該絕對分開，因爲主義是最高原則，不可更改，而口號可以隨需要而變換，除了總理之外，沒有人可以把主義當口號。四、本黨最高黨部在過去絕未發表過「民族主義、民權主義、民生主義」的口號，但常常提出「實現三民主義」的口號，因爲我們的責任重在「實現」三民主義，如果三民主義不要「實現」，我們就可以不必革命。〔註226〕

許孝炎、劉蘅靜與蔡元培雙方各執一詞。許孝炎、劉蘅靜以國民黨採用的「打倒帝國主義，打倒軍閥，實現三民主義」的國民革命口號爲準繩，蔡元培則從孫中山三民主義十六講的講義中尋找依據，孫中山在講民權主義時，的確將「主義」當作「口號」，這是事實。

1928年5月，中央執監委員、政治會議委員、國民政府委員聯席會議議決規定，標語口號，除中央黨部制定者外，不得亂用。〔註227〕在許、劉看來，大學院就是在亂用口號，僭越了中央黨部的權力。這可能才是雙方爭執的重點所在，大學院不得違背黨權。

（二）統計結果

江蘇省及南京、上海兩特別市三民主義考試於6月16日準時舉行。上海應試者共32校，試卷7000餘本；南京應試者3校，試卷共2000餘本；無錫、南通、蘇州共5校，試卷共約400餘本。大學院決定以南京大學院及上海中央研究院爲閱卷地點，期於一星期內評閱完畢，然後編製各種統計，印成報告，供黨部及各教育機關參考。〔註228〕

大學院主持三民主義考試的有效試卷共9500多本，分由各考試委員批閱，到1928年9月底才批閱完畢。後來經過改制統計表，編製各項統計圖表，統計的結果分爲共分爲三節，第一節爲應試人數，第二節爲及格人數，第三節爲及格人數百分數。這三節下面又分黨員、非黨員兩個維度，黨員、非黨員下面又分男女兩方面，具體情況見表3-8。

〔註226〕許孝炎、劉蘅靜：《答復關心主義與口號問題的同志》，《上海民國日報》（副刊《覺悟》），1928年7月6日。

〔註227〕《標語口號須經中央黨部制定》，《安徽教育行政週刊》，1928年第1卷第9期，第4頁。

〔註228〕《大學院發表三民主義考試答案》，《上海民國日報》，1928年6月27日，第2張第3版；《大學院三民主義考試答案》，《中央日報》，1928年6月27日，第2張第2面。

表 3-8　江蘇省及南京、上海兩特別市三民主義考試成績統計

應試人數	9532	黨　員	1723	男	1624
				女	99
		非黨員	7809	男	7040
				女	769
及格人數	2969	黨　員	655	男	633
				女	22
		非黨員	2314	男	2154
				女	160
及格人數比	31.35%	黨　員	6.87%	男	6.64%
				女	0.23%
		非黨員	24.28%	男	22.6%
				女	1.68%

資料來源：《三民主義考試結果之統計》，《申報》，1928 年 11 月 29 日，第 11 版。

　　江蘇省及南京、上海的公私立學校的三民主義考試的結果並不好。考試及格率僅爲 31.35%，黨員的及格率比非黨員的還要低。如果用及格率來衡量學生對三民主義瞭解的程度的話，那麼結論是普遍認識不深。成績不好，就需要整頓，這爲國民黨干預學校教育，進行黨化教育提供了事實依據。

　　此外，據報載，浙江、廣東、安徽、江西、四川、山西等省份的專門以上公私立學校也遵從大學院的指令，於 1928 年 6 月份舉行了三民主義考試。各省自主命題，由各省區大學校長或各省教育廳長主持。全國參加三民主義考試的學生規模比較龐大。

四、影響與評價

　　考察大學院主持江蘇省及南京、上海兩特別市的專門以上公私立學校的三民主義考試的過程，可以看出蔡元培很重視這次考試。沒有證據顯示蔡元培是受到國民黨中央要求黨化教育的壓力，才舉行三民主義考試的。這次三民主義考試是大學院發起的，而且聯合了國民黨黨務指導委員會。簡單回顧

一下 1928 年蔡元培的思想變化，對分析這次考試的動機也許有所幫助。

蔡元培既反對激進，又不贊成保守。1928 年 2 月 1 日，他在給《中央日報》創刊賀詞中，寫道「進取過激，是曰惡化。保守已甚，腐化是懼。」〔註 229〕5 月 15 日，他在致全國教育會議的開會詞時，提到「三民主義一方面受過激派之附會，一方面又受保守派之利用。」孫中山逝世以後，國民黨內各派政治勢力都不同程度地利用了對孫中山三民主義的解釋，並將它作為自己政治鬥爭的一個工具。1928 年 5 月蔡元培對國民黨激進派和保守派利用三民主義的一些做法表示不滿，但是，他仍然堅持「三民主義為今日教育上訓育之標準，應按學生程度，次第薰陶」。蔣介石集團比較保守，與造成社會動盪的激進勢力對抗。蔡元培支持蔣介石，希望國民黨保守派把全國形勢穩定下來，使經濟文化建設能順利進行。使社會安定的一個方法是統一思想。〔註 230〕他希望利用三民主義統一思想，這與他當年在北京大學提倡的「思想自由，兼容並包」是相衝突的。情境變化了，思想和策略也隨之改變。所以，他很重視這次考試，親自宴請監考委員；在考試答案出現問題時，與提出不同意見者爭鋒相對、據理力爭。

三民主義考試的結果並不理想，學生對三民主義的認識程度不深。蔡元培還沒來得及對此加以整頓，就因為各種原因，於 1928 年 8 月辭掉大學院院長之職，10 月 23 日大學院也被國民政府裁撤，改設教育部。但是，這次考試結果的統計報告，卻提供給國民黨黨部及各教育機關參考，這為國民黨後續的黨化教育提供了事實依據。

三民主義考試結果不理想的既定事實，促使 1929 年 8 月，教育部頒發的課程安排中，規定「黨義」為全國所有初等、中等和高等學校的必修課。〔註 231〕為確保教員對「黨義」有正確的理解，國民黨當局規定教師必須符合擁有黨員身份的先決條件。中學教師由教育部依據有關條例及實施細則委任，高等學校的「黨義」教員，則要經過更加嚴格的調查，為此，國民黨中央訓練部設立了一個特別檢定委員會，對所有「黨義」教員進行資格檢定後

〔註 229〕蔡元培：《〈中央日報〉創刊賀詞》，中國蔡元培研究會編：《蔡元培全集》第6 卷，杭州：浙江教育出版社，1997 年，第 166 頁。

〔註 230〕袁徵：《孔子・蔡元培・西南聯大——中國教育的發展和轉折》，北京：人民日報出版社，2007 年，第 301～302 頁。

〔註 231〕袁徵：《孔子・蔡元培・西南聯大——中國教育的發展和轉折》，北京：人民日報出版社，2007 年，第 224 頁。

才予以批准。〔註232〕除此之外，爲貫徹黨義教育，國民黨還要求全國各級學校教職員對本黨黨義做系統的研究，求深切的認識。研究程序分四期進行；每期研究以一學期爲限；平均每日至少須有半小時之自修，研究每周至少須有一次之集合研究。〔註233〕

　　大學院舉行的三民主義考試並不是一個孤立的事件，它是國民黨黨化教育從廣東推向全國的過程中的一個環節，它的後續效應仍值得繼續研究。

　　詳細考察大學院的各種教育活動，不難發現，蔡元培實際推行的是三民主義教育。三民主義是國民黨的正統，三民主義教育依然是黨化教育。蔡元培自 1926 年從歐洲歸來後，因對國內的激進勢力造成的社會動盪極爲不滿，所以他把希望寄託於國民黨右派，希望他們能穩定全國形勢，提供進行經濟文化建設的有利環境。在擔任國民黨浙江政治分會代理主席期間，1927 年 3 月，蔡元培提出在浙江設師範補習科，對教師進行訓練，「養成黨化教育之才」。4 月，他又明確主張，「確定黨化教育，施行於各學校。」〔註234〕他直接參入了國民黨的政務，並一再指出，三民主義是科學的結論。9 月，他在中國科學社年會開幕式上說：「總理之三民主義完全根據科學。」〔註235〕他贊成把黨化教育從廣東推向全國。

　　1927 年 10 月，蔡元培正式擔任大學院院長，成爲主管全國文化教育的最高官員。他主持的大學院，繼承了國民政府教育行政委員會關於私立學校立案的政策，進一步向私立學校施加壓力。私立學校（包括教會學校）被迫接受國民黨的規定，向政府立案，將國民黨的黨義列爲必修科目，灌輸三民主義的主張。大學院還通告各級學校，爲使國民黨主義普及全國，並促進青年正確認識起見，除各種課程內融合黨義精神外，須一律按照《各級學校增加黨義課程暫行通則》的規定，增加黨義課程。〔註236〕

〔註232〕《檢定黨義教師委員會組織通則》，《訓練月刊》，1930 年第 1 期，第 126～128 頁。

〔註233〕《各級學校教職員研究黨義暫行條例》，《安徽教育行政週刊》，1929 年第 44 期，第 7 頁。

〔註234〕蔡元培：《新浙江之第一步》，中國蔡元培研究會編：《蔡元培全集》第 6 卷，杭州：浙江教育出版社，1997 年，第 23 頁；高平叔撰著：《蔡元培年譜長編》第 3 卷，北京：人民教育出版社，1998 年，第 44 頁。

〔註235〕《科學社年會昨開幕》，《上海民國日報》，1927 年 9 月 4 日，第 1 張。

〔註236〕《各級學校增加黨義課程暫行通則》，《大學院公報》，1928 年第 9 期，第 7 頁。

　　大學院召開全國教育會議，確定教育宗旨爲「三民主義教育」，「吾黨主張以黨建國，以三民主義化民，故吾黨之教育方針，應爲三民主義之教育，此無疑義。且所謂眞正之三民主義教育，必須將三民主義之精神，融化於一切教科教材之中，無一處一時不具三民主義之功用而後可。」〔註237〕爲了瞭解學生接受三民主義的情況，研究改進三民主義教育，大學院要求全國高等學校進行三民主義考試。此外，大學院在審查教科書時，十分明確地把不違背國民黨黨義、黨綱和精神，作爲教科書合格的首要條件，突出三民主義在教科書中的地位。

　　由此可見，蔡元培主持大學院時要求進行三民主義教育，就是宣揚國民黨一黨的正統理論，利用三民主義對教師和學生進行思想控制。蔡元培眞心服膺三民主義，在全國教育會議開幕式上曾強調，三民主義是教育上訓育的標準，在學校教育上，應按學生程度，次第薰陶；在社會教育上，應按照個人地位，分別指導。而且，他還認爲三民主義具有中和性，「到底那個能想通政治道理，並且能解決根本辦法，只有我們孫先生。他的辦法，就是三民主義。」〔註238〕

　　蔡元培希望用統一思想來完成三民主義教育，卻不想讓政客進行組織上的黨化教育。他主持大學院時進行的三民主義教育，實際上是一種比較溫和的思想控制，與國民黨直接控制教育的做法不可同日而語。蔡元培推行的教育政策與國民黨的組織控制之間，發生了衝突，這導致了嚴重的後果。

〔註237〕《廢止黨化教育名稱代以三民主義教育案》，中華民國大學院編：《全國教育會議報告》乙編，上海：商務印書館，1928年，第29頁。

〔註238〕蔡元培：《三民主義的中和性》，中國蔡元培研究會編：《蔡元培全集》第6卷，杭州：浙江教育出版社，1997年，第298～299頁。

第四章　大學院的困境：與中央統治集團的衝突

　　大學院實施的一系列活動，究其實質是在推行三民主義教育。按理講，大學院的三民主義教育應該和國民黨黨化教育的做法不矛盾。但是，在實際運行過程中，大學院與國民政府財政部、國民黨中央黨部在教育經費獨立、教育宗旨的確定、黨童子軍管轄和學生運動政策的制定等方面，產生了不可調和的矛盾和衝突。這些矛盾和衝突直接將大學院推向了被廢止的邊緣。

第一節　教育經費獨立的摩擦

　　1924 年 1 月，國民黨政綱的對內政策第十三條明確規定：「增高教育經費，並保障其獨立。」〔註1〕經歷軍閥混戰後的教育界認爲教育經費獨立是安全的保障，一般社會也以教育經費獨立爲信仰的根據，「教費獨立誠有相當之利益」，〔註2〕所以爭取教育經費獨立相率而生。北伐告成後，教育經費獨立獲得了新的動力。

　　大學院成立後，蔡元培先後提議將附加煤油附加稅、錫箔捐和註冊稅撥充教育經費，都得到了財政部的應允與支持。儘管 1927 年 10 月，財政部長孫科已呈請國民政府整理財政，統一收支，將中央各部門的收入都歸於財

〔註 1〕　中央執行委員會刊行：《中國國民黨第一次全國代表大會宣言及決議案》，1924 年，第 17 頁。
〔註 2〕　賈士毅：《民國續財政史（三）》上海：商務印書館，1933 年，第 222 頁。

政部支配，國民政府採納其建議並頒佈訓令，〔註3〕但是，孫科仍支持蔡元培的教育經費獨立的主張。1927 年 12 月，蔡元培與孫科聯合提議「教育經費獨立案」。12 月 22 日，國民政府第 26 次會議通過了蔡元培與孫科的提案，「決定通令全國財政機關，嗣後所有各省學校專款，各種教育附稅，及一切教育收入，永遠悉數撥歸教育機關保管，實行教育經費獨立；決定設立教育銀行。」〔註4〕然而，好景不長，財政部長的更易動搖了大學院教育經費獨立的計劃。

　　1928 年 1 月 3 日，國民政府增設建設部，調任孫科為部長，所遺財政部長缺，由國民政府委員宋子文兼任。宋就任財政部長一個月後，提出各項國稅一律收歸財政部辦理的提案，建議無論直接稅和間接稅，凡為各機關所管轄的各項國稅，一律歸財政部辦理。〔註5〕由於北伐的勝利，中央威權不斷加強，財政統一也是大勢所趨。關於教育經費問題，由財政部與大學院會商妥辦。

　　1928 年 2 月 20 日，財政部與大學院商定整頓教育經費的辦法：大學院經費完全由財政部負責按月撥付；關於各省教育經費，由財政部通令財政廳與各省教育行政機關妥籌整頓及保障辦法，並負責籌撥；現在大學院所管理之稅收機關，一律仍還財政部，以期實現財政統一。1928 年 5 月，由大學院主管的江浙箔類特稅收歸財政部辦理。〔註6〕

　　1928 年 5 月，大學院召開全國教育會議。蔡元培在開幕詞中表示：「增高教育經費，並保障其獨立，此為總理所定之政綱，絕不能以財政統一之口號打破之者也。」〔註7〕蔡元培重申教育經費獨立的原則，提醒參會議員注意中央財政統一與教育經費獨立之間的矛盾。全國教育會議修正通過了《教育經

〔註 3〕 《財政部關於中央各部收入悉數歸該部支配呈暨國民政府令稿》，財政部財政科學研究所、中國第二歷史檔案館編：《國民政府財政金融稅收檔案史料（1927～1937 年）》，北京：中國財政經濟出版社，1997 年，第 24 頁。

〔註 4〕 高平叔撰著：《蔡元培年譜長編》第 3 卷，北京：人民教育出版社，1998 年，第 127 頁。

〔註 5〕 《宋子文關於各項國稅一律收歸財政部辦理提案》，財政部財政科學研究所、中國第二歷史檔案館編：《國民政府財政金融稅收檔案史料（1927～1937 年）》，北京：中國財政經濟出版社，1997 年，第 26 頁。

〔註 6〕 《國民政府財政部最近三個月報告書》，《中央日報》，1928 年 6 月 7 日，第 2 張第 1 面。

〔註 7〕 蔡元培：《開會詞》，中華民國大學院編：《全國教育會議報告》丁編，上海：商務印書館，1928 年，第 2 頁。

費獨立並保障案》，規定中央及各省區市縣設教育經費專管處，設立教育基金管理處，以及實行特別會計制度，等等。

宋子文加強統一財政的力度，統一中央財政收支難免與教育經費獨立發生摩擦，成為財政當局與教育當局相持不決的問題。財政專家賈士毅認為，就財政原理而論，國家與地方預算成立，應該統收統支，不應另有獨立的歲入供應獨立的歲出，違背財政統一的原則。只是在軍事倥傯的時期，軍事當局往往挪移教費以充軍用，直接影響教育事業的順利進行，所以就有教育經費獨立的倡議。這樣就需尋求一種雙方兼顧的完全之策，使國家財政機關有通盤籌劃的餘地，使教育經費也能保障其獨立，以解決教育界與財政界相持不決的問題。〔註8〕

鄒魯則認為，有人說「教育機關直接徵收財政收入，破壞財政統一，決不可行」，那屬於過慮。「財政統一」是政府應辦的普通事，「教育經費獨立」是國民黨政策的特別規定。從法律上講，特別法優於普通法，於是，「教育經費獨立」的特別規定的效力強於「財政統一」的普通事件。〔註9〕但在實際運行過程中，教育經費獨立與中央財政統一是相拮抗的。

1928 年 7 月，財政部召開全國財政會議，大學院會計科科長俞復將全國教育會議通過的「教育經費獨立並保障案」、「提議指定庚子俄國賠款發行庫券作為教育基金案」、「提議指定比義兩國庚款發行庫券作為教育基金案」和「擬永遠指撥海關噸稅連續發行長期債券作為教育基金案」等四項議案提交財政會議議決。

全國財政會議審查「教育經費獨立並保障案」，認為此案辦法第二條乙項「凡劃作教育專款之整個稅收由管理處直接徵收」與會議議決的統一財政案相牴觸，應刪除，會議議決按審查意見通過。〔註10〕這表明財政部不贊成大學院設立教育經費管理處徵收教育專款，排斥教育經費獨立的做法。如果全國教育會議通過的議案得不到財政部的支持，就不能實施。「提議指定庚子俄國賠款、比義兩國庚款發行庫券作為教育基金案」，經大會議決保留，建議

〔註 8〕賈士毅：《民國續財政史（三）》，上海：商務印書館，1933 年，第 222～223 頁。

〔註 9〕鄒魯：《國民黨治下的教育經費問題》，出版地不詳，1929 年，第 6～7 頁。

〔註10〕全國財政會議秘書處：《全國財政會議彙編》審查報告四，國民政府財政部秘書處總務科，1928 年，第 15～16 頁；《全國財政會議彙編》會議記錄，第 81～82 頁。

「先行印發證券，庫券似可緩發」。「擬永遠指撥海關噸稅連續發行長期債券作爲教育基金案」也被大會議決保留，呈侯國民政府核辦。〔註11〕

在統一財政的前提下，教育經費獨立沒有存在的空間。大學院呼籲教育經費獨立，致使地方爭取教費獨立的活動時有發生，這是國民政府不願看到的現象。在蔣介石集團的統治地位逐漸穩固之後，中央政府不再允許大學院成爲「獨立王國」。

第二節　黨童子軍管轄的糾紛

1928 年 2 月，國民黨二屆四中全會通過了改善中央黨部組織的決議，除了組織部、宣傳部仍沿舊制外，將海外部歸併組織部；並單獨成立一個訓練部；之前的工人部、農民部、商民部、青年部、婦女部合併，成立民眾訓練委員會。〔註12〕這次會議還通過了《國民政府組織法》，國民政府受中國國民黨中央執行委員會的指導及監督，掌理全國政務。

這次會議對於大學院來說，是一次非常重大的轉折。除了經亨頤等人建議廢止大學院，對大學院造成不小衝擊以外，蔡元培的地位發生了重要變化，他不再是中央執行委員會的常務委員了，只是國民黨中央政治會議的一名委員，這意味著他庇護大學院的能力將減弱。戴季陶、丁惟汾、于右任、譚延闓和蔣介石是常務委員。中央執行委員會組織部長蔣介石，由陳果夫代理；宣傳部長是戴季陶；訓練部長丁惟汾；民眾訓練委員會常務委員有李石曾、經亨頤、朱霽青、何香凝和陳果夫。〔註13〕

二屆四中全會表面上實現了國民黨的統一，但蔣介石的地位並不穩定，他仍被認爲「軍事的，而非政治的人物」。〔註14〕蔣介石借助「黨權」提升自己的政治號召力，並逐漸實現中央集權。他倚賴丁惟汾、陳果夫等人辦理黨

〔註11〕 全國財政會議秘書處：《全國財政會議彙編》議案索引，國民政府財政部秘書處總務科，1928 年，第 5～6、11 頁。

〔註12〕 《中國國民黨中央執行委員會爲改組中央黨部案告海外同志書》，《中央黨務月刊》，1928 年第 1 期，第 1～2 頁。中央訓練部、民眾訓練委員會分別成立於 1928 年 3 月 15 日和 5 月 15 日。

〔註13〕 劉維開：《中國國民黨職名錄》，中國國民黨中央委員會黨史委員會，1994 年，第 65～67 頁。

〔註14〕 金以林：《國民黨高層的派系政治：蔣介石「最高領袖」地位是如何確立的》，北京：社會科學文獻出版社，2009 年，第 53 頁。

務。中央訓練部自成立後，與蔡元培在童子軍管轄和教育宗旨制定等問題上存在很大的分歧與衝突；民眾訓練委員會在學生運動政策制定上，也與蔡元培意見不同，各自相持不下。

中小學校建立童子軍組織，將12～18歲的學生編爲童子軍，12歲以下的兒童組成幼童軍，施行政治和軍事教育，這是近代中國仿傚英美國家而推行的一項重要教育制度。中國第一支童子軍是在1912年2月25日，由武昌文華大學的教師嚴家麟先生所辦。〔註15〕1926年以前，中國童子軍組織大都爲教會學校所辦，作爲課餘娛樂，兼顧其他如宗教、慈善等活動，其組織形式以各自學校爲單位，沒有統一領導。

1926年，國民黨中央執行委員會青年部鑒於童子軍教育是學校青年最重要的課外教育，於是提出組織中國國民黨童子軍委員會的議案。1926年3月5日，經國民黨中央執行委員會第10次常務會議決定，由國民黨負責領導童子軍教育，在中央青年部之下設置中國國民黨童子軍委員會，這是全國童子軍具有中樞機構的開始。〔註16〕這實際是童子軍「黨化」，即國民黨控制童子軍的開始。

中央青年部還制定許多計劃，但因種種關係，以致所定計劃沒有完全實現。創辦黨童子軍一經提出後，影響各地紛紛辦理黨童子軍教育。〔註17〕由於北伐戰爭的影響，雖然廣東和江蘇兩省努力進行童子軍事業，但是發展不是很明顯。〔註18〕

1928年1月，江蘇省黨部擬訂全省童子軍組織條例，規定全省黨童子軍定名爲「中國國民黨江蘇省黨童子軍」，以「促進全省黨童子軍之發展及增進國民革命力量」爲主旨，並指出此童子軍組織受江蘇省黨部青年部的直接領導。第四中山大學校長張乃燕對童子軍的管轄產生疑義，他向大學院呈文道：「童子軍是學校課程中所列的一種課目，是學校學生所組織。歷年以來，管轄問題，省者則隸屬省教育廳，縣者則隸屬縣教育局，由來已久。省童子軍

〔註15〕教育部教育年鑒編纂委員會編：《第二次中國教育年鑒》，北京：商務印書館1948年，第1334頁。關於中國童子軍創建的最早時間和創建人存在著諸多不同觀點。參見：榮子菡：《廣東童子軍研究（1915～1938）》，暨南大學歷史系碩士學位論文，2005年，第7～8頁。
〔註16〕教育部編：《第一次中國教育年鑒》丙編教育概況，上海：開明書店，1934年，第550～551頁。
〔註17〕劉澄清：《童子軍教育史》，北京：商務印書館，1944年，第82頁。
〔註18〕教育部編：《第一次中國教育年鑒》丙編教育概況，第551頁。

行將改屬省黨部管轄，是各級童子軍會，勢必脫離各級教育行政機關，並學校學生所組織之童子軍，勢必脫離學校當局，似屬破壞教育行政之統一，於學校當局之設施，大有妨礙。」2月6日，大學院回覆張乃燕，這項問題要等大學院與中央黨部會商之後，再行飭遵。〔註19〕

　　1928 年 2 月 2 日至 7 日，正是國民黨召開二屆四中全會的時候，從會議的議案來看，蔡元培並沒有將童子軍的管轄問題提出來。2 月 18 日，大學院公佈的《小學暫行條例》中規定，童子軍是小學教授的一門科目。〔註 20〕中央特別委員會雖然垮臺，但是新的組織沒有馬上成立。原中央青年部被撤，中央訓練部直到 3 月 15 日才成立，民眾訓練委員會也直到 5 月 15 日才告成立。蔡元培顯然是鑽了個空子。按照國際童子軍大會章程規定，各國童子軍是一種少年兒童教育的群眾組織，不得在任何政黨名義領導下開展活動。蔡元培不贊成童子軍由國民黨控制，他試圖使學校教育脫離官僚機構，由大學院統一管理。

　　1928 年 4 月 18 日，大學院改黨童子軍為童子軍，並令由各主管教育機關組織管轄。大學院認為，童子軍的用意原在鍛鍊兒童身體，練習團體生活，為學校一種課程，由學校組織並管轄。為恢復原有精神，及保持學校行政統一起見，各省區黨童子軍一律改稱童子軍，由主管教育機關組織管轄，完全脫離黨部。〔註 21〕大學院公佈的訓令，與中央訓練部調查和整理辦理童子軍的學校和團體的做法相牴觸。南京特別市黨務指導委員會訓練部向中央執行委員會呈請如何辦理。〔註 22〕

　　1928 年 5 月 31 日，國民黨中央執行委員第 142 次常務會議通過了《中國國民黨童子軍（簡稱黨童子軍）總章》。《總章》規定，在中央訓練部之下，成立中國國民黨童子軍司令部。中央訓練部指責大學院擅自將黨童子軍名稱除去黨字、改由教育機關管轄並完全脫離黨部的做法，請求中央執

〔註 19〕　《第四中山大學校長張乃燕來呈為童子軍管轄問題發生疑義請迅予批示祗遵由》，《大學院公報》，1928 年第 4 期，第 50～52 頁。

〔註 20〕　《小學暫行條例》，《大學院公報》，1928 年第 3 期，第 13～14 頁。

〔註 21〕　《令各省區教育行政長官暨各大學區校長為黨童子軍改稱童子軍並由各主管教育機關組織管轄由》，《大學院公報》，1928 年第 6 期，第 19 頁；《大學院恢復童子軍管轄及名稱》，《中央日報》，1928 年 4 月 24 日，第 2 張第 3 面。

〔註 22〕　《南京市特別市黨務指委會訓練部呈為黨童子軍名稱組織與大學院令牴觸應如何辦理請核示》，《中央訓練部部務會刊》，1928 年第 1 期，重要文件呈文，第 26 頁。

行委員會飭令大學院取消前令，並通告各辦理童子軍的學校備案。〔註23〕中央執行委員會取消了大學院的院令，強調國民黨對童子軍的管轄權，函請大學院尊重黨權，並警告中央大學取消與這次議決案相違背的組織和行動。〔註24〕

　　蔡元培將童子軍僅作為一門課程的做法，中央訓練部堅決反對。訓練部指出，國民黨中央第10次及第142次常務會議議決在案，童子軍由國民黨管轄，毋庸置疑。黨權是不可違抗的。大學院關於童子軍名稱和管轄的院令，違背了國民黨的黨治思想，與中央訓練部企圖控制學生、干預教育是相衝突的。最終，蔡元培不得不於1928年7月11日通令各省市教育行政機關長官、各大學區及各國立大學校長，遵照《中國國民黨童子軍總章》辦理推行童子軍，接受中央訓練部委定的司令負責指揮童子軍。〔註25〕

第三節　確定教育宗旨的矛盾

　　1928年5月，大學院主持召開第一次全國教育會議，一開始就遭到中央訓練部和組織部的抵制和刁難。蔡元培請中央黨部派代表參加會議，中央訓練部和組織部認為沒有必要。他們的理由主要有兩點：第一，中央黨部是黨治下全國最高機關，立於指導者的地位。如果所選派的代表僅以普通會員的資格出席，是只有表決權而失去其指導的地位，似不相宜。第二，如果所派的代表不以普通會員的資格而以指導者的資格出席，取得最後的決定權又將與此次會議的性質不合。這次會議所討論的，多半是教育行政權限內的事項，非盡與黨部有關。中央訓練部主張，全國教育會議如有關於教育宗旨及與黨有關的各種教育問題議決案，必須呈由國民政府轉呈中央執行委員會核准後，才能頒佈。〔註26〕

　　譚延闓代表中央黨部出席了全國教育會議，並致訓辭，強調教育努力的

〔註23〕《中央訓練部取消大學院改編童子軍的院令》，《中央日報》，1928年7月1日，第2張第3面。
〔註24〕《函覆中央大學關於童子軍辦理事宜本黨先後有案即應遵守以重黨權由》，《中央訓練部部務彙刊》，1928年第1期，重要文件函電，第19頁。
〔註25〕《令各省市教育行政長官暨各大學區及各國立大學校長為令發黨童子軍總章仰各遵照辦理由》，《大學院公報》，1928年第8期，第15～16頁。
〔註26〕《中央組織、訓練部關於全國教育會議之提案原文》，《中央黨務月刊》，1928年第1期，文書，第9頁。

方向就是三民主義。〔註27〕大學院原擬定的各省區代表中，丁惟汾代表山東、朱霽青代表東三省、白雲梯代表蒙藏，但他們三位都沒有出席會議。〔註28〕在全國教育會議上，議決通過了中華民國的教育宗旨就是「三民主義的教育」，「所謂三民主義的教育，就是實現三民主義的教育；就是以實現三民主義為目的的教育；就是各級行政機關的設施，各種教育機關的設備，和各種教學科目，都是以實現三民主義為目的的教育。」〔註29〕全國教育會議確定的教育宗旨遭到了中央訓練部的批評。

中央訓練部在全國教育會議開幕之前，擬定了《黨義教育大綱提案》。會議閉幕之後，訓練部批評全國教育會議「關於三民主義教育宗旨說明書及大會宣言，於三民主義教育之真諦，既無所闡明；而於教育與黨之關係，尤乏實際聯絡」。因此，訓練部於1928年6月，將提案提請中央執行委員會第151次常務會議公決。訓練部提議：「中華民國之教育，以發揚民族精神，提高民權思想，增進民生幸福，促成世界大同為宗旨。」委員于右任臨時提議：「中華民國教育宗旨以培養主義化、革命化、平民化、社會化、科學化之人民，實行民族主義、民權主義、民生主義，以完成國民革命，達到世界大同為宗旨。」經議決，議案交給經亨頤、朱霽青、蔡元培、陳果夫、丁惟汾五位委員審查；同時並將于右任臨時提出的教育宗旨合併審查。審查委員們並沒有達成一致意見。蔡、經、陳三委員各提出教育宗旨草案。經亨頤提出的修正案為：「中華民國教育，以三民主義治本，軍民主義治標，統一思想，強健體力，促進國際平等，完成社會革命為宗旨」；蔡元培提出：「中華民國教育，以根據三民主義，統一思想，強健體力，促進國際平等，完成社會革命為宗旨」；陳果夫提議：「中華民國教育，以發揚民族精神，啟發民權思想，增進生民幸福，完成三民主義為宗旨。」〔註30〕

1928年8月，國民黨二屆五中全會開會時，中央訓練部綜合審查委員及于右任的提案，提出《確定中華民國教育宗旨及教育標準案》，其中關於教育

〔註27〕中華民國大學院編：《全國教育會議報告》丁編，上海：商務印書館，1928年，第4～5頁。

〔註28〕中華民國大學院編：《全國教育會議報告》甲編，上海：商務印書館，1928年，第18～21頁。

〔註29〕中華民國大學院編：《全國教育會議報告》乙編，上海：商務印書館，1928年，第1～4頁。

〔註30〕教育部編：《第一次中國教育年鑒》甲編教育總述，上海：開明書店1934年，第10頁。

宗旨的規定：「中華民國之教育，以根據三民主義，發揚民族精神，實現民主政治，完成社會革命，而臻於世界大同爲宗旨。」〔註31〕

　　蔡元培對中央訓練部的教育宗旨表示不滿。他也在二屆五中全會提出草案，「仰遵總理遺教，根據教育原理」，訂定中華民國教育宗旨：「恢復民族精神，發揚固有文化，提高國民道德，鍛鍊國民體格，普及科學知識，培養藝術興趣，以實現民族主義。灌輸政治知識，養成運用四權之能力；闡明自由界限，養成服從法律之習慣；宣揚平等精義，增進服務社會之道德；訓練組織能力，增進團體協作之精神；以實現民權主義。養成勞動習慣，增高生產技能，推廣科學之應用，提倡經濟利益之調和，以實現民生主義。提倡國際正義，涵養人類同情，期由民族自決，進於世界大同。」〔註32〕

　　二屆五中全會對於確定中華民國教育宗旨案，議決交由常務會議討論。教育宗旨案就這樣懸而不決。蔡元培並不甘心，他於8月22日在第151次中央政治會議上提交了大學委員會通過的中華民國教育宗旨，內容與在二屆五中全會上提出的一樣。大會決議通過，送中央執行委員會核議。〔註33〕只有中央執行委員會的決議才具有最高效力，因爲中央執行委員會是國民黨全國代表大會閉會期間的最高機關。〔註34〕教育宗旨直到1929年3月25日第三次全國代表大會時才最終確立，即「中華民國之教育，根據三民主義，以充實人民生活，扶植社會生存，發展國民生計，延續民族生命爲目的。務期民族獨立，民權普遍，民生發展，以促進世界於大同。」〔註35〕

　　從1928年5月到8月，蔡元培與丁惟汾、陳果夫、經亨頤等關於教育宗旨各持己見，不能達成一致，他們之間的摩擦，無疑會影響作爲中央委員的丁惟汾、陳果夫、經亨頤等在決議是否取消大學院時的態度。他們關於教育宗旨的表述，沒有實質性的差別。他們對「三民主義教育」是一致贊同，對

〔註31〕　《確定中華民國教育宗旨及教育標準案》，《中央日報》，1928年8月12日，第2張第2面。

〔註32〕　教育部編：《第一次中國教育年鑒》甲編教育總述，上海：開明書店1934年版，第10頁。

〔註33〕　《中央政治會議第一百五十一次》，《中央週報》，1928年8月27日第12期，第12頁；《呈中央政治會議爲擬定教育宗旨呈請鑒核示遵由》，《大學院公報》，1928年第9期，第54頁。

〔註34〕　王樂平編：《中國國民黨的組織及訓練》，出版地不詳，1928年，第31頁。

〔註35〕　《中國國民黨第三次全國代表大會重要決議案》，中國第二歷史檔案館編：《中華民國史檔案資料彙編》第5輯第1編　政治（二），南京：江蘇古籍出版社，1994年，第100～101頁。

教育宗旨的基本規定，驚人一致。他們實際是在爭奪制定教育宗旨的權力。蔡元培認爲，教育宗旨應該由參加全國教育會議的專家學者們制定，而中央黨部不滿教育家企圖繞過黨機關制定和貫徹重大教育政策的做法。

第四節　學生運動政策的衝突

　　蔡元培主持的大學院對學生運動的政策採取的是比較審愼的態度。1927年12月，戴季陶向大學院呈遞了一份題爲「維持教育救濟青年」的建議。他建議當局必須對中小學生與高等院校學生加以區別對待，中小學生絕對不許參與政治，大學生只要他們不任官職，則允許他們參加政黨和政治活動，但只能以個人身份，而不能以學校或學校團體名義參加政治活動。而且，他還批評了過去學生團體的組織方式，建議學生聯合會改名爲「學生自治會」，讓學生團體自覺遵守純屬學生自治機構的權限，不干預學校行政，並遠離國家政治。〔註36〕

　　大學院沒有馬上接納戴季陶的建議，而是召開大學委員會會議討論「維持教育救濟青年案」。大學委員會是大學院的最高立法機關。大學委員會的第三次（1927年12月24日）、第四次（1928年2月9日）和第五次會議（1928年2月15日）都將這個議案提出，但是只對此案作了修正，沒有做出什麼重大的決定。〔註37〕在國民黨二屆四中全會議決暫時禁止所有群眾運動，並宣佈學生參加政治運動有害之後，〔註38〕大學院才採納戴季陶的建議，並委任楊杏佛、劉大白、陳果夫起草學生自治會條例。〔註39〕

〔註36〕戴季陶：《維持教育救濟青年案》，《戴季陶先生文存》第2卷，臺北：中央文物供應社，1959年，第429～432頁。

〔註37〕《大學委員會會議記錄》，《大學院公報》，1928年第3期，第80～83頁；《維持教育救濟青年案》，《第四中山大學教育行政週刊》，1928年第29期，第27～28頁。

〔註38〕國民黨二屆四中全會發表的宣言中提及學生捲入政治運動是極爲有害的：「就今日受痛苦最大之點言之，無過於未成年之學生參加政治鬥爭社會鬥爭之一事，……未成年之青年男女，身體精神之發育未完全，基本之知識經驗未具備，即個人之私生活，尚不能離成年者之保護而獨立，何況國家社會之大事，乃放任於未成年者之自由活動，是不特將民族所可愛可寶之未來生命託付之無代價之犧牲，簡直是以國家社會全體之生命，作兒戲之試驗品也。……」參見：葛之蕈編：《中國國民黨第二屆中央執行委員第四次全體會議記錄》，上海：中央日報社，1928年，第6～7頁。

〔註39〕《大學院大學委員會會議記錄第六次會議》，《大學院公報》，1928年第5期，

在 1928 年 5 月召開的全國教育會議上，戴季陶以中山大學和兩廣教育廳的雙重名義，提出了《確立教育方針實行三民教育建設以立救國大計》和《學生自治條例》兩份建議。前者的第三章「救濟現在之青年」，與「維持教育救濟青年」大同小異。大會討論了戴季陶的兩份建議書，同意將學生會改名為「學生自治會」，通過了禁止學生自治會干預國政校政的基本原則。大學院建議設立「學生自治指導委員會」的提案也為代表們接受。除了制定一套學生自治會條例外，會議還提出了管理學生參加民眾運動的標準，主要有：學生參加民眾運動應由學校指導；學生不得擔任校外黨部及其他團體職務；學生不得藉口參加民眾運動擅行停課。〔註40〕

對於限制學生會活動和管束學生參加民眾運動，教育界人士達成了初步共識。這一政策的確定對國民黨施加了很大的壓力，但教育界無法繞過黨機關貫徹執行重大教育政策。全國教育會議通過的決議，涉及國民黨民眾訓練和青年運動理論及方略，大學院必須呈請中央黨部重新批審。中央執行委員會常務會議因此案關係重大，決定交由二屆五中全會解決。〔註41〕

二屆五中全會上，民眾訓練委員會針對青年運動問題，提交了一份提案「青年組織的原則及系統」，認為青年運動應包括全部青年，但側重於學生青年，統籌兼顧其他的青年；主張全國的青年大聯合，這樣可以充分實現階級的協調，可以充分的集中革命勢力。民眾訓練委員會認為，把注意力放在青年學生身上是正確的做法，因為青年工人、農民和商人已受到各行各業組織的照顧，作為將來成立全國青年聯合會組織的初步準備工作，它主張先有系統地將各校基層學生組織聯繫起來，組成一個力量強大的全國學生聯合會。民眾訓練委員會常務委員陳果夫也強調：「學生青年終有加入農、工、商及其他團體，而成為各團體的領導者的可能。本黨在整個的計劃上，應注重青年，而青年的組織上，則仍注重在學生。」〔註42〕這種由黨嚴密組織學生的主張與大學院的政策發生了衝突。

　　　　第 60～61 頁。

〔註40〕中華民國大學院編：《全國教育會議報告》乙編，上海：商務印書館 1928 年，第 57～59、65～70 頁。

〔註41〕《楊杏佛談青年運動》，《中央日報》，1928 年 8 月 5 日，第五次中委會議特刊。

〔註42〕中央秘書處編：《中國國民黨第二屆中央執行委員第五次全體會議記錄》，出版地不詳，1928 年，第 137～140 頁。

　　與此同時，部分學生的舉動對於此案的討論是火上澆油。上海、湖南、浙江等省市學聯會，在上海成立第十屆全國學生代表大會，學生派代表赴中央黨部面謁民眾訓練委員會常務委員朱霽青，報告全國學生代表大會的籌備經過，請求保持並擴大原有學生運動的組織，勿以北伐成功，無須學生奔走而命令取消。朱霽青答應將學生的意見轉達中央。〔註43〕另外，上海市學生聯合會也呈文給中央黨部，要求學生切勿放棄國民天責，積極投身國事。它認為，儘管放棄學業是一個令人悲痛的犧牲，卻是必要的，因為沒有「破壞」就沒有「建設」，甚至指出如果在持續其他民眾運動的同時停止青年運動，那只會為共產黨領導青年運動製造良機。〔註44〕

　　蔡元培在孤身作戰。儘管戴季陶出席了二屆五中全會，但他並沒有站出來捍衛自己倡導的去政治化的政策。蔡元培從各種不同的角度，極力為大學院的學生運動政策辯護。首先，他引用了四中全會的部分宣言，反對未成年學生參與政治和社會鬥爭，認為這是無謂與悲痛的犧牲。他暗示，大學院「去政治化」的政策得到教育界的普遍支持。其次，他認為學生運動使學生犧牲寶貴的光陰，妨礙他們的學業。他承認過去這種犧牲是值得的，但是如今形勢不同了，國民黨已完成了全國大致上的統一，無能的官僚和教職員都被撤換了，從今以後，教育界應該專注於培養專業人才，供發展經濟之需。因此，他反對學生參與政治組織，進行宣傳、請願、街頭遊行等。最後，他建議國民黨採納二屆四中全會宣言和中山大學及兩廣教育廳的提案。該提案敦促國民黨以學生接受教育的利益為前提，不要組織政治化的學生聯合會。〔註45〕

　　經過激烈的爭辯，二屆五中全會對民眾運動的決議卻是：「人們在法律允許的範圍內，有組織團體之自由，但必須接受黨部之指導和政府之監督，政府應從速制定各項法律，以便施行。」〔註46〕決議除了堅持黨的最高權威以外，對學生和青年運動隻字不提。蔡元培對於學生運動政策的爭論，招致了

〔註43〕《全國學生代表大學派員赴京面謁朱霽青報告籌備經過情形》，《中央日報》，1928年8月6日，第2張第4面。

〔註44〕中央秘書處編：《中國國民黨第二屆中央執行委員第五次全體會議記錄》，出版地不詳，1928年，第43～44頁。

〔註45〕中央秘書處編：《中國國民黨第二屆中央執行委員第五次全體會議記錄》，出版地不詳，1928年，第140～154頁。

〔註46〕中央秘書處編：《中國國民黨第二屆中央執行委員第五次全體會議記錄》，出版地不詳，1928年，第19～20頁。

作為民眾訓練委員會常務委員的陳果夫、經亨頤、朱霽青的不滿，這促使經、朱再次堅決反對大學院。

經亨頤在二屆五中全會上提議設立教育部的議案，透露了中央黨部干預教育，控制學生的真實意圖。他指責大學院將培養人才與支配人才並在一起，容易造成學閥；「黨的唯一要件，精神要團結，事權要分立，培養人才與支配人才，絕對是兩件事。大學院制有此流弊，所以應即廢止。」〔註47〕

蔡元培認識到，在國民黨強大黨權的制約下，大學院舉步維艱；他與中央黨部在一些重要問題上的爭論屢屢失敗，使他心灰意冷。在二屆五中全會議決取消大學院時，他表示：「大學院與研究院，近劃分為二，故實際上現在之大學院，與從前之教育部無大分別；今當五中會，有人提出擬改大學院為教育部，此當聽大會解決，本人無成見。」〔註48〕最終，在五中全會上，中央執行委員會議決通過了取消大學院的議案。

在國民黨二屆四中全會時，中央黨部的重要成員經亨頤、丁惟汾和朱霽青，就建議取消大學院，當時蔡元培尚能爭取延緩討論這一建議，將這一重要爭議拖延到國民黨第三次全國代表大會去討論。但是，在1928年2月至1928年8月間，蔡元培在童子軍的管轄、教育宗旨和學生運動政策的制定等問題上，與丁惟汾、陳果夫、經亨頤、朱霽青等中央黨部主要成員的意見不同，導致他們之間的矛盾升級並激化。大學院妨礙了國民黨對教育的干涉，以及對學生的控制，於是，中央執行委員會的委員迫不及待地在二屆五中全會上決議廢除大學院。中央黨部不允許大學院這個「獨立王國」的存在。蔡元培嘗試利用大學院這個新式教育機構使教育不受政黨影響並不能持續。

大學院爭取教育經費獨立，違背了中央財政統一政策；設童子軍為一門課程，阻礙了國民黨對童子軍的管轄；制定教育宗旨，也無法繞過國民黨中央黨部；限制學生運動，又妨礙了國民黨對學生的控制。從各種矛盾與衝突中可以看出，國民黨統治集團企圖直接統治教育事業，控制教育經費和各級學生，確定黨化教育方針。大學院無法與國民黨中央統治集團相抗衡。

〔註47〕《經亨頤等在國民黨二屆五中全會上提請設立教育部案》，中國第二歷史檔案館編：《中華民國史檔案資料彙編》第5輯第1編　教育（一），南京：江蘇古籍出版社，1994年，第44～45頁。

〔註48〕《蔡元培談青年運動及大學院問題》，《中央日報》，1928年8月12日，第2張第1面。

　　蔡元培認爲，合理的教育是三民主義教育。他建立大學院是設想由專家學者管理全國教育，實際是由專家學者管理三民主義教育，這是一種溫和的思想控制。他呼籲教育經費獨立，試圖使黨童子軍脫離黨部，限制學生參加民眾運動，制定三民主義教育宗旨，種種做法在國民黨中央統治集團看來，是在干擾中央集權，違背國民黨對學校教育的控制。國民黨中央統治集團不允許大學院這個「獨立王國」的存在。大學院試圖進行的思想控制與國民黨統治集團的組織控制之間的矛盾與衝突，是導致大學院被取消的根本原因。

第五章　大學院的廢止：內外部矛盾的集合

　　大學院與國民黨中央統治集團的矛盾和衝突主要集中在 1928 年 2 月至 1928 年 8 月間，實際上就是發生在中央特別委員會結束之後。特委會時期，蔡元培作爲中央黨部和國民政府的常務委員，保障了大學院組織建立和教育決策的順利進行。蔣介石官復原職後，國民黨中央黨部改組，大學院在教育政策制定方面與中央黨部發生矛盾，這些矛盾將大學院推向被廢止的邊緣。

　　大學院在短短一年時間內，即遭到了兩次大的衝擊與反對。聲討之聲分別來自國民黨二屆四中全會和二屆五中全會。

第一節　反對大學院

一、第一次反對

　　1928 年 1 月 8 日，蔣介石復職，並擔任北伐軍總司令。蔣復職後，即於 2 月 2 日至 7 日召開國民黨二屆四中全會，以便鞏固黨權。2 月 3 日下午，討論《國民政府組織法》時，對第七條議及改大學院爲教育部一事，討論很久，不能解決，留待次日覆議。當時，一方面由陳果夫、周啓剛、陳樹人等組成的國府案審查委員會提出的原案，只有教育部而無大學院；另一方面，經亨頤、丁惟汾、朱霽青、白雲梯和陳樹人等中央執行委員聯名提交了《設立教育部案》，建議廢止大學院，改設教育部。〔註1〕

〔註1〕高平叔：《蔡元培年譜長編》第 3 卷，北京：人民教育出版社，1998 年，第

　　經亨頤等人的提案稱：國民政府之所以捨教育部而改名大學院，據公報蔡院長發刊辭所稱，僅僅因教育名詞與腐敗官僚爲密切之聯想，如此原因，此大可不必！其他部豈可任其腐敗？應一律改爲什麼院？但腐敗不腐敗在人而不在機關之名，仍擬改設教育部，且有其他重要理由：1.官制不統一；2.大學院制其精神爲人才集中，程度提高，但與普及教育本旨不合；3.學術與教育是兩項事，大學非教育，教育行政機關不是專管學術；4.大學區制本是試行，據目前試驗之結果，可謂專注學術，忽視教育；5.小學遷就大學，國民經濟能力不足，初小教育基礎落空，與本黨兒童本位之旨大相違背。該案由此提出糾正辦法四種：1.大學院應立即廢止；2.大學委員會設於國民政府；3.研究院仍存在，直轄於國民政府；4.教育部以統籌全國社會教育、普通教育，使最短期間教育普及爲主要任務；5.教育部長爲大學委員會當然委員。〔註2〕

　　經亨頤等人反對大學院的焦點主要集中在大學院專注學術、忽視中小學教育上。經亨頤曾任浙江第一師範校長，後又創辦著名的春暉中學，是東南諸省中小學教育專家。他的攻訐並非沒有道理，大學院的確比較重視學術事業與高等教育，相形之下，對中小學教育就顯忽視。

　　2月4日上午，討論國民政府改組案，對大學院及教育部二種名稱，討論較多。經亨頤、丁惟汾、陳樹人、白雲梯等主張注重普通教育，用教育部名稱。蔡元培、李石曾等則主張提倡高等學術，用大學院名稱，並「謂此項新制，正在試驗中，至少須以年計，方可斷其良否。」大會主席蔣介石主張，在第三次全國代表大會前，仍暫用大學院名稱，眾贊成，遂通過。此次會議還決議通過了《國民政府組織法》，國民政府設內政部、外交部、財政部、交通部、司法部、農礦部和工商部，並設有最高法院、考試院、檢察院、大學院、審計院、法制局、建設委員會、軍事委員會、蒙藏委員會和僑務委員會。〔註3〕大學院被保留。

　　在這次會議上，大學院沒有被議決廢止，很大程度上因爲蔣介石剛復職，仍需要蔡元培、李石曾等黨國「元老」的支持。蔡元培等在此次會議上提交

　　　152頁。
〔註2〕《設立教育部案》，中國第二歷史檔案館：《中華民國史檔案資料彙編》第5
　　　輯第1編　教育（一），南京：江蘇古籍出版社，1994年，第46～47頁。
〔註3〕高平叔：《蔡元培年譜長編》第3卷，北京：人民教育出版社，1998年，第
　　　152頁；萬之莖編：《中國國民黨第二屆中央執行委員第四次全體會議記錄》，
　　　上海：中央日報社，1928年，第27～28頁。

－158－

「制共」提案，建議從共產黨的理論、方法、機關和運動等四項上，將共產黨剷除。〔註4〕此事件可以反映出，蔡元培等黨國元老反對激進勢力，支持蔣介石的復職，為蔣介石的統治贏得一些社會道義基礎。因此，蔡元培主持的大學院得以暫存，經亨頤等人的提議，留待第三次全國代表大會討論。

二、第二次反對

第三次全國代表大會原定於 1928 年 8 月 1 日召開，但因籌備不及，國民黨先召開二屆五中全會。大學院的反對者等不及延期的三全大會，在二屆五中全會中再次提出廢止大學院。

1928 年 8 月 8 日至 15 日，二屆五中全會召開。大會關於取消大學院的提案和建議案共有 9 件，見表 5-1。其中，經亨頤的提案《重提設立教育部案》和郭春濤等的《取消大學院改設教育部案》，對大學院的衝擊較大，關乎大學院的命運。

表 5-1　二屆五中全會取消大學院提案與建議案一覽表

序號	提 案 名 稱	提 議 者
1	重提設立教育部案	經亨頤
2	取消大學院改設教育部案	郭春濤、劉守中、柏文蔚、周啓剛、朱霽青
3	取消中華民國大學院改為國民政府教育部	北平特別市黨務指導委員會
4	請廢大學院恢復教育部	太原市黨務指導委員會
5	取消大學院恢復教育部	南京特別市第八區黨部籌備處
6	取消大學院制改設教育部	山東省黨務指導委員會
7	廢除大學院制普及黨化教育	察哈爾特別區黨務指導委員會
8	請凡關於大學院所頒佈一切命令應由中央重新審查	太原市黨務指導委員會
9	確定教育行政制度	駐法總支部

資料來源：中央秘書處編：《中國國民黨第二屆中央執行委員第五次全體會議記錄》，出版地不詳，1928 年，第 64、369 頁。

〔註 4〕《第二屆中央執行委員會第四次全體會議記錄（1928 年 2 月）》，中國第二歷史檔案館檔案，全宗號 711，目錄號 4，案卷號 164。

　　經亨頤重提設立教育部，主要從「理論」和「事實」兩方面陳述廢止大學院的理由。關於理論方面，他認爲，培養人才與支配人才合爲同一機關，學閥之漸，自此肇其端，大學院制有此流弊，所以應即廢止；以科學代教育，而教育與學術遂混爲一談，大學院制可謂科學霸佔教育制。關於事實方面，他「質問」：江蘇省政府已遷鎮江，試問中央大學行政院遷不遷鎮江？如遷鎮江，則與大學截爲兩段；大學院機關與國民政府各部院同一性質，何以大學院曰中華民國大學院，難道教育獨立，必須獨立於國民政府之外？〔註5〕經亨頤的反對理由並無明顯創見。但他所提大學院名稱這一點，的確能引起「共鳴」，不僅經亨頤質疑，其他反對者也攻訐此點。

　　郭春濤等人在《取消大學院改設教育部案》中，開宗明義地指斥「中華民國大學院」名稱「不倫不類」，「究竟隸屬於國民政府乎？抑獨立於國民政府之外乎？」隨後，列舉大學院改爲教育部的五條理由：1.學術與教育原爲兩事，而大學院則不能包括全部教育，教育行政機關亦非專管學術，理至明顯。且以小學遷就大學，初小教育基礎落空，與本黨以兒童爲本位之旨大相違背；2.設立大學院之意原在實行大學區制，但各省試行大學區者，僅江、浙二處，其他各省仍施行教育廳制，迄未更易，強多數合於實際需要之制度，遷就方在試驗中之辦法，毋乃太偏，況江蘇自試行以來，流弊叢生，已招物議，豈可不顧事實強制施行？3.按今日之人財兩力言之，大學制度均不能推行全國。如於財力不足之省強設大學，徒有其名而無其實，反足使文化減低，教育墮落；4.江浙兩大學現均改爲國立，其行政系統又屬省立，混國立、省立於一身，行政方面殊多障礙；5.一年來試行大學區制之結果，對於教育廳之缺點未見改善，即本身之流弊叢生：如大學教育之畸形發展；經濟分配之不均；偏重學術忽視教育；行政效率減低；易爲少數分子把持等。〔註6〕

　　郭春濤等人反對大學院的理由主要集中在大學院專管學術，忽視初小教育，行政效率低下，以及大學區制流弊叢生等方面。對於大學區制實施的弊端這一點，中央大學區中等學校聯合會也向二屆五中全會呈文，歷數大學區制試驗不良，懇請大會主持正論，設法改進大學區制。

　　中央大學區中等學校聯合會將現行大學區制與法國學區制比較，指出在

〔註5〕　《重提設立教育部案》，中央秘書處編：《中國國民黨第二屆中央執行委員第五次全體會議記錄》，出版地不詳，1928年，第291～293頁。

〔註6〕　《取消大學院改設教育部案》，中央秘書處編：《中國國民黨第二屆中央執行委員第五次全體會議記錄》，出版地不詳，1928年，第289～290頁。

江浙二省試行的大學區制存在四個方面的缺點：一、法令毫不統一，對於大學院也無指臂相聯之效；二、江蘇驟改大學區制，經費未能劃分，各級教育互相牽制，徒滋糾紛，大損教育行政之效能；三、將 Academie 譯爲「大學區」意文欠明，易生誤會，今以大學統屬中小學，處處以大學爲主體，中小學爲附屬品；四、江浙大學區或無評議會之設置，或並無視學之設置，僅由大學一部分人支配全省教育，在江蘇已處處發生困難，有妨礙中小學教育之危險。此外，該會還指出，教育一科實爲學術總合的名詞，並批駁「教育學術化」的謬誤有三：輕視教育；不識教育之性質；人人可以辦教育。總之，中央大學區中等學校聯合會認爲，「吾國採行大學區制，理論上既不充實，實際上復多窒礙，改進之方，刻不容緩。」〔註7〕

除了上述層層指責之外，還有北平特別市黨務指導委員會等六個黨務機關提出了 7 項取消大學院的建議案（見表 5-1）。這一次的反對意見，對比半年前二屆四中全會上的，要激烈得多。反對派佔據了上風，大學院失去了支持。支持大學院的黨國四元老，只有蔡元培一人參加了二屆五中全會的全部會議。8 月 11 日和 13 日的第二次至第五次會議，張靜江都沒有出席。〔註8〕二屆五中全會上討論取消政治分會的提案，張靜江和李石曾於 8 月 8 日向蔣介石要求不得取消政治分會，蔣介石似未予以滿意的答覆。所以，張靜江和李石曾於 9 日夜留一函致蔣介石後，離京赴滬。〔註9〕

蔡元培實際處於孤立無援的境地。在多方的反對之下，蔡元培表示：「大學院與研究院，近劃分爲二，故實際上現在之大學院，與從前之教育部無大分別；今當五中會，有人提出擬改大學院爲教育部，此當聽大會解決，本人無成見。」〔註10〕8 月 14 日，二屆五中全會通過了經亨頤和郭春濤等人的提案，議決「照建國大綱改設教育部」。〔註11〕

1928 年 8 月 17 日，蔡元培呈辭本兼各職，離開南京。28 日，國民政府

〔註7〕　《中大區中校聯合會爲大學區制呈文》，《申報》，1928 年 8 月 13 日，第 11版：1928 年 8 月 17 日，第 17 版。

〔註8〕　《到京各委員等出席列席表》，中央秘書處編：《中國國民黨第二屆中央執行委員第五次全體會議記錄》，出版地不詳，1928 年。

〔註9〕　《張李兩監委來滬的原因》，《中央日報》，1928 年 8 月 11 日，第 2 張第 1 面。

〔註10〕　《蔡元培談青年運動及大學院問題》，《中央日報》，1928 年 8 月 12 日，第 2張第 1 面。

〔註11〕　《第五次中央執行委員全體大會記》，《國聞週報》，1928 年第 5 卷第 33 期，第 6 頁。

予以慰留。9 月 1 日，蔡元培再度堅辭。10 月 3 日，蔡的辭職獲中央政治會議批准，特任蔣夢麟爲大學院院長。19 日，中央政治會議改任蔣夢麟爲教育部部長。23 日，國民政府正式明令改大學院爲教育部，列爲行政院組織中十部之一。所有大學院一切事宜均由教育部辦理。〔註 12〕大學院就此取消。從蔡元培自 1927 年 10 月 1 日就任大學院院長，到 1928 年 10 月 3 日辭職，爲時恰好一年。

從上述多項反對大學院的議案中可以看出，經亨頤兩次領銜反對大學院。林敦（Allen B. Linden）分析，經亨頤是留日的教育家，他不贊同蔡元培的歐化教育政策；此外，作爲原中央教育行政委員的經亨頤沒能加入南京中央教育行政之中。〔註 13〕教育觀念的不同和自身利益的考量，是導致經亨頤將矛頭對準蔡元培，要求廢止大學院，改設教育部的主要原因。

爲什麼大學院在二屆四中全會時沒有被議決取消，而在五中全會上卻被議決廢止？除了二屆五中全會時，反對派佔了上風，且意見激烈之外，還有更爲重要的政治動因——蔣介石出於中央集權的需要，爭取胡漢民的支持而廢止大學院。

第二節　廢止的原因

一、中央集權的需要

二次北伐的軍事進展相當順利，1928 年 6 月 8 日，北伐軍進佔北京。北伐勝利後，南京國民政府根據地方實力派實際控制的地盤和軍事力量，在廣州、武漢、開封、太原分設政治分會，以李濟深、李宗仁、馮玉祥、閻錫山分任各地政治分會主席，加上蔣介石控制的南京中央和張學良控制的東北，在表面統一的局面下，無形中形成了六大軍事集團割據的狀態。

此時的蔣介石雖然掌握中央政權，但對另外五大集團，不僅在軍事上毫無控制能力，在政治上也缺乏號召力。他要想眞正做到統一全國，就必須借助國民黨的力量來逐步收回分散的權力，借「黨權」削弱「軍權」。但此時蔣

〔註 12〕丁致聘：《中國近七十年來教育記事》，上海：商務印書館，1935 年，第 172～176 頁。

〔註 13〕Allen B. Linden, "Politics and Education in Nationalist China: The Case of the University Council, 1927~1928", The Journal of Asian Studies, vol.27, no.4 (August 1968), p770.

還無法得到全黨的認同，其地位和影響根本無法和汪精衛、胡漢民相比，尚不能以國民黨正統自居服人，因此，他必須在汪、胡兩人間做出選擇，依靠他們完成眞正的統一，並鞏固自己的權力。〔註14〕

　　蔣介石審度其他五大軍事集團的勢力與威脅，他最急於削弱的軍事集團是桂系，爲達此目的，蔣逐步把合作對象確定爲胡漢民。〔註15〕1928 年 6 月初，胡漢民得知二次北伐即將勝利的消息，就從巴黎致電國民政府主席譚延闓，向二屆五中全會提出《訓政大綱》案；隨後又由柏林寄回《訓政大綱提案說明書》，系統闡述了他的「以黨治國」方略。他主張在訓政期間，應遵照總理遺教，實行建國大綱，以大綱的規定，國民政府應設立行政院、立法院、司法院、監察院、考試院，實施五權分立制度。行政院設外交部、內政部、軍事部、財政部、建設部、交通部、工商部、農礦部、司法部和教育部。〔註16〕

　　胡漢民的政治主張符合蔣介石實行中央集權的願望。他們二人都堅決主張統一全國，實現國民黨一黨專政。爲了取得胡漢民的支持，五中全會審查並討論了《訓政大綱》提案，決議「訓政時期之立法、行政、司法、考試、監察五院，應逐漸實施」。〔註17〕自 1928 年後的兩年時間內，蔣胡建立了密切的合作關係。

　　二屆五中全會取消大學院，表面上看，是因爲大學院的建制不符合建國大綱中設立教育部的規劃。這一點是大學院屢遭攻擊的地方。二屆四中全會後，楊杏佛接受記者採訪時就曾說過：「以爲與總理手定的建國大綱的制度上不合。蓋建國大綱上只有教育部，而無大學院之名也。此固重要理由，但國府現在組織，尙有許多未依建國大綱者。如軍事委員會、建設委員會等是。」〔註18〕實際上，蔣介石出於爭取胡漢民的支持與追求全國統一的現實需要，才毅然支持廢止大學院。帶有「獨立」意味的大學院違背了蔣介石「集

〔註14〕金以林：《國民黨高層的派系政治：蔣介石「最高領袖」地位是如何確立的》，北京：社會科學文獻出版社，2009 年，第 58～59 頁。

〔註15〕金以林對此分析甚詳，參見：金以林：《國民黨高層的派系政治：蔣介石「最高領袖」地位是如何確立的》，北京：社會科學文獻出版社，2009 年，第 59～63 頁。

〔註16〕胡漢民等：《訓政大綱草案》，中央秘書處編：《中國國民黨第二屆中央執行委員第五次全體會議記錄》，出版地不詳，1928 年，第 186～190 頁。

〔註17〕《第二日決議案》，中央秘書處編：《中國國民黨第二屆中央執行委員第五次全體會議記錄》，出版地不詳，1928 年，第 21 頁。

〔註18〕《楊副院長的談話》，《中央日報》，1928 年 2 月 17 日，第 2 張第 3 面。

權」的需要，終究難逃被廢止的命運。

　　除了大學院的不受政黨影響的理想與蔣介石的集權願望相違背之外，大學院內部的人事糾紛以及制度與決策存在的缺陷，也是導致大學院失敗的原因。

二、內部的人事糾紛

　　一種制度之推行，其最要前提，還在當時實際人事相和洽。並不能抹殺人事，空立制度。〔註 19〕大學院制實行過程中的人事糾紛，是造成它失敗的重要原因之一。

（一）中央大學易長風潮

　　大學院自成立起，內部一直不太穩定。大學院副院長楊杏佛與中央大學校長張乃燕關係不和，直接引發了中央大學的易長風潮。

　　1928 年 5 月 12 日，新上任的中央大學會計組組長兼商學院院長程振基，與前任會計人員交接工作時，發現有六萬七千八百餘元現金鉅款未交出，經查詢此款是作爲辦理自來水之用，由中央大學高等教育處處長胡剛復保存和代辦，以胡妻子的名義存於上海某銀行，這一做法違背了學校會計制度。於是，程振基要求胡剛復將此款交回會計組，胡以不便辦理爲由加以拒絕。程振基就於 6 月 1 日致函校長張乃燕，稱「此項破壞會計系統之辦法，不知是否校長所特許，究竟如何糾正，務懇迅予裁奪。」〔註 20〕6 月 7 日，胡剛復致函張乃燕，辭去高等教育處處長和自然科學院院長職務。〔註 21〕

　　在胡剛復去職的第二天，即 6 月 8 日，楊杏佛以大學院的名義向中央大學發佈第 418 號訓令：「查該校長張乃燕現已調任本院參事，並經由院呈請國民政府任命吳敬恒爲該校校長。」並令吳未到任之前由該校普通教育處處長程時煃暫行代理，又因胡剛復辭職，大學院事先爲中央大學聘徐善祥爲自然科學院院長、傅斯年爲高等教育處處長，並令傅斯年未到任前由湯用彤代理其職。這一任命非常突然，意在立刻停止張乃燕的校長職權，與一般的職務交替手續非常不同。〔註 22〕

〔註 19〕　錢穆：《政學私言》，北京：九州出版社，2010 年，第 91 頁。

〔註 20〕　《中央大學易長問題》，《申報》，1928 年 6 月 11 日，第 11 版。

〔註 21〕　《中央大學忽起風波》，《申報》，1928 年 6 月 10 日，第 12 版。

〔註 22〕　許小青：《政局與學府：從東南大學到中央大學（1919～1937）》，北京：中國

對於這一突然任命，吳稚暉拒絕出任中央大學校長，當即致函大學院院長蔡元培，稱「敬恒支離浪跡，方貽世笑，勿又以中央大學校長清銜與賤名連結，如何滑稽，務求即行取銷，雖一日空名，玩不敢瀆擔，良以事大離奇，故敬恒敢極端否認，免重罪戾也。」〔註23〕傅斯年也堅辭中大高等教育處處長職，他也致電蔡元培：「東大職務萬不勝任，無補於事，堅決懇辭。」〔註24〕程時煃將大學院授與公文及函件退還，堅辭代行校長職權；徐善祥、湯用彤也謙辭不就職。〔註25〕

對於張乃燕突然免職的原因，各方猜測有數因：一種說法是，一個月前黨員登記，張乃燕當時因身體不適，未甚注意答案，草率交卷，黨方職員頗有紛議，而張以為身體力行總理三民主義，在彼而不再此，黨方對張頗多攻擊；第二種說法是，大學內部對張乃燕不滿者，向最高教育行政當局倡言汪精衛將長校，行政方面恐成事實，教育行政方面不能貫通一氣，因擇比較資隆望重之吳稚暉出山，以資抵制，另一方以為如此去張，目的已達，吳本忙人，或不願就，即就亦不過居其名；還有一種說法認為，張乃燕去職，由於該校會計組組長程振基致函張乃燕，張當時即將原函與蔡元培、吳稚暉過目，引起許多問題，使人難堪，以致去職。〔註26〕

上述第一、二種說法很快被證明是誤傳而已。關於黨部登記一事，其後中央大學專門派職員前往中央黨部調查，中央黨部有秘書接見，查常務會議、政治會議記錄，均無此事。中央大學解釋張乃燕去職的主要原因，也持上述第三種說法。〔註27〕

此外，記者採訪大學院某人後，又有另一報告：數日前黨國要人在張靜江宅宴敘，席間議及張乃燕在市黨部登記情形，動議更易中大校長，當時議決四項辦法：（1）中大張校長調任，（2）請蔡院長自兼校長，（3）高等教育處長兼自然科學院長胡剛複調任，（4）徐善祥調充胡氏缺。以上四項辦法，蔣介石等要人均一一簽字於其後，交蔡元培照辦。蔡交大學院備文發表，楊

　　　　社會科學出版社，2009年，第182頁。

〔註23〕《吳稚暉辭中大校長》，《申報》，1928年6月10日，第8版。

〔註24〕《傅斯年決不擔任中央大學高等教育處長》，《中央日報》，1928年6月22日，第2張第2版。

〔註25〕《中大易長糾紛未已》，《申報》，1928年6月13日，第12版。

〔註26〕《中央大學易長問題》，《申報》，1928年6月11日，第11版。

〔註27〕《中大日刊登載張校長免職之由來》，《申報》，1928年6月14日，第11版。

杏佛一知道此事，就急電胡剛復，胡於是匆匆準備辭呈，所以胡的辭呈與國民政府任命吳稚暉爲校長之事，同時發表。吳稚暉與張乃燕都沒有出席張靜江宅宴會，不清楚底蘊，誤會大學院的調任別有作用，所以有吳稚暉滑稽的辭職信，張乃燕懷疑楊允中秘書長參與其謀，於是面請楊杏佛辭職，及發表程振基查帳的信。〔註 28〕蔣介石簽名等消息被證實爲傳聞。經過確實調查，在張宅散席後，某某兩要人向蔡元培建議，更換中央大學校長及高等教育處長等四項辦法，蔡歸院後，即酌參原議，分別辦理。〔註 29〕由上可知，關於調任張乃燕之事，的確在張靜江宅有過議論。

　　張乃燕的突然免職，表面是因督察失職，而眞正原因是不同派系人事鬥爭的結果。根據胡適日記記載，時任大學院高等教育處處長張奚若對胡適詳述中央大學易長的經過。此事發端在中央黨部的陳果夫、葉楚傖，他們聽了許多流言，以爲中大即將有大風潮，並且有政治意味，故他們要蔡先生早日解決此事，請蔡兼任校長。胡適認爲，陳果夫是張乃燕的同鄉好友，所以想法維護他。蔡元培事先又未與張靜江、張乃燕商量，引起許多誤會。他們曾在張靜江宅商量，蔡以爲張靜江已知道此事，其實未知。而具體處理中央大學內部紛爭時，楊杏佛處置失當，沒有事先徵求其他人的意見，就下達了調任張乃燕爲大學院參事和任命吳稚暉爲中央大學校長的命令。胡適分析，楊杏佛近幾個月與胡剛復關係不睦，早就想去他，但爲吳稚暉擋住了，外人不察，以爲楊杏佛袒護胡剛復，其實楊是借去張而並去胡。〔註 30〕這次中央大學會計組查帳案正好給楊杏佛一個機會。大學院成立後，楊杏佛與張乃燕之間關係一直不和，深知其中曲折的柳詒徵在日記中道：「張與蔡、楊復不協。政府中人多忌杏佛，設計使蔡易張，張不屈。」〔註 31〕

　　大學院調任張乃燕爲參事，這是「明升暗降，實變相之去職」〔註 32〕，張乃燕拒絕接受大學院參事一職，呈請國民政府，要求對大學院的任命行爲的合法性進行審查。他提出兩點質疑，要求政府訓令大學院作出解釋。其一，按大學委員會組織條例，大學校長的人選爲該委員會職權之一，此次校

〔註 28〕《易長原因之又一報告》，《申報》，1928 年 6 月 14 日，第 11 版。

〔註 29〕《更換校長建議之調查》，《申報》，1928 年 6 月 16 日，第 12 版。

〔註 30〕曹伯言整理：《胡適日記全編（1928～1930）》，合肥：安徽教育出版社，2001年，第 153 頁。

〔註 31〕柳曾符、柳佳編：《劬堂學記》，上海：上海書店出版社，2002 年，第 55 頁。

〔註 32〕《中大易長暗潮重重》，《申報》，1928 年 6 月 12 日，第 11 版。

長人選未經大學委員會的商議，「突然調任，緊急處分，抑若屬校忽發生何種事故，有何重大情節者，在乃燕固惶惑莫解，而在社會尤疑竇滋生，此不敢不呈明鈞府，請求訓令大學院宣示解釋者一也。」其二，大學院發表調任命令之日，「同時即有正式函件致屬校普通教育處處長，謂某也繼任高等教育處長，某也代理高等教育處長，一一指定姓名，命其查照辦理。此等內部職司，依法應由校長選聘，今新校長絕無表示，而大學院已事先預謀，越權指派，夫更代既若張皇，而分配又如是詳密，學閥把持操縱，民眾早已痛心，在大學院似為敏赴事機，而在社會或妄多揣測。上不敢不陳明鈞府，請求訓令大學院宣示解釋者二也。」〔註33〕

從大學院的決策上看，這次任免的確違背合法程序，張乃燕的質疑合理。因此，他的呈文將大學院置於不利地位。在6月12日國民政府會議上，譚延闓主席讀完呈文，請大學院院長核覆，蔡元培因此事確實不合法律手續，自請處分。〔註34〕

張乃燕拒絕出任大學院參事，吳稚暉和傅斯年也力辭不就職，使得大學院對中央大學校長人事更動一事成為僵局，於是大學院在6月15日召開大學委員會會議，決議：追認大學院指令；吳先生既堅辭不就，在新校長人選未定以前，由張校長繼續維持。〔註35〕胡適在日記中記載：「討論中央大學的事，蔡先生報告過去的情形，吳先生有長時間的補充說明。他們老實說，校長是不能不換的，但現在找不著適當的人，只好請張乃燕先生維持下去，等到選著人時再交代。這樣說法，張乃燕先生居然忍受的下，此人肚裏真可撐船也。」〔註36〕

這次中大易長風潮，肇因於楊杏佛與張乃燕的不和，其中也可能有南北學派的門戶之見。楊杏佛是蔡元培的得力助手，張乃燕是張靜江的侄子，蔡元培支持楊杏佛，便得罪了張靜江；而李石曾因與張靜江的關係十分密切，

〔註33〕　《國立中央大學呈文第七三號（呈國民政府辭大學院參事並陳準備稿移交中央大學校務情形由）》，《國立中央大學行政週刊》，1928年第42期，第3～4頁。

〔註34〕　《蔡院長在國府會議自請處分》，《申報》，1928年6月15日，第11版。

〔註35〕　《大學院大學委員會會議錄》，《大學院公報》，1928年第7期，第135頁。

〔註36〕　曹伯言整理：《胡適日記全編（1928～1930）》，合肥：安徽教育出版社，2001年，第154～155頁。胡適眉注：「稚暉對我說，張乃燕是闊少爺，若聘他作大學委員，他一定高興；今調他作參事，則是叫他在楊杏佛手下作屬員也，他所以跳起來了。」

自然維護張乃燕。中大校長問題雖然迅即落幕，但是在教育界卻從此逐漸形成了蔡、李兩系。

（二）「蔡李兩系之齟齬」

南京國民政府成立之初，蔡元培和李石曾協同致力於文教興革，其思路和努力方向基本一致，但在北京大學改名和設立北平大學區問題上，產生衝突。

1926 年 4 月奉軍及直魯聯軍圍攻北京，段祺瑞下野後，奉系軍閥張作霖入駐北京。為了了消滅北方的民主運動，張作霖於 1927 年 8 月宣佈取消北京大學，把北京各國立學校合併改組，成立「國立京師大學校」，委派教育部長劉哲任校長。1928 年 6 月 3 日，張作霖在國民黨軍隊進逼下，離京回奉，劉哲隨之逃走。國民黨軍隊佔領北京、天津後，北京大學學生隨即開始進行復校運動。6 月 7 日，蔡元培以個人名義具呈國民政府，請求恢復北京大學名稱並任命新校長。〔註37〕

6 月 8 日上午，國民政府召開常務委員會議，討論北京大學問題時，與會者表示贊成恢復北京大學原名，校長請蔡元培兼任。蔡元培也願意「暫負此名」，並表示「待本人親赴京接收後，即請李石曾代理校長」。蔡元培的本意是讓李石曾主持北大。同一天，國民政府委員舉行第 70 次會議，蔡元培依據前次會議精神，陳述北京大學復名及選任校長事宜。這時易培基卻提出，將北京大學改為中華大學，由蔡元培任校長，在蔡尚未到任前，由李石曾署理。結果易培基的提議獲得通過。〔註38〕這讓蔡元培感到意外，易培基與李石曾是兒女親家，被視為李的代言人。6 月 9 日，國民政府改北京大學為中華大學，任命蔡元培兼北大校長，李石曾代理校長。〔註39〕

6 月 15 日，大學委員會舉行第七次會議，主要討論中華大學校長人選問題。到會的有吳稚暉、楊杏佛、胡適、蔣夢麟、易培基、高魯、鄭洪年、張謹、張乃燕等委員，由蔡元培主席。蔡元培報告了北大問題的經過，有兩點：一、改名中華大學，二、他自己不願兼中華大學校長，請會中決定推李石曾為校長。胡適為校長人選與吳稚暉、易培基發生激烈爭辯。胡適建議：北京大學之名不宜廢掉；李石曾的派別觀念太深，不適宜做北大校長，最好仍請

〔註37〕周天度：《蔡元培傳》，北京：人民出版社，1984 年，第 279 頁。

〔註38〕《國府會議紀要》，《申報》，1928 年 6 月 9 日，第 4 版。

〔註39〕《國民政府公報》，1928 年第 65 期，第 26 頁。

蔡元培自兼。張乃燕認爲，李石曾爲最適宜的校長人選：「蔡先生的兼收並蓄，故有敷衍的結果。李先生派別觀念深，故必不敷衍，故李石曾最適宜」；吳稚暉說北大之名宜廢，李石曾是「天與之，人歸之」，並罵胡適是「反革命」；易培基敍述了在國府會議前提出李石曾長中華大學的經過；張謹也認爲「李先生的道德學問爲最適宜」。〔註40〕蔡元培明白了李石曾想做校長，且易培基、吳稚暉、張靜江等事前已開過一次會議，決定了校長人選整件事情的原委後，表示不願去北京，不就中華大學校長職，於是會議推李石曾爲中華大學校長。〔註41〕

在這次大學委員會議中，胡適是唯一發言支持蔡元培擔任北大校長的。擁護李石曾出任中華大學校長者發言盈庭，咄咄逼人，甚至公開說出會前私下商定的方案，強行通過，不容有商量的餘地，蔡元培實際上處於比較孤立的境地，他當場態度消極，要辭去大學院院長，並在會後感歎：他從不曉得社會這樣複雜；他應付不了這樣複雜的社會，幹不下去了。〔註42〕儘管這次會議時，李石曾尚在美國，李、蔡之間沒有直接摩擦，但李、蔡兩系已產生深深的裂痕。

6月19日，國民政府批准蔡元培辭去中華大學校長職，任命李石曾爲中華大學校長。〔註43〕7月11日至20日，大學院派高魯等接收平津教育文化機關。〔註44〕7月19日，國民政府議決，將北平國立各校合組爲中華大學，李石曾爲校長。北平各校合組「中華大學」的消息傳到北京後，北京大學師生義憤塡膺，一致反對，立即組織復校會、學生維持會和敢死隊，宣佈武力護校。李石曾原擬以中華大學校長名義北上，見北大勢不可忤，於是一面請辭中華大學校長，一面建議將改中華大學爲北平大學，爲設立北平大學區作準備。〔註45〕

〔註40〕曹伯言整理：《胡適日記全編（1928～1930）》，合肥：安徽教育出版社，2001年，第155～157頁。

〔註41〕《大學院大學委員會會議錄》，《大學院公報》，1928年第7期，第135頁。

〔註42〕曹伯言整理：《胡適日記全編（1928～1930）》，合肥：安徽教育出版社，2001年，第159頁。

〔註43〕《國民政府公報》，1928年第68期，第10頁。

〔註44〕《大學院院務會議錄‧第十次會議》，《大學院公報》，1928年第9期，第75～76頁。李書華回憶，1928年6月下旬，大學院院長蔡元培特派高魯接收北京原有國立學校，他被邀爲襄助接收人之一。見：李書華：《碣廬集》，臺北：傳記文學出版社，1967年，第60頁。

〔註45〕程新國：《晚年蔡元培》，上海：上海文化出版社，2011年，第89～90頁。

　　兩個月後，因設立北平大學區的問題，蔡元培與李石曾的意見發生正面衝突。8 月 16 日，大學院大學委員會開會討論設立北平大學區案。李石曾認為首都既在南京，北平應為教育與學術重心，故力主在北平設大學區，統轄京津冀等地教育。而蔡元培鑒於江浙地區試行的結果，問題較多，而北平大學區的設立又與他原來主張的實行大學區制的思想相背離，因此表示反對。會上只有朱家驊一人公開表示支持蔡元培，認為大學區今已被人反對，江浙試行，亦無良好成績，現在如果在北平設立範圍較江浙更大之分區，恐反對者必更多。支持李石曾的人則為之力爭：「大學區制為世界最良好之教育制度，江浙試行之無良果，乃辦理者不得力」，並表示「石曾先生對此案決不讓步」。〔註46〕由於李石曾得到蔣介石的支持，結果會議通過了李石曾提出的《北平大學區組織大綱》，議決設立北平大學區。國民政府旋即任命李石曾為北平大學區校長。李石曾暫時獲得了北大和北方教育的控制權。

　　蔣介石袒李抑蔡，顯然是出於政治上的需求。李石曾曾勸張學良歸順南京中央，深得蔣介石親睞，委以北平臨時政治分會主席重任。蔡元培對李石曾的權力野心和蔣介石袒李抑己表示失望。在極度失望之餘，蔡元培於 8 月 17 日向國民黨中央和國民政府提出辭去本兼各職，僅保留中央研究院院長一職，並旋即攜眷離開南京，居留上海。大學院院長職務由蔣夢麟接替。

　　大學院在蔣夢麟擔任院長後不久即改為教育部，蔣為部長。他在部長任上又有兩件事與李石曾的人事關係相牴觸。一是因中央大學經費問題，與張乃燕互相指責，導致張乃燕 1928 年 10 月 21 日被迫辭職。二是教育部在 1930 年 6 月 6 日停止勞動大學招生，9 月 24 日易培基被免職。勞動大學的撤銷引起吳稚暉和李石曾等人的極大不滿，對此吳稚暉對蔣夢麟進行了當面指責，蔣夢麟於 11 月 27 日被迫辭職。至此教育界形成了蔡元培、李石曾兩系相傾軋的局面，而吳稚暉、張靜江多少有些偏向李石曾。為緩和元老之間的矛盾，蔣介石不得不自兼教育部長。陳布雷曾在日記中記載：

　　　　教部之改組，由於李（石曾）蔡（孑民）兩系之齟齬，石曾先生方面常視蔣夢麟為蔡所提攜之人，然石曾先生所汲引之人，如易培基（勞動大學）、褚民誼（中法大學工學院）、鄭毓秀（上海法政學院）、及蕭瑜（中法大學）、譚熙鴻等，在平滬等處辦學成績極不佳，且常蔑視教部法令，教部屢欲裁抑之，石曾先生以為難堪，主

────────────────

〔註46〕《蔡元培辭職離京》，《申報》，1928 年 8 月 18 日，第 3 版。

張去蔣夢麟甚力。吳稚老於李、蔡均友善，而尤同情於李，乃提議
高魯代夢麟爲教長，將通過矣，而胡展堂（漢民）先生反對甚力，
即席聲言：「高魯何如人，乃可託以教育行政之重任，豈不羞天下之
士！」蔣公不得已，乃請於高魯未到任以前，由蔣公以行政院長名
義自兼教育部長，而以李書華（潤章）爲政務次長，潤章則石曾先
生所提攜之人物，而在李氏系統中爲最純謹公正之人物也。〔註47〕

　　在大學院的人事安排上，蔡、李二人都帶有一定的派系觀念。蔡元培倚
重楊杏佛、胡適和蔣夢麟等留美派。李石曾則親賴易培基、張乃燕等，在北
平大學區，李石曾更是不遺餘力地安置留法系。蔡元培和李石曾的分裂，使
維持大學院制的中心力量土崩瓦解，最終導致大學院的覆亡。

三、制度與決策缺陷

　　中央大學區中等學校聯合會批評大學區制時曾說：「竊維教育事業之發
展，固賴辦理之得人，尤在制度之合宜，無善制則雖有人才，不能展其人之
長，無人才則雖有良制，不克盡其制之用。制度者，隨國情與時代需要，以
爲損益而求順應者也。苟不問時代需要、進化背景，貿然移植他國制度，必
且扞格難通，徒滋窒礙。」〔註48〕這一批評同樣適合於大學院制。大學院本
身在制度設計和決策過程中存在著不少缺陷，這也是導致其失敗的重要原
因，而這一原因卻往往被忽視。

（一）制度缺陷

　　蔡元培設計大學院制度時，強調教育與學術並重，以「學術化」代替「官
僚化」，實現「教育行政學術化」。在大學院最初的組織中，其大部分力量均
集中於學術研究方面，而實際應付全國教育行政事務的，只教育行政處一處。
「此種組織雖在矯正一向教育行政之官僚化，而使其變爲學術與行政融而爲
一的機關，但矯枉過正，遂使行政方面不足以應付實際問題。且教育行政處
之內部各組，於事業之輕重，範圍之大小，頗久斟酌。以故實際上頗感困難，
不能不亟亟修改。」〔註49〕所以，大學院組織在短短一年時間內先後經過了

〔註47〕陳布雷：《陳布雷回憶錄》，北京：東方出版社，2009年，第127頁。

〔註48〕《中大區中校聯合會爲大學區制呈文》，《申報》，1928年8月13日，第11
　　　　版。

〔註49〕姜書閣：《中國近代教育制度》，上海：商務印書館，1933年，第48頁。

四次修正。

　　大學院將中央研究院、國立各學術機關以及各種專門委員會都列入其組織之中，體現其「學術化」，但實際則導致組織龐雜，管理範圍寬泛，行政效率降低。經亨頤等人就認為，「教育並非學術」，攻擊大學院將「教育與學術遂混為一談」，偏重學術，忽視教育。

　　從中央研究院、國立勞動大學和國立音樂院的籌設（見第二章）可見，將它們作為大學院的附屬機關，與其說體現了大學院對學術與教育的重視，不如說這附會了蔡元培「科學化、藝術化、勞動化」的方針。大學院管理學術與教育事宜，不一定非要將這些學術和教育機構列入為附屬機關不可，造成機構過於龐大，影響行政效率。1928 年 4 月，蔡元培因「求辦事之便利與組織之適當」以及外部壓力，對大學院組織進行第二次修正，中央研究院就從大學院內獨立出來。

　　蔡元培一直重視大學院對教育學術機關的管理，但是，進行制度設計時考慮不夠周全。1928 年 6 月 6 日，他在國民黨中央政治會議第 143 次會議上，提議統一中央教育學術各機關：「教育學術立國之本，尤有整理之必要。查從前北京政府之下，中央教育學術機關，往往分隸各部院機關，如清華學校及俄文專修學校屬於外交部，地址調查所屬於農商部，觀象臺屬於國務院，社會調查所屬於中美教育文化基金委員會之類。政策既不一貫，性質更漠不相關，於發展教育學術不速，障礙實多。現在國民政府既設有中華民國大學院，為全國教育學術機關。從前在北京政府時代分隸各部院機關之中央教育學術機關，自應一律改歸大學院主管。其各部院對於專門人才之需要，各團體對於設立機關之條件，均當由大學院繼續負責辦理」。中央政治會議通過了蔡元培的議案。〔註50〕

　　蔡元培提及統一教育學術機關，卻仍將交通大學歸交通部管理。胡適給蔡元培的信就說到：「如統一學術機關之令，便不是謀定而後動。令文中提及文化基金的社會調查所，而不及交通大學；今先生已將交大還與交通部，則此令亦等於一紙空文而已。清華學校與社會調查所皆自有經費，似可不必去動他們；文化基金會的董事會既有自己選補缺額之權，則已成一種『財團法人』，正宜許其辦理學術研究機關。若謂一切學術機關皆統一，則不但交通大學應收歸

〔註50〕《教育學術機關統歸大學院主管》，《上海民國日報》，1928 年 6 月 7 日，第 1
　　　　張第 4 版。

大學院，連一切私立大學，以及科學社之生物研究所，北京社會政治學會之門神庫圖書館，都在統一之列了」。胡適建議蔡元培對這樣的大計劃要有審愼的態度，周詳的準備，否則令出而不行，徒損信用。〔註51〕蔡元培一味追求集中大學院的管理權，而對各機關的實際情況缺乏考察，致使「令成空文」。

此外，「教育行政學術化」的口號也成爲反對者攻擊的口實，有反對者辯駁：「學術化之意義，在於任用專門人才，本學術上之研究，處理行政，或以行政問題，供學術上之探討，並非於行政機關之上，冠學術機關之名稱，或以學術機關，包辦行政之謂，故不僅教育行政須求學術化，而交通、農礦、工商、軍政等等，均須學術化。」〔註52〕

大學委員會是大學院內最重要的機構，它議決全國教育上學術上重要事宜，其中包括決定大學院院長人選及各國立大學校長人選。它是蔡元培等「心醉合議制」，並模仿法國的全國最高教育會議而成立的審議機構。但是，這個機構在人員安排是有缺陷的（具體人員安排見第二章）。大學委員會 16 名委員中，主要是行政官員、大學校長和專門學者組成，其中，並沒有像法國全國最高教育會議那樣，有代表中等教育、初等教育的議員（Conseillers）。這反映了大學院在制度設計上，一開始便偏重於高等教育。

大學委員會委員難以集中，也會影響議決重要事件的效率。大學委員會須有三分之二的委員出席，才能召開會議；會議表決時，必須經出席委員半數的通過，才爲有效。大學委員會共召開 9 次會議，沒有一次是全體委員都參加的；許崇清就一次會議都沒有參加。1928 年 2 月，大學院想借助國民黨二屆四中全會之機，召開第四次會議。楊杏佛對記者說：「現在在京開會的中央執監委員裏，有許多就是本院的各種專門委員會的委員，現在打算趁他們在這裡開會沒有分散以前，在本月九日上午開一個大學委員會和政治教育委員會，討論種種問題。」〔註53〕但 2 月 9 日大學委員會與政治教育委員會聯席會議，只有 7 人與會，因出席人數太少，改爲談話會。〔註54〕委員們聚在一起尚難以召集，更何況平時分居別地了。

〔註51〕曹伯言整理：《胡適日記全編（1928～1930）》，合肥：安徽教育出版社，2001年，第 162～163 頁。
〔註52〕《中大區中校聯合會爲大學區制呈文》，《申報》，1928 年 8 月 13 日，第 11 版。
〔註53〕《楊杏佛氏的談話》，《中央日報》，1928 年 2 月 9 日，第 1 張第 3 面。
〔註54〕《大學委員會會議錄‧第四次會議》，《大學院公報》，1928 年第 3 期，第 80～81 頁。

　　蔡元培等設計大學委員會，是爲了實現「以學者爲行政指導」的目標，但學者和政客之間沒有根本的界限，大學委員會的委員很多是「亦學亦政」。在當然委員中，蔡元培自己就身兼數職，既是中央政治會議委員、國民政府委員，又代理司法部長；戴季陶雖是廣州中山大學校長，但也是中央執行委員會宣傳部長；朱家驊既是中山大學副校長，同時又是浙江省政府委員兼民政廳長；張乃燕是中央大學校長，同時兼任江蘇省政府委員。胡適、李石曾、褚民誼、許崇清和高魯是作爲專門學者，加入大學委員會擔任聘任委員。李石曾於 1928 年 6 月被國民黨中央政治會議任命爲北平臨時政治分會主席；褚民誼是國民政府建設委員會常務委員會主席；許崇清是廣東省教育廳廳長；高魯擔任的職務就更多，胡適在 1928 年 3 月 26 日的日記中記載，高魯一人兼江蘇省政府委員、司法部秘書長又參事、大學院大學委員又庶務、建設委員會專門委員等多個職務。〔註 55〕可以說，大學委員會委員的構成違背了蔡元培「把教育交給教育家辦理」和「以學術化代官僚化」的初衷，帶有濃厚的官僚色彩。

　　蔡元培邀請胡適參加大學委員會，胡適向蔡元培力辭此職，他在致蔡元培的信中說：「大學委員會之事，我決計辭謝，請先生勿發表爲感。……我是愛說實話的人，先生若放我在會裏，必致有爭論，必致發生意見，不如及早讓我迴避，大學院裏少一個搗亂分子，添一點圓融和祥之氣象，豈非好事？」〔註 56〕後來果眞因爲北大校長人選問題，胡適破壞了會中「融和祥之氣象」，與吳稚暉發生爭執，吳稱胡適反對李石曾出任北大校長是「洛蜀相爭」，直指胡適爲「反革命」。大學委員會內的派系紛爭，恐怕也是蔡元培所沒能預料得到的。

　　儘管 16 名委員各自學有所長，且絕大多數有留學背景和辦學經驗，但在會議決策方面，仍不能避免某些違背規範、決議失誤的做法。

（二）決策失範

1. 民主議決程序的破壞

大學院在重要行政人員的任免上，違背自己制定的規程，沒有依章辦事，

〔註 55〕 曹伯言整理：《胡適日記全集》第 5 冊，臺北：聯經出版事業股份有限公司，2004 年，第 12～13 頁。

〔註 56〕 耿雲志、歐陽哲生編：《胡適書信集（1907～1933）》上冊，北京：北京大學出版社，1996 年，第 403 頁。

造成了比較嚴重的後果。

根據大學院制定的《試行大學區制省份特別市教育局暫行條例》規定，特別市教育局長由該區大學校長，會同特別市市長，遴選三人，請大學院選任。〔註57〕1928 年 3 月，上海特別市政府依照大學院的特別市教育局條例，推薦朱經農、張澤垚、魯繼曾三人，請大學院擇一委爲市教育局局長。大學院委定張澤垚充任，但張不願就職，呈請辭職。在張的堅辭之下，大學院准其辭職，另選他人。〔註58〕

適逢韋愨由加拿大回國，蔡元培就直接將他介紹給當時上海特別市市長張定璠，沒有按照條例規定，由上海特別市政府遴選提請大學院核准任命。〔註59〕韋愨任上海特別市教育局長，實際沒有經過市政府的遴選，這違背了大學院制定的條例，蔡元培不按規章辦事。如果說此事尚小，那麼楊杏佛罷免張乃燕，以及易培基、吳稚暉、張靜江私下商定推李石曾爲中華大學校長兩件事則嚴重破壞了大學委員會民主審議的程序。

1928 年 6 月，大學院副院長楊杏佛罷免張乃燕的校長職務，調任其爲大學院參事，就沒有經過大學委員會。根據《大學委員會組織條例》規定，大學院長及各國立大學校長的人選應該由大學委員會決議。〔註60〕張乃燕向國民政府呈文拒不就任大學院參事時，就明確指出：「乃燕備位大學委員，乃關於此次屬校校長之更調，事前絕未接奉召集委員會之通知；或者事涉乃燕，理當迴避出席。然遍詢其他委員，未聞經委員會會議之手續。」〔註61〕楊杏佛破壞民主議決的程序，蔡元培只好自請處分。

除此之外，易培基、吳稚暉等人私下推定李石曾擔任中華大學校長一事，也違背了大學委員會的決策規範。據胡適日記記載，易培基在 1928 年 6 月 15 日大學委員會第七次會議上，敘述提出李石曾長中華大學的經過：

〔註57〕《試行大學區制省份特別市教育局暫行條例》，《大學院公報》，1928 年第 1 期，第 15 頁。

〔註58〕《大學院委韋愨任局長》，《上海民國日報》，1928 年 4 月 1 日，第 2 張第 4 版；《張澤垚辭局長已照准》，《上海民國日報》，1928 年 4 月 1 日，第 2 張第 4 版。

〔註59〕這是韋愨於 1933 年冬面告高平叔的。高平叔撰著：《蔡元培年譜長編》第 3 卷，北京：人民教育出版社，1998 年，第 179～180 頁。

〔註60〕《大學院大學委員會組織條例》，《大學院公報》，1928 年第 6 期，第 24 頁。

〔註61〕《國立中央大學呈文第七三號（呈國民政府辭大學院參事並陳準備稿移交中央大學校務情形由）》，《國立中央大學行政週刊》，1928 年第 42 期，第 3 頁。

他（易培基）先和吳稚暉、張靜江商定了推李石曾爲中華大學
校長，決定之後，那天早上來尋蔡元培，只見一面，未及交談，見
到楊杏佛。楊說，「寅村先生來的正好。大學院今天預備提出北大的
事，蔡先生自己願意兼，不好自己提出，請寅村先生提出。」易培
基就去尋蔡元培，說，他不能提蔡，因爲事前已和吳、張兩位商量
定了推李石曾，若改推蔡元培，豈不成了「賣友」？所以後來國府
會議有調停的辦法，請蔡元培爲校長，未到任以前，由李石曾代
理。〔註62〕

國立大學校長人選這樣的事項本來是要經大學委員會議決，但易培基、
吳稚暉等大學委員會委員公然違背規則，私下推定人選，待到會議時直接表
決。不瞭解事情內幕的胡適在會議上，提議由蔡元培自兼北京大學校長。他
的意見引起激烈爭辯。會完之後，吳稚暉摸出幾張電報來，丟在胡適面前，
說：「哪，人家人都派定了，還有什麼說頭呢？」胡適打開看時，都是李石曾
給張靜江、易培基的電報，一封說：中華大學校長事，須四星期後始可就職，
茲派樫章、李書華、蕭子昇三人接收中華大學。一封說：加派沈尹默接收。
電文中全不提大學院與蔡先生。〔註63〕

李石曾早已決心出任校長，且接收人員也已派定，而這些重要事情都已
繞過了大學委員會的議決和手續。蔡、李兩系對教育事業管理權的爭奪，導
致決策的民主程序遭到破壞。大學委員會委員們不遵守自己制定的規則，他
們的權力沒有約束，制度被打破，大學院的命運岌岌可危。

2. 特別市教育局隸屬案

1927年5月和6月，上海、南京兩特別市分別成立，直隸於中央政府，
不入省縣行政範圍，地位與江蘇省相等。隨後，南京、上海兩特別市分別組
織教育局，隸屬於南京、上海特別市市政府，管轄市內一切教育事務。1927
年6月27日，國民黨中央政治會議第109次會議議決，實行大學區制度，先
在江蘇、浙江兩省試辦，廣東省暫緩實行。國民政府教育行政委員會規定：
試行大學區制省分特別市教育局，直隸於該區大學，秉承大學校長及特別

〔註62〕 曹伯言整理：《胡適日記全編（1928～1930）》，合肥：安徽教育出版社，2001
年，第156頁。

〔註63〕 曹伯言整理：《胡適日記全編（1928～1930）》，合肥：安徽教育出版社，2001
年，第158頁。

市市長，主持全市教育行政事宜。特別市教育局教育計劃，由局長呈請該區大學核定。〔註64〕因此，上海、南京兩特別市教育局就應該歸第四中山大學管轄。

國民政府教育行政委員會當時議決，將特別市事宜歸該區中山大學管理，是採取法國制度。「法國巴黎市的教育行政，即隸屬於大學區管轄之下，其用意在於，在一區之內，學校章制、教育方針以及教職員資格待遇等事，不應各自為政，互相參差，致生窒礙」。國民政府教育行政委員會模仿法制，「以謀教育行政整齊統一之效，而貫徹大學區制度的精神」。〔註65〕

大學院成立後，第四中山大學校長張乃燕因南京、上海兩特別市教育局尚未歸大學區節制，向大學院陳述意見，請其主持。大學院呈請國民政府辦理，國府令准將南京、上海兩特別市教育局歸第四中山大學管轄。〔註66〕但是南京、上海兩特別市教育局反對歸第四中山大學管轄。南京特別市教育局長陳劍脩面謁蔡元培，從行政系統、經費、教育局性質和事實等四個方面，力陳不能歸第四中山大學管理。〔註67〕上海特別市教育局認為，特別市與各省併行，彼此不相統屬。如果教育局歸四中大管理，不僅破壞行政系統，而且於法理事實均屬窒礙難行。上海特別市政府轉呈國民政府，請求撤銷原議。〔註68〕

特別市教育局隸屬案引起了紛議。1927年11月13日，大學委員會召開第二次會議，會議討論了上海特別市市政府的「特別市教育局劃歸第四中山大學管轄，窒礙難行請轉呈撤銷」原案，以及第四中山大學提出的「江蘇特別市教育局暫行條例案」，議決特別市教育局仍歸大學區管轄；特別市教育局暫行條例，修正通過。〔註69〕然而，大學院教育行政處第三次會議對於特別

〔註64〕《試行大學區制省分特別市教育暫行條例》，《大學院公報》，1928年第1期，第15～16頁。

〔註65〕《寧滬市教局歸四中大管轄之真相》，《上海民國日報》，1927年11月13日，第2張第4版。

〔註66〕《寧滬兩特別市教育局歸四中大管轄》，《上海民國日報》，1927年10月22日，第2張第4版。

〔註67〕《寧市教育局反對歸第四中大管轄》，《上海民國日報》，1927年10月27日，第2張第2版。

〔註68〕《市教育局消息一束》，《上海民國日報》，1927年11月3日，第2張第4版；《教育局呈市政府兩事》，《上海民國日報》，1927年11月4日，第2張第2版。

〔註69〕《大學院大學委員會會議錄·第二次會議》，《大學院公報》，1928年第3期，

市教育局隸屬案議決的結果卻與大學委員會的不同，錢端升、張奚若、高君珊等 12 人議決，特別市教育局直隸於大學院，由行政主任楊杏佛提出大學委員會。〔註70〕對於重要教育問題，只有大學委員會的議決才有效力。

1927 年 12 月，南京、上海兩特別市教育局聯合反對歸第四中山大學管轄，陳述了四個方面的理由：一是從行政系統來講，南京、上海兩市既奉國民政府規定為特別市，與各省地位平行，凡屬市區的一切行政，都應遵照國民政府公佈的《南京／上海特別市暫行條例》各章規定辦理，其他項行政雖已照辦，而兩市教育事業獨有劃歸第四中山大學辦理之議，名則為學制及教育行政統一，實即無異以市教育權改屬於省，造成非驢非馬之特別市。二就地位而論，兩特別市地位與江蘇或任何省政府平等，因為市教育局也應與該大學區或任何大學區平等。三從教育行政方面來說，兩特別市教育局雖受兩市政府的指揮管理，但仍秉承大學院的命令辦理，不勞第三種機關梗塞其間，奉行官樣故事費時勞力，有損無益；在事實上又非待劃歸第四中大後才能統一於學術化。四從事實上觀察，兩市教育局因軍事影響幾乎陷入停頓狀態，經過調查改組等煩難手續，才一一就緒，各校也都恢復舊觀，有軌可循，如果又根本變更辦法，所轄教育事業會受到影響，再復故狀，直接受害受損失者仍屬市民及其子弟。南京、上海兩特別市教育局批評「主張改隸者，實屬迷信理想，或抱大學區主義，以求器械的整齊劃一的制度」，建議「兩特別市教育局在教育行政系統上，應與第四中大同隸中央最高教育行政機關，同在大學院直接管轄之下」。〔註71〕

南京、上海兩特別市據理力爭，理由合理。12 月 24 日，大學委員會召開第三次會議，對兩特別市教育局隸屬問題進行討論。會議議決，修正通過試行大學區制省分特別市教育局暫行條例案。〔註72〕大學委員會改變了意見，特別市教育局不再歸大學區管轄，而是「受特別市市長之管轄，及本區大學校長之指導，主持全市教育行政事宜」；對教育局長的遴選，也由原來的「由

第 78 頁。
〔註70〕《大學院教育行政處處務會議‧第三次會議》，《大學院公報》，1928 年第 2 期，第 50 頁。
〔註71〕《京滬市教局無庸歸四中大管轄》，《上海民國日報》，1927 年 12 月 11 日，第 2 張第 4 版。
〔註72〕《大學院大學委員會會議錄‧第三次會議》，《大學院公報》，1928 年第 3 期，第 80 頁。

大學區校長會同特別市市長遴選三人」改爲「由特別市市長遴選三人」；教育局教育計劃，原來「由局長呈請該區大學校長核定」，也改爲「由局長呈請市長及該區大學校長核定」。〔註73〕這次議決的結果是，加大了特別市市長的權力，但特別市教育局仍須受大學區校長的指導。1928年2月28日，大學院正式公佈《試行大學區制省分特別市教育局暫行條例》。〔註74〕

　　大學委員會作出特別市教育局受大學區指導的決議，除了爲了維護大學區制的完整統一以外，也受到第四中山大學區各縣教育局的呈文的影響。1927年12月30日，第四中山大學各縣教育局局長會議，江寧縣和上海縣因教育事業受市教育局的侵損壓抑，其他各縣的教育事業也蒙受重大影響，而提議將南京、上海兩特別市劃歸第四中山大學管理。最後，以六十縣教育局局長名義，呈請大學院令第四中大從速接收兩特別市教育局，「在未接收以前，兩特別市教育局，不得侵佔江寧、上海兩縣之校具校產，及一切經費，藉以統一行政」。〔註75〕地方利益之爭才是特別市隸屬問題的關鍵所在。

　　即便大學委員會作出了一定的妥協，不再堅持兩特別市教育局歸大學區管轄，而是受特別市市長的管轄，大學區校長起指導作用。但是，南京、上海兩特別市對這樣的議決仍不滿意，兩特別市請大學院修正《試行大學區制省分特別市教育局暫行條例》第一條和第十一條。1928年4月5日，大學委員會第六次會議議決：南京、上海兩市區域雖劃在江蘇省以外，但市內教育事業，仍在江蘇大學區範圍之內，條文應毋庸再改。〔註76〕大學委員會實際仍沒有否定江蘇大學區對南京、上海兩市教育事業的管轄權。

　　1928年6月1日，南京、上海兩特別市再次聯合起來，反對將教育行政權劃入中央大學區（第四中山大學區先改名爲江蘇大學區，後又更名爲中央大學區）。何民魂和張定璠從中央行政系統、兩市行政職權、教育設施以及大學區制精神等方面，再次聲述南京、上海兩特別市教育權不能劃入大學區範

〔註73〕　《大學區制省分特別市教育局條例》，《上海民國日報》，1928年2月9日，第2張第4版。

〔註74〕　《試行大學區制省分特別市教育局暫行條例》，《大學院公報》，1928年第3期，第2~3頁。

〔註75〕　《四中大區各縣教育局局長會議（四）》，《上海民國日報》，1928年1月1日，第3張第2版；《蘇各縣教育局呈大學院文請將寧滬兩市教育局劃歸大學區》，《上海民國日報》，1928年1月17日，第3張第4版。

〔註76〕　《大學院大學委員會會議錄‧第六次會議》，《大學院公報》，1928年第5期，第62頁。

圍內。其理由之一是，「南京、上海兩特別市區，早經中央明定，劃在江蘇省以外，是與試行之中央大學區範圍絕不相同，倘將兩特別市區之教育權歸納於中央大學之下，是超出於中央賦予中央大學之範圍與權力，反令兩特別市區之教育行政不能直接集中於中央，實有背乎大學區制集中中央之根本精神，欲求統一，而適得其反，此尤不可不詳加顧慮者也。」〔註77〕

對兩特別市反對隸屬中央大學的理由，有學者分析，行政權力分離還只是表面的理由，就實質而論，仍是地方利益之爭，南京、上海是東南經濟最為發達的地區，其境內所徵收的屠牙二稅在中央大學區內總教育經費中所佔比例極大，而對兩市來說，就教育經費來源的屠牙兩稅而言，其所上交的數額要遠遠高於大學區劃撥給兩市的數額，這之間的差額就成為中央大學與兩市之間爭奪的焦點。〔註78〕

南京、上海兩特別市教育局隸屬案的糾紛大概持續了九個多月，大學委員會共召開了三次會議討論此事。從三次議決的結果來看，大學委員會實際一直支持大學區管轄兩特別市教育局，這種立場從未變更過。不論是出於維護大學區的目的，還是利益的爭奪，大學委員會的議決實質上與國名政府頒佈的法令相衝突。國民政府分別於 1927 年 6 月 6 日和 7 月 14 日公佈的《南京特別市暫行條例》和《上海特別市暫行條例》，已明確規定了教育局是隸屬於特別市的行政機關，並對其職權有具體的界定。按照這兩個條例的規定，兩特別市教育局的教育事業應由市政府管轄，不受大學區的指導。國民政府公佈的兩個條例屬於上位法，大學院制訂的《試行大學區制省分特別市教育局暫行條例》屬於下位法。上位法優於下位法。大學委員會第六次議決的「南京、上海兩市區域雖劃在江蘇省以外，但市內教育事業，仍在江蘇大學區範圍之內，條文應毋庸再改」，實際已違反了上位法。

此外，大學委員會贊成中央大學管理南京、上海兩特別市的一切教育與學術事宜，這實際加大了中央大學校長張乃燕的負擔。中央大學職權範圍太廣，頭緒紛繁，人事和經費矛盾糾結，這些著實讓向無行政經驗（其上任江蘇教育廳長僅兩個月就改任第四中山大學校長）的張乃燕感到吃力，難以應

〔註77〕《何民魂、張定璠關於南京和上海教育行政權不能劃入中央大學區呈》，中國第二歷史檔案館編：《中華民國史檔案資料彙編》第 5 輯第 1 編　教育（一），南京：江蘇古籍出版社，1994 年，第 41～44 頁。

〔註78〕許小青：《南京國民政府初期中央大學區試驗及其困境》，《近代史研究》，2007年第 2 期，第 46 頁。

付。這不僅沒有提高行政效率，反而使中央大學區不斷受到各方的挑戰與攻訐。這也是大學委員會所無法預料到的。

　　在內外部矛盾交集叢生的情況下，大學院最終被廢止，結束了它短暫的命運。

餘　論

　　大學院是自晚清學部、民初教育部之後，中央教育行政的又一次重要創新，是蔡元培等人沿襲國民政府教育行政委員會的某些制度與決策，借鑒法國中央教育行政制度，而建立的管理學術和教育事宜的機關，是教育行政學術化的一次嘗試。

　　為了避免北京教育部的官僚化習氣，蔡元培設想以學術化的大學院代替教育部。在設計大學院時，融入了他的「科學化、藝術化、勞動化」的「三化」教育方針，建立了中央研究院、國立音樂院、藝術院和國立勞動大學。中央研究院和國立音樂院、藝術院（後改組），為中國的科學、藝術事業做出了較大的貢獻。

　　為了保障教育事業的順利進行，大學院爭取教育經費獨立；大學院制定各種立案規則，嚴格要求私立學校立案，對私立學校的規範辦學起到指導和監督作用；大學院取締不良書籍，訂定審查教科書的辦法和標準，並為國民政府教育部所沿用；大學院召開全國教育會議，討論各種教育問題，某些議案對之後的教育決策起到借鑒作用。

　　然而，蔡元培主持大學院工作，本質上是實行三民主義教育，把國民黨黨化教育從廣東推向全國。在這一過程中，大學院定三民主義為教育宗旨，令各級學校增加黨義課程，訓練黨義教師，增加三民主義在教科書中的地位，舉行三民主義考試等。這些都是蔡元培企圖利用三民主義訓育師生，最終達到思想統一，實現社會的穩定。

　　大學院推行的三民主義教育是一種溫和的思想控制，而國民黨統治集團則試圖在組織上對教育進行直接控制。大學院與國民黨統治集團產生了衝

突，這是導致大學院最終廢止的根本原因。此外，大學院的獨立傾向與蔣介石集團追求中央集權相拮抗，以及大學院主要支持人物關係破裂，大學院制度設計和決策過程存在的缺陷，都導致大學院最終的廢止與失敗。

考察大學院的制度設計和活動實施，可以得出兩點主要啓示：

一、教育行政學術化悖論

蔡元培設計以學術化的大學院代替教育部的最重要的一點，就是設立大學委員會。他在《大學院公報》的《發刊詞》中明確指出：「以學者爲行政的指導，是以學術化代官僚化的一端。」〔註1〕但是，他組建大學委員會所依靠的人很難說是眞正的學者。學者和官僚之間沒有明顯的界限。

大學委員會的當然委員是大學院院長、副院長和國立各大學校長及副校長。大學院院長蔡元培是國民政府特任的官員；大學院副院長和國立大學校長都是國民政府簡任的官員。國立大學校長，在行政序列上也是政府部門的一個重要職位，其任命須經過政府的行政程序。聘任委員中，除了胡適是比較純粹的學者之外，其他幾人都兼有政府職務。

學者一旦接受國民政府的任命，就是官僚。正如波普爾所說，「統治者總是某些人。無論他們可能曾經屬於哪個階級，一旦成爲統治者，他們就屬於統治階級」。〔註2〕大學委員會裏眞正行使決策權力的是官僚，而不是學者。對於高層官僚而言，增進他們實質性利益的唯一途徑，是組織的擴張，而非組織的效率。〔註3〕因此，張乃燕堅持大學區對南京、上海兩特別市教育局的管轄權，不肯讓步；李石曾堅持試行北平大學區，掌握北方的教育事業的管轄權。他們都不顧是否影響組織效率，只顧維護自己的利益，導致決策失誤，程序失範，都在所不惜。

學者管理，關鍵在於沒有擔任行政職務的學者有沒有眞正的決策權力。〔註4〕大學委員會裏的委員絕大多數擔任了行政職務，這就難以避免政府官員

〔註1〕 蔡元培：《發刊辭》，《大學院公報》，1928 年第 1 期。

〔註2〕 〔英〕卡爾·波普爾著：《猜想與反駁》，傅季重等譯，上海：上海譯文出版社，1986 年，第 491～492 頁。

〔註3〕 〔英〕戴維·畢瑟姆著，《官僚制》第 2 版，韓志明、張毅譯，長春：吉林人民出版社，2005 年，第 23 頁。

〔註4〕 受袁徵教授的「是不是教授治校，關鍵在於沒有行政職務的教授有沒有眞正的決策權力」觀點的啓發。參見：袁徵：《孔子·蔡元培·西南聯大——中國

或政黨對教育與學術事業的干預。例如，大學委員會委員戴季陶是國民黨中央執行委員會宣傳部長，全國教育會議期間，戴季陶就一再向蔡元培施壓，實行男女分校政策。

　　蔡元培指責北京教育部反映了官僚黨「炙手可熱之時代」，為了克服官僚化弊病，他認為使用學者為行政的指導是途徑之一，這是否合理，仍值得商榷。陳寅恪是著名史學家，讓他指導教育行政就不一定有效。大學院的教育行政本質上是一種管理工作，主要包括計劃、組織、協調、控制等職能，原則上應當交給專門的行政管理人員。而專門的學者不一定是合格的管理者，學者對各自專業領域的學問可能非常嫻熟，但不一定就懂得教育行政。學術與行政不是一回事，這是大學院設計理路的缺陷，也是大學院遭到經亨頤、郭春濤等人批評的關鍵一點。

二、思想統一與組織控制

　　儘管蔡元培非常強調「學術」，建立大學院時強調以學術化代官僚化，但在北伐後，他很少強調學術自由了。他建立大學院，提出三個努力目標：一是實行科學的研究與普及科學的方法，二是養成勞動的習慣，三是提起藝術的興趣。他指出，這是大學院主義上的注意點。〔註5〕隨後，他又對金陵大學的師生說：「大學院以科學化、藝術化、勞動化相提倡，大學必須具備此三種精神。」〔註6〕大學院所奮鬥的目標是「三化」，蔡元培已經不再提倡「思想自由，兼容並包」了。

　　考察大學院的活動，得出一個令人驚訝的結論：蔡元培實際上在推行三民主義教育。北伐戰爭爆發後，蔡元培支持蔣介石，希望國民黨保守派把全國形勢穩定下來，使經濟文化建設能順利進行。使社會安定的一個方法就是統一思想，限制自由。蔡元培真心服膺孫中山的三民主義，宣揚三民主義為科學真理，主張「將三民主義之精神，融化於一切教科教材之中」，將黨化教育從廣東推向全國。

　　所謂「黨化教育」，就是在思想上和組織上對教育進行控制，把教育變成

　　　　教育的發展和轉折》，北京：人民日報出版社，2007年，第169頁。

〔註5〕蔡元培：《發刊辭》，《大學院公報》，1928年第1期。

〔註6〕蔡元培：《在金陵大學開學式的演說》，中國蔡元培研究會：《蔡元培全集》第6卷，杭州：浙江教育出版社，1997年，第175頁。

宣傳國民黨理論的工具。〔註7〕黨化教育是國民黨事實上的教育政策，國民黨中央從來沒有正式作過實行黨化教育的決定。大學院所推行的三民主義教育與國民黨的黨化教育不可同日而語。蔡元培主要是以三民主義訓育師生，期望實現思想統一，社會穩定；他限制學生參加民眾運動，不贊成童子軍被國民黨直接管轄。本質上，大學院推行的三民主義教育屬於思想控制。而國民黨統治集團則利用黨組織對教育進行直接控制，將教育當做為其服務的工具。國民黨在學校灌輸其一黨黨義，與大學院爭奪教育宗旨的制定權；管轄童子軍，組織指導學生參加政治和民眾運動，加強對學生控制；等等。大學院的思想控制與國民黨統治集團的組織控制發生矛盾與衝突，這是導致大學院被廢止的根本原因。

蔡元培主持大學院時要求進行的三民主義教育，就是利用國民黨一黨的正統理論限制教育界的思想自由。大學院定教育宗旨為「三民主義教育」，舉辦三民主義考試檢驗學生，加強三民主義在教科書中的地位，這些做法對思想自由有極大的限制。這與蔡元培主持北京大學期間提倡的「思想自由，兼容並包」大相徑庭。

蔡元培晚年教育思想和行為發生重大轉折，並且充滿矛盾。北伐以後，蔡元培不再強調教育獨立和學術自由，他的助手楊杏佛也多次提及「將教育獨立擱置」，他創辦大學院提出的三個奮鬥目標是「科學化、藝術化和勞動化」。有的學者認為，「教育獨立」和「黨化教育」的矛盾是大學院失敗的思想體系上的動因，這種觀點其實不準確。蔡元培主張「學者為行政之指導」，辦理和推行三民主義教育，但是，他又不願意國民黨對教育進行過多的干預和控制。他的黨化教育是不徹底的，他制定的三民主義教育政策是比較溫和的思想控制。但是，即使最溫和的思想控制也是對學術自由的破壞。而輕度破壞和嚴重破壞之間並沒有無可爭議的界線。所以唯一可以堅守的防線就是絕不能限制學術自由。〔註8〕

大學院撤銷以後，蔣介石集團繼續利用三民主義教育的名義加強對教育和學術機關的控制。蔡元培在大學院的做法為後來國民黨對教育與學術進行蠻橫干涉鋪設了道路。國民黨要求除了各級學校學生須學習黨義課程外，

〔註7〕 袁徵：《孔子・蔡元培・西南聯大——中國教育的發展和轉折》，北京：人民日報出版社，2007年，第294頁。

〔註8〕 袁徵：《孔子・蔡元培・西南聯大——中國教育的發展和轉折》，北京：人民日報出版社，2007年，第300頁。

各級學校教職員須研究黨義，連中央研究院這樣的學術機構都不能避免。〔註9〕黨化教育政策必然會對教育和學術自由造成一定的限制和禁錮，產生不可預計的後果。1932 年，仁叔永大膽指出：「黨化與教育，是不能並立的，有了黨化，便沒了教育；反過來說，要有教育，先取消黨化。」〔註10〕遺憾的是，蔡元培創辦和主持大學院時無法做到這一點，現代中國政府仍做不到這一點。

〔註 9〕《中央研究院職員紀念周研究黨義事項的有關文書》（1928～1931），中國第二歷史檔案館藏檔案，全宗號 393，案卷號 2251。

〔註10〕叔永：《黨化教育是可能的嗎？》，《獨立評論》，1932 年第 3 期。

附　錄

附錄一：中央學術院組織大綱 〔註 1〕

一、本院以延致專門人才，實現建設計劃，整理各項政務爲宗旨。

二、院務由理事會主持，理事由中央黨部委任。

三、在理事會之下設學務主任一人，學務員四人，事務主任一人，事務員四人。

四、暫定學員百人，其入院資格如下：

　　（甲）在國內外大學畢業或專門學校畢業者；

　　（乙）年在二十四歲以上，三十四歲以下者；

　　（丙）志趣純正，身體強健，無嗜好者；

　　（丁）中國國民黨黨員或同情於本黨之主義者。

五、入院之手續如下：

　　（甲）兩個黨員之介紹；

　　（乙）驗明文憑；

　　（丙）徵取其爲國民黨之實施計劃，審查其平日著作及別種成績；

　　（丁）由國內外專門學術團體介紹，經本院核准後，得免以上三項手續。

六、學員之待遇如下：

　　（甲）學員留院期間爲兩月，滿期後由理事會按照學術推選於軍民財政

〔註 1〕 《學術院組織大綱》，中國第二歷史檔案館編：《中國國民黨中央執行委員會常務委員會會議錄（二）》，桂林：廣西師範大學出版社，2000 年影印版，第364～365 頁。

各機關任用；

（乙）學員在留院期內，除由學院供給膳宿外，並每月酌給津貼三十元。

七、本院徵集學員之學科標準如下：

法律、政治及行政、市政、交通、工程、財政、外交、銀行貨幣租稅、教育、工業、農業、統計、警務、特種科學。

附錄二：中華民國大學院組織法（1927 年 7 月 4 日）〔註2〕

第 一 條　中華民國大學院，為全國最高學術教育機關，承國民政府之命，管理全國學術及教育行政事宜。

第 二 條　本院設院長一人，綜理全院事務，並為國民政府委員。

第 三 條　本院設大學委員會，議決全國學術上、教育上一切重要問題。

第 四 條　大學委員會，由各學區中山大學校長、本院教育行政處主任，及本院院長所選聘之國內專門學者五人至七人組織之；以院長為委員長。

第 五 條　本院設秘書處，置秘書長一人，秘書若干人，承院長之命，辦理本院事務；秘書長兼任大學委員會秘書。

第 六 條　本院設教育行政處，置主任一人，處員若干人，承院長之命，處理各大學區互相關聯，及不屬於各大學區之教育行政事宜。

第 七 條　本院設中央研究院，其組織條例另定之。

第 八 條　本院得設勞動大學、圖書館、博物院、美術館、觀象臺等國立學術機關，其組織條例另定之。

第 九 條　本院於必要時，得設學術上及教育行政上各專門委員會，其組織條例臨時訂定之。

第 十 條　本院辦事及議事細則另定之。

第十一條　本法自國民政府公佈之日施行。

〔註 2〕《中華民國大學院組織法（國民政府十六年七月四日公佈）》，《大學院公報》，1928 年第 1 期，第 49～50 頁。

參考文獻

（按出版年排序）

一、中文文獻

（一）檔案

1. 中國第二歷史檔案館藏南京國民政府教育部檔案、廣州國民政府檔案、中央研究院檔案。

2. 中國第二歷史檔案館編：《中華民國史檔案資料彙編》，南京：江蘇古籍出版社，1994 年。

3. 中國第二歷史檔案館編：《中國國民黨中央執行委員會常務委員會會議錄》，桂林：廣西師範大學出版社，2000 年影印版。

（二）報刊

1. 《大學院公報》（1～9 期）

2. 《申報》

3. 《中央日報》

4. 《上海民國日報》

5. 《廣州民國日報》

6. 《漢口民國日報》

7. 《大公報》（天津版）

8. 《晨報》

9. 《益世報》

10. 《國聞週報》

11. 《教育部公報》

12. 《國民政府公報》

13. 《南京特別市市政公報》

14. 《上海特別市市政公報》

15. 《中央週刊》

16. 《中央黨務月刊》

17. 《中央訓練部部務彙刊》

18. 《新教育》

19. 《教育雜誌》

20. 《中華教育界》

21. 《教育週刊》

22. 《教育月刊》（南京特別市）

23. 《教育行政週刊》（中央大學秘書處編委會）

24. 《現代評論》

25. 《全國註冊局商標公報》

26. 《安徽教育行政週刊》

27. 《河南教育》

28. 《大學雜誌》

29. 《時代公論》

30. 《傳記文學》

31. 《中央研究院近代史研究所集刊》

（三）文集

1. 楊銓著：《楊杏佛文存》，上海：平凡書局，1929 年。

2. 中國國民黨中央委員會黨史資料編撰委員會編：《吳稚暉先生全集》（卷二文教），臺北：中央文物供應社，1969 年。

3. 中國國民黨中央委員會黨史委員會編：《李石曾先生文集》（全二冊），臺北：中央文物供應社，1980 年。

4. 中國國民黨中央委員會黨史委員會編：《張靜江先生文集》，臺北：中央文物供應社，1982 年。

5. 蔡元培研究會編：《論蔡元培——紀念蔡元培誕辰 120 週年學術討論會文集》，北京：旅遊教育出版社，1989 年。

6. 中華民國建國八十週年學術討論集編輯委員會：《中華民國建國八十週年學術討論會（第 3 冊 教育文化史）》，臺北：近代中國出版社，1991 年。

7. 耿雲志、歐陽哲生編：《胡適書信集（1907～1933）》上冊，北京：北京

大學出版社，1996 年。

8. 中國蔡元培研究會編：《蔡元培全集》（1～18 卷），杭州：浙江教育出版社，1997～1998 年。

9. 高平叔撰著：《蔡元培年譜長編》（1～4 卷），北京：人民教育出版社，1998 年。

10. 蔡元培研究會編：《蔡元培與現代中國》，北京：北京大學出版社，2010 年。

（四）資料彙編、會議報告與記錄、各類統計

1. 教育雜誌社編：《教育獨立問題討論》，上海：商務印書館，1925 年。

2. 大學院高等教育處編：《國立各大學十六年度概況統計》，出版地不詳，1928 年。

3. 中華民國大學院編：《全國教育會議報告》，上海：商務印書館，1928 年。

4. 中華民國大學院編：《中華民國大學院職員錄》，1928 年。

5. 中華民國大學院編：《現行中央教育法規彙編》，1928 年。

6. 中華民國大學院編：《大學院之工作報告與決算》，上海：太平洋印刷公司，1928 年。

7. 南京特別市教育局編：《南京特別市十七年度教育概況統計》，1928 年。

8. 上海特別市教育局編：《上海特別市教育統計（民國十七年度）》，1928 年。

9. 萬之蓋編：《中國國民黨第二屆中央執行委員第四次全體會議記錄》，上海：中央日報社，1928 年。

10. 中央秘書處編：《中國國民黨第二屆中央執行委員會第五次全體會議記錄》，出版地不詳，1928 年。

11. 民智編譯所：《中國國民黨第三次全國代表大會宣言及決議案》，南京：民智書局，1929 年。

12. 中央大學區立中等教育職員聯合會編：《反對大學區制專號》，1929 年。

13. 國立勞動大學編譯館：《勞大概況》，1929 年。

14. 南京特別市教育局編：《南京特別市教育局工作述要（十七年七月至十八年十二月）》，南京：南京特別市教育局，1930 年。

15. 國立中央研究院文書處編：《國立中央研究院十七年度總報告》，國立中央研究院總辦事處，1930 年。

16. 國民政府教育部參事處編：《現行重要教育法令彙編》，國民政府教育部秘書處公報室，1930 年。

17. 教育部教育方案編制委員會編制：《改進全國教育方案》，1930 年。

18. 教育部高等教育司編：《全國高等教育統計（1928 年 8 月至 1931 年 7 月）》，1932 年。

19. 舒新城：《近代中國教育史料（第 4 冊）》，上海：中華書局，1933 年。

20. 教育部編：《第一次中國教育年鑑》，上海：開明書店，1934 年。

21. 銓敘部：《銓敘年鑑續編》，南京：大陸印書館，1934 年。

22. 丁致聘編：《中國近七十年來教育記事》，上海：國立編譯館，1935 年。

23. 教育部參事處：《教育法令彙編（第 1 輯）》，上海：商務印書館，1936 年。

24. 邰爽秋：《歷屆教育會議議決案彙編》，上海：教育編譯館，1936 年。

25. 國立音樂專科學校圖書出版委員會：《國立音樂專科學校一覽》，1937 年。

26. 教育部教育年鑑編纂委員會編：《第二次中國教育年鑑》，北京：商務印書館，1948 年。

27. 黃季陸主編：《革命文獻（第 53 輯　抗戰前教育與學術）》，臺北：中國國民黨中央委員會黨史史料編纂委員會，1970 年。

28. 黃季陸主編：《革命文獻（第 54 輯　抗戰前教育政策與改革）》，臺北：中國國民黨中央委員會黨史史料編纂委員會，1971 年。

29. 〔日〕多賀五秋郎：《近代中國教育史資料（民國編（中））》，臺北：文海出版社，1976 年。

30. 沈雲龍主編：《近代中國史料叢刊續輯（第 66 輯）》，臺北：文海出版社，1979 年。

31. 中華民國史事紀要編輯委員會編：《中華民國史事紀要（初稿）》（1927 年 1～12 月份、1928 年 1～12 月份），臺北：中央文物供應社，1978、1982 年。

32. 劉維開：《中國國民黨職名錄》，臺北：中國國民黨中央委員會黨史委員會，1994 年。

33. 財政部財政科學研究所、中國第二歷史檔案館編：《國民政府財政金融稅收檔案史料（1927～1937 年）》，北京：中國財政經濟出版社，1997 年。

34. 全國政協文史資料委員會編：《文史資料存稿選編（教育）》，北京：中國文史出版社，2002 年。

35. 劉桂雲、孫承蕊選編：《國家圖書館藏國立中央研究院史料叢編（第 1 冊）》，北京：國家圖書館出版社，2008 年。

36. 殷夢霞、李強選編：《民國教育公報彙編》，北京：國家圖書館出版社，

2009 年。

37. 王燕來選編：《民國教育統計資料彙編》，北京：國家圖書館出版社，2010 年。

（五）回憶錄、日記、傳記

1. 蔡尚思：《蔡元培學術思想傳記》，上海：棠棣出版社，1950 年。

2. 王雲五：《談往事》，臺北：傳記文學出版社，1965 年。

3. 李書華：《碣廬集》，臺北：傳記文學出版社，1967 年。

4. 蔡元培：《蔡元培自述》，臺北：傳記文學出版社，1978 年。

5. 吳湘香：《民國百人傳》，臺北：傳記文學出版社，1979 年。

6. 周天度：《蔡元培傳》，北京：人民出版社，1984 年。

7. 劉季洪：《教育生涯漫談》，臺北：商務印書館，1986 年。

8. 李華興：《人世楷模蔡元培》，上海：上海人民出版社，1988 年。

9. 胡國樞：《蔡元培評傳》，鄭州：河南教育出版社，1990 年。

10. 張曉唯：《蔡元培評傳》，南昌：百花洲文藝出版社，1993 年。

11. 趙慶元：《蔡元培傳》，合肥：安徽人民出版社，1998 年。

12. 張樂天、檀傳寶：《蔡元培傳》，北京：團結出版社，1998 年。

13. 曹伯言整理：《胡適日記全編（1928～1930）》，合肥：安徽教育出版社，2001 年。

14. 柳曾符、柳佳編：《劬堂學記》，上海：上海書店出版社，2002 年。

15. 曹伯言整理：《胡適日記全集（第 5 冊　1928～1929）》，臺北：聯經出版事業股份有限公司，2004 年。

16. 蔣夢麟：《西潮・新潮：蔣夢麟回憶錄》，北京：東方出版社，2006 年。

17. 張曉唯：《蔡元培》，昆明：雲南教育出版社，2008 年。

18. 陳布雷：《陳布雷回憶錄》，北京：東方出版社，2009 年。

19. 程新國：《晚年蔡元培》，上海：上海文化出版社，2011 年。

（六）著作

1. 吳家鎮：《世界各國學制考》，上海：商務印書館，1924 年。

2. 舒新城：《民國十五年中國教育指南》，上海：商務印書館，1927 年。

3. 常導之：《德法英美四國教育概況》，上海：商務印書館，1928 年。

4. 王樂平：《中國國民黨的組織及訓練》，出版地不詳，1928 年

5. 周太玄：《法國教育概覽》，上海：中華書局，1929 年。

6. 程湘帆：《中國教育行政》，上海：商務印書館，1930 年。

7. 陳翊林：《最近三十年中國教育史》，上海：太平洋書店，1930 年。

8. 賴斯納（E. H. Reisner）著，崔載陽譯：《法德英美教育與建國》，上海：民智書局，1930 年。

9. 莊俞、賀聖鼐：《最近三十五年之中國教育》，上海：商務印書館，1931 年。

10. 舒新城：《近代中國教育思想史》，上海：中華書局，1932 年。

11. 夏承楓：《現代教育行政》，上海：中華書局，1932 年。

12. 盧紹稷：《中國現代教育》，上海：商務印書館，1933 年。

13. 常導之：《法國教育制度》，北平：文化學社，1933 年。

14. 賈士毅：《民國續財政史（三）》，上海：商務印書館，1933 年。

15. 張季信：《中國教育行政大綱》，上海：商務印書館，1934 年。

16. 姜書閣：《中國近代教育制度》，上海：商務印書館，1934 年。

17. 周予同：《中國現代教育史》，上海：良友圖書印刷公司，1934 年。

18. 樂嗣炳：《近代中國教育實況》，上海：世界書局，1935 年。

19. 丁致聘：《中國近七十年來教育記事》，南京：國立編譯館，1935 年。

20. 常導之：《增訂教育行政大綱》，上海：中華書局，1935 年。

21. 陳青之：《中國教育史》，北平：商務印書館，1936 年。

22. 鍾魯齋：《比較教育》，上海：商務印書館，1936 年。

23. 邰爽秋：《教育行政原理》，上海：教育編譯館，1937 年。

24. 馬宗榮：《最近中國教育行政四講》，長沙：商務印書館，1938 年。

25. 楊鴻烈：《教育之行政學的新研究》，長沙：商務印書館，1939 年。

26. 薛人仰：《中國教育行政制度史略》，上海：中華書局，1939 年。

27. 常導之：《各國教育制度（上冊）》，上海：中華書局，1941 年。

28. 克伯雷（Ellwood P. Cubberley）著，夏承楓譯：《教育行政通論》，南京：南京書店，出版時間不詳。

29. 陳啓天：《近代中國教育史》，臺北：中華書局，1969 年。

30. 孫邦正：《各國教育制度》，臺北：世界書局，1974 年。

31. 陳哲三：《中華民國大學院之研究》，臺北：商務印書館，1976 年。

32. 雷國鼎：《中國近代教育行政制度史》，臺北：文物出版社，1981 年。

33. 〔意〕貝奈戴托‧克羅齊著：《歷史學的理論與實際》，傅任敢譯，北京：商務印書館，1982 年。

34. 黃昆輝：《中外教育行政制度》，臺北：中央文物供應社，1984 年。

35. 〔英〕卡爾‧波普爾著：《猜想與反駁》，傅季重等譯，上海：上海譯文

出版社，1986 年。

36. 毛禮銳、沈灌群：《中國教育通史（第 5 卷）》，濟南：山東教育出版社，1988 年。

37. 〔美〕傑西・格・盧茨著，曾鉅生譯，《中國教會大學史（1850～1950）》，杭州：浙江教育出版社，1988 年

38. 熊賢君：《中國教育管理史》，武漢：華中師範大學出版社，1989 年。

39. 程斯輝：《中國近代教育管理史》，武漢：武漢工業大學出版社，1989 年。

40. 李國祈：《民國史論集》，臺北：南天書局有限公司，1990 年。

41. 熊民安：《中華民國教育史》，重慶：重慶出版社，1990 年。

42. 吳家瑩：《中華民國教育政策發展史　國民政府時期（1925～1940）》，臺北：五南圖書出版公司，1990 年。

43. 〔美〕齊錫生著，楊雲杏、蕭延中譯：《中國的軍閥政治（1916～1928）》，北京：中國人民大學出版社，1991 年。

44. 曲士培：《中國大學教育發展史》，太原：山西教育出版社，1993 年。

45. 〔美〕費正清編：《劍橋中華民國史》，北京：中國社會科學出版社，1994 年。

46. 金林祥：《蔡元培教育思想研究》，瀋陽：遼寧教育出版社，1994 年。

47. 申曉雲：《動盪轉型中的民國教育》，鄭州：河南人民出版社，1994 年。

48. 江銘：《中國教育督導史》，北京：人民教育出版社，1994 年。

49. 賀淵：《三民主義與中國政治》，北京：社會科學文獻出版社，1995 年。

50. 梅汝莉：《中國教育管理史》，北京：海潮出版社，1995 年。

51. 孫培青：《中國教育管理史》，北京：人民教育出版社，1996 年。

52. 熊賢君：《中國教育行政史》，武漢：華中理工大學出版社，1996 年。

53. 李才棟：《中國教育管理制度史》，南昌：江西教育出版社，1996 年。

54. 董寶良、周洪宇：《中國近現代教育思潮與流派》，北京：人民教育出版社，1997 年。

55. 李華興：《民國教育史》，上海：上海教育出版社，1997 年。

56. 孫成城：《中國教育行政簡史》，北京：地質出版社，1999 年。

57. 關曉紅：《晚清學部研究》，廣州：廣東教育出版社，2000 年。

58. 李國鈞、王炳照：《中國教育制度通史（第 7 卷）》，濟南：山東教育出版社，2000 年。

59. 羅志田：《亂世潛流：民族主義與民國政治》，上海：上海古籍出版社，2001 年。

60. 黃仁賢：《中國教育管理史》，福州：福建人民出版社，2003 年。

61. 王建軍：《中國教育史新編》，廣州：廣東高等教育出版社，2003 年。

62. 張曉唯：《蔡元培與胡適（1917～1937）：中國文化人與自由主義》，北京：中國人民大學出版社，2003 年。

63. 霍伊、米斯克著，林明地等譯：《教育行政學：理論、研究與實際》，臺北：麗文文化事業股份有限公司，2003 年。

64. 〔美〕戴維‧L‧韋默主編，費方域等譯：《制度設計》，上海：上海財經大學出版社，2004 年。

65. 〔英〕戴維‧畢瑟姆著，韓志明、張毅譯，《官僚制（第 2 版）》，長春：吉林人民出版社，2005 年。

66. 楊宏雨：《困頓與求索——20 世紀中國教育變遷的回顧與反思》，北京：學林出版社，2005 年。

67. 張曉唯：《今雨舊雨兩相知：民國文化名人史事鈎沉》，天津：百花文藝出版社，2005 年。

68. 張憲文等：《中華民國史》（第 2 卷），南京：南京大學出版社，2006 年。

69. 張軍民：《對接與衝突——三民主義在孫中山身後的流變》，天津：天津古籍出版社，2005 年。

70. 田正平、商麗浩：《中國高等教育百年史論：制度變遷、財政運作與教師流動》，北京：人民教育出版社，2006 年。

71. 樑柱：《蔡元培教育思想論析》，北京：高等教育出版社，2006 年。

72. 張曉唯：《舊時的大學和學人：一個時代的思想者們的背影》，北京：中國工人出版社，2006 年。

73. 袁徵：《孔子‧蔡元培‧西南聯大——中國教育的發展和轉折》，北京：人民日報出版社，2007 年。

74. 〔法〕雅基‧西蒙、熱拉爾‧勒薩熱著，安延譯：《法國國民教育的組織與管理（第 8 版）》，北京：教育科學出版社，2007 年。

75. 姜朝暉：《民國時期教育獨立思想研究》，北京：中國社會科學出版社，2008 年。

76. 陶英惠：《民國教育學術史論集》，臺北：秀威信息科技股份有限公司，2008 年。

77. 廣少奎：《重振與衰變：南京國民政府教育部研究》，濟南：山東教育出版社，2008 年。

78. 陶英惠：《中研院六院長》，上海：文匯出版社，2009 年。

79. 葉雋：《異文花博弈：中國現代留歐人與西學東漸》，北京：北京大學出版社，2009 年。

80. 袁徵：《中國教育問題的哲學思考》，深圳：海天出版社，2009 年。

81. 許小青：《政局與學府：從東南大學到中央大學（1919～1937）》，北京：中國社會科學出版社，2009 年。

82. 金以林：《國民黨高層的派系政治：蔣介石「最高領袖」地位是如何確立的》，北京：社會科學文獻出版社，2009 年。

83. 〔美〕漢森（Hanson E. Mark）著，蘇文賢、江吟梓譯：《教育行政與組織行為》，臺北：學富文化事業有限公司，2009 年。

84. 〔美〕斯科特著，姚偉譯：《制度與組織：思想觀念與物質利益》，北京：中國人民大學出版社，2010 年。

85. 錢穆：《政學私言》，北京：九州出版社，2010 年。

86. 畢苑：《建造常識：教科書與近代中國文化轉型》，福州：福建教育出版社，2010 年。

87. 岳南：《從蔡元培到胡適：中研院那些人和事》，北京：中華書局，2010 年。

88. 王奇生：《革命與反革命：社會文化視野下的民國政治》，北京：社會科學文獻出版社，2010 年。

89. 王奇生：《黨員、黨權與黨爭：1924～1949 年中國國民黨的組織形態（修訂增補版）》，北京：華文出版社，2010 年。

90. 葛夫平：《中法教育事業交流（1912～1949）》，上海：上海書店出版社，2011 年。

91. 葛新斌：《融合創新論──蔡元培中西文化教育觀的歷史研究》，北京：中國書籍出版社，2013 年。

（七）論文

1. 期刊論文

1. 沈佩弦：《大學區制芻議》，《教育雜誌》，1928 年第 20 卷第 11 期。

2. 實：《大學名稱與大學區制》，《現代評論》，1928 年第 8 卷第 185 期。

3. 端：《教育經費獨立的保障》，《現代評論》，1928 年第 8 卷第 188 期。

4. 嚴明：《中國的大學區制》，《教育研究》，1938 年第 85、86 期。

5. 陶英惠：《蔡元培與大學院》，《臺北中央研究院近代史研究所集刊》，1972 年第 3 期（上）。

6. 陶英惠：《蔡元培與中央研究院（1927～1940）》，《臺北中央研究院近代史研究所集刊》，1978 年第 7 期。

7. 陶英惠：《國民政府成立初期教育行政組織的變革：大學院與大學區制試行的經過》，《近代中國》，1978 年第 7 期。

8. 中國第二歷史檔案館：《關於試行大學院與大學區制的一組史料》，《民國檔案》，1988 年第 2 期。

9. 戚如高、張慶軍：《中國教育行政體制改革的嘗試——關於大學院和大學區制》，《歷史檔案》，1989 年第 3 期。

10. 熊賢君：《大學院與大學區制的興衰》，《高師函授學刊》，1994 年第 3 期。

11. 於述勝：《論民國時期教育制度的評價尺度及其發展邏輯》，《華東師範大學學報（教育科學版）》，1999 年第 3 期，第 87 頁。

12. 朱斐：《民國時期的「大學院」和「大學區制」》，《民國春秋》，1999 年第 2 期。

13. 申曉雲：《蔡元培與中華民國大學院制（上）》，《民國春秋》，1999 年第 6 期。

14. 申曉雲：《蔡元培與中華民國大學院制（下）》，《民國春秋》，2000 年第 1 期。

15. 李立峰：《民國時期大學院制存廢考評》，《集美大學學報》，2002 年第 4 期。

16. 李立峰：《民國時期大學院制失敗原因之分析》，《煤炭高等教育》，2003 年第 1 期。

17. 肖朗、王鳴：《蔡元培與近代中外高等教育交流》，《高等教育研究》，2003 年第 3 期。

18. 肖朗、張雁：《蔡元培與中國高等美術教育的發端》，《教育評論》，2003 年第 6 期。

19. 劉曉莉：《大學院與大學區制的試行與失敗》，《河南師範大學學報（哲學社會科學版）》，2003 年第 2 期。

20. 馮志軍、潘愛華：《蔡元培教育獨立思想和民國大學院制度述評》，《煤炭高等教育》，2003 年第 3 期。

21. 呂思爲：《民國大學院、大學區制對我國高等教育區域化的啓示》，《高教論壇》，2004 年第 2 期。

22. 王倩：《民國教育史上一次「曇花一現」的改革——大學院與大學區制的試行》，《河北師範大學學報（教育科學版）》，2004 年第 5 期。

23. 周谷平：《蔡元培與法國教育管理模式的移植及其啓示》，《高等教育研究》，2005 年第 2 期。

24. 田正平、張建中：《國民政府時期大學委員會考述》，《華東師範大學學報（教育科學版）》，2005 年第 4 期。

25. 彭飛：《大學院時期林風眠與蔡元培的合作》，《榮寶齋》，2005 年第 1 期。

26. 李丹萍、銀堯：《蔡元培的教育獨立改革》，《理論界》，2006 年第 1 期。

27. 段治文、陳天培：《1927～1929 年大學院建制的設立與中國科學研究理念的凸顯及其影響》，《重慶文理學院學報（社會科學版）》，2006 年第 2 期。

28. 楊衛明、黃仁賢：《中國教育管理體制改革的非凡嘗試──民國時期的「大學院」與「大學區」制》，《國家教育行政學院學報》，2006 年第 10 期。

29. 許小青：《南京國民政府初期中央大學區試驗及其困境》，《近代史研究》，2007 年第 2 期。

30. 方勇、羅彩雲：《教育獨立的困境──國民政府第一次全國教育會議的考察》，《華東師範大學學報（教育科學版）》，2007 年第 3 期。

31. 周穎：《「曇花一現」的教育改革──大學院與大學區制評析》，《現代企業教育》，2007 年第 2 期。

32. 安東強：《國民政府教育行政委員會與北伐政局初探》，《中山大學學報（社會科學版）》，2007 年第 2 期。

33. 劉曉：《李石曾與中華民國大學院》，《中國科技史雜誌》，2008 年第 2 期。

34. 廖巍：《南京國民政府大學院之教科書編審述評》，《湖南師範大學教育科學學報》，2008 年第 6 期。

35. 嚴海建：《南京國民政府初期北平大學區風潮論析》，《南京大學學報（哲學人文科學社會科學）》，2009 年第 1 期。

36. 賀曉舟：《國立藝術院成立過程的研究──對《創辦國立藝術大學案》的考察》，《浙江藝術職業學院學報》，2009 年第 1 期。

37. 黃啓兵：《理性設計的限度：民國大學院、大學區制與高校設置》，《現代大學教育》，2010 年第 1 期。

38. 葉雋：《蔡元培的法國情結及大學區制移植的制度史意義》，《教育學報》，2010 年第 4 期。

39. 王世廣：《策略失誤：大學區制在中國失敗的另一種解讀》，《教育史研究》，2010 年第 2 期。

40. 田正平、於瀟：《第一次全國教育會議與國民政府初期教育改革》，《高等教育研究》，2010 年第 10 期。

41. 賀曉舟等：《大學院藝術教育體制的確立》，《浙江藝術職業學院學報》，2011 年第 9 卷第 1 期。

42. 馬玲玲：《民國時期「大學院」和「大學區」制對教育去官僚化的嘗試》，《煤炭高等教育》，2011 年第 4 期。

43. 於瀟：《民國時期第一次全國教育會議與國民政府初期中小學教科書改

革》，《南陽師範學院學報（社會科學版）》，2012 年第 2 期。

44. 廣少奎：《大學院（區）制改革的悖謬與反思》，《華東師範大學學報（教育科學版）》，2013 年第 1 期。

45. 茹寧：《民國大學院與大學區改革的價值重估》，《高等教育研究》，2013 年第 2 期。

46. 王列盈：《民國時期教育行政體制改革失敗原因再探》，《高等教育研究》，2013 年第 4 期。

2. 學位論文

1. 唐慶峰：《民國時期的大學院與大學區制》，華南師範大學中國教育史專業碩士學位論文，2002 年。

2. 褚冰：《政權重組與教育改革——南京國民政府初期的大學院制改革》，山東師範大學教育學原理專業碩士學位論文，2002 年。

3. 馬芸芸：《蔡元培與法國學制在中國的試驗述論》，西南交通大學專門史專業碩士學位論文，2004 年。

4. 榮子菡：《廣東童子軍研究（1915～1938）》，暨南大學歷史系碩士學位論文，2005 年。

5. 崔豔麗：《民國試行大學區制度失敗原因分析》，南京師範大學高等教育學專業碩士學位論文，2006 年。

6. 梁爾銘：《全國教育會聯合會研究》，華南師範大學教育史專業博士論文，2008 年。

7. 崔恒秀：《民國教育部與大學關係之研究（1912～1937）》，蘇州大學高等教育學專業博士學位論文，2008 年。

8. 張士偉：《近代中法高等教育交流史研究》，河北大學中國近代史專業博士學位論文，2010 年。

9. 原靜文：《國民政府時期大學區制在浙江的試行》，浙江大學中國近現代史專業碩士學位論文，2011 年。

10. 蔡興彤：《國立勞動大學研究（1927 年～1932 年）》，華中師範大學中國近現代史專業碩士學位論文，2011 年。

二、英文文獻

1. Allen B. Linden. Politics and Education in Nationalist China: The Case of the University Council, 1927~1928. *The Journal of Asian Studies*, 1968, 27(4).

2. Paul K. T. Sih ed. The strenuous decade: China's nation-building efforts. 1927~1937. Jamaica, N.Y.: St.John's University Press, 1970.

3. Hung-mao Tien, Government and Politics in Kuomintang China, 1927~1937.

Stanford, California: Stanford University Press, 1972.

4. Wen-hsin Yeh. The Alienated Academy: Culture and Politics in Republican China, 1919~1937. Cambridge: Harvard University Press, 1990.

5. Ming k. Chan & Arif Dirlik. Schools into Fields and Factories: Anarchists, the Guomintang, and the National Labor University in Shanghai, 1927~1932. Durham and London: Duke University Press, 1991.

6. Kenneth Brooksbank & Keith Anderson ed. Educational Administration (3rd ed.), Harlow, Eng: Longman, 1989.

7. E. Mark Hanson. Educational Administration and Organization Behavior (4th ed.), Boston: Allyn and Bacon, 1996.

後　記

　　這本著作是在我的博士論文基礎上修改而成的，感謝恩師袁徵教授推薦在花木蘭文化事業有限公司出版，這是對過去博士期間的研究的一個總結。

　　2010 年秋，我從福建的一個空氣裏滿是海鮮味的海濱小城回到母校，師從袁徵教授學習民國教育史。袁老師是我讀碩士時的中國教育史的授課教師，我非常喜歡上他的課，並仰慕他儒雅的風度，欽佩他機智的辯答。袁老師有中國近代史大家袁偉時先生的家學淵源，不僅對我的學習，而且對我的言談舉止都要求嚴格。三年來，在導師的言傳身教下，我逐漸養成嚴謹的治學態度，掌握了歷史研究的一些基本功，並注重提升自己的人格修養。

　　袁老師教導我們，「要做紮實和深入的研究」，「開口要小，發掘要深」。我選擇民國大學院作為研究對象，就是嘗試踐行這個目標。研究存在時間僅為一年的大學院，看似容易，實則艱難。在研究過程中，袁老師給予我殷切的鼓勵和悉心的指導；論文初稿出來後，老師又認真修改，提出很多意見。對於袁老師的孜孜教誨，學生沒齒難忘，並衷心感謝！

　　董標老師是我的碩士導師，他最先啟發我學習教育史知識，建議我報考教育史的博士研究生。在攻讀博士學位期間，我逐漸能體會董老師的良苦用心與遠見卓識。非常感激先生的啟蒙！在讀博三年內，董老師仍關心我的學業，時不時耳提面命，教導懇切。葛新斌老師對我的研究給予大力支持，並贈書給我，十分感謝！他在《融合創新論——蔡元培中西文化教育觀的歷史研究》的後記中說道：「研究蔡元培先生，哪怕只是擷取其一個片段，都將是一件『費力不討好』的苦差難事。」看到此處，深有體會。

　　博士論文匿名評審的三位專家給我的論文提出了寶貴而中肯的意見，非常感謝！論文答辯組的老師們也提出了一些改進建議。只是囿於自己學養不夠，論文的理論分析不夠深入，仍停留在「擺事實」階段，「講道理」不夠透徹。

　　史料對於教育史論文的作用，就如磚瓦之於房屋一樣，非常重要和關鍵。在收集材料的過程中，我得到很多人的幫助，他們的名字我一直銘記在心。2018 年夏，我再次去中國第二歷史檔案館查閱大學院檔案，感謝廖利明館員的耐心解釋和幫助。

　　最後，感謝花木蘭文化事業有限公司為這本著作提供了出版機會，感謝出版社工作人員的努力付出。

吳曉琳

2019 年 4 月 9 日

福建寧德